高等职业教育公共课系列教材

新时代 劳动教育与实践

主　编　黄建科　邓灶福
副主编　邹　君　贺玲玲　李程勇　于　奕
参　编　廖定思　崔克蓉　周惠英　左　彪
主　审　傅爱斌

中国轻工业出版社

图书在版编目（CIP）数据

新时代劳动教育与实践 / 黄建科，邓灶福主编. — 北京：中国轻工业出版社，2025.1
高等职业教育公共课系列教材
ISBN 978-7-5184-3993-5

Ⅰ.①新… Ⅱ.①黄…②邓… Ⅲ.①劳动教育—高等职业教育—教材 Ⅳ.①G40-015

中国版本图书馆CIP数据核字（2022）第080675号

责任编辑：张文佳 李金慧　　责任终审：李建华　　设计制作：锋尚设计
策划编辑：张文佳　　　　　　责任校对：宋绿叶　　责任监印：张　可

出版发行：中国轻工业出版社（北京鲁谷东街5号，邮编：100040）
印　　刷：三河市国英印务有限公司
经　　销：各地新华书店
版　　次：2025年1月第1版第7次印刷
开　　本：787×1092　1/16　印张：13.75
字　　数：350千字
书　　号：ISBN 978-7-5184-3993-5　定价：39.80元

邮购电话：010-85119873
发行电话：010-85119832　010-85119912
网　　址：http://www.chlip.com.cn
Email：club@chlip.com.cn
版权所有　侵权必究
如发现图书残缺请与我社邮购联系调换

242625J2C107ZBW

前　言

2020年3月20日中共中央、国务院下发《关于全面加强新时代大中小学劳动教育的意见》，对新时代劳动教育作出顶层设计和全面部署。为贯彻落实新时代党对劳动教育的新要求，让劳动教育在高职院校落地、落实、落细，充分发挥劳动独特的育人价值，我们编写了这本《新时代劳动教育与实践》。

本书将教育与生产劳动结合，育人与创新结合，引导学生进行劳动实践，弘扬劳动精神。在劳动中通过真切的感受和心理体验，获得对自我、对世界、对生命、对生活的认识和理解，让学生形成良好的生活态度和美好的劳动体验，进而形成健康的个性与品格，激发他们的潜能，提高他们热爱劳动的积极性。教育引导学生崇尚劳动、尊重劳动，懂得"劳动最光荣、劳动最崇高、劳动最伟大、劳动最美丽"的道理，将来从校门走向社会，能够辛勤劳动、诚实劳动、创造性劳动，用劳动奋斗体现人生价值。

本书主要具备以下特点：一是兼顾知识系统性与教学趣味性，穿插了大量的真实案例，提高了阅读性和趣味性；二是教材内容充分体现理论与实践的结合，第一章至第五章注重理论教育，第六章至第十章重在实践活动，充分体现了该课程突出的实践性；三是教材的编写模式新颖，每个章节都有情境导入、拓展阅读、学习思考、实践活动等内容，给学生提供思考和实践的探索指引。

本书由黄建科、邓灶福担任主编，傅爱斌主审，邹君、贺玲玲、李程勇、于奕担任副主编，参加编写的还有廖定思、崔克蓉、周惠英、左彪。

本书在编写过程中，参阅了许多同行专家的论著文献、网络资源和相关的研究成果，在此向相关作者一并表示真挚的感谢！由于编者水平有限，加之编写时间仓促，书中难免存在疏漏，敬请广大师生在使用后提出宝贵的意见和建议，以便我们及时做出修订。

编　者

目　录

第一章　新时代大学劳动教育概述 ... 1
- 第一节　新时代赋予大学劳动教育新内涵 ... 2
- 第二节　新时代切实开展好大学劳动教育 ... 9
- 实践活动　"致敬普通劳动者"主题活动 ... 15

第二章　劳动与劳动价值观 ... 17
- 第一节　劳动的基本含义 ... 19
- 第二节　劳动的功能与分类 ... 26
- 第三节　劳动价值观 ... 33
- 实践活动　"幸福劳动者"采访活动 ... 46

第三章　劳动精神与劳模精神 ... 48
- 第一节　劳动精神 ... 49
- 第二节　劳模精神 ... 55
- 第三节　弘扬新时代劳模精神 ... 60
- 实践活动　讲述劳模故事　颂扬劳模精神 ... 65

第四章　工匠与工匠精神 ... 67
- 第一节　工匠与现代工匠 ... 69
- 第二节　工匠精神 ... 74
- 第三节　弘扬新时代工匠精神 ... 83
- 实践活动　"工匠精神伴我成长"主题活动 ... 88

第五章　劳动法律与劳动安全 ... 90
- 第一节　劳动法律 ... 91
- 第二节　社会保障 ... 100

第三节　劳动安全 ······ 109
　　实践活动　"生命至上　安全发展"宣传活动 ······ 118

第六章　家务劳动 ······ 120
　　第一节　正衣冠 ······ 121
　　第二节　烹佳肴 ······ 129
　　第三节　熟家政 ······ 134
　　实践活动1　争做家务小能手 ······ 138
　　实践活动2　为家人做一顿美味营养餐 ······ 139
　　实践活动3　好习惯养成记 ······ 140

第七章　校园劳动 ······ 142
　　第一节　做绿化环保践行者 ······ 143
　　第二节　做垃圾分类倡导者 ······ 146
　　第三节　做寝室美化时尚者 ······ 150
　　第四节　做公共区域环境维护者 ······ 153
　　实践活动　"垃圾分类，势在必行"调研活动 ······ 154

第八章　耕读劳动 ······ 156
　　第一节　田间种植劳动 ······ 158
　　第二节　居家种植劳动 ······ 166
　　第三节　园林植物整形修剪 ······ 172
　　第四节　农产品直播带货 ······ 175
　　实践活动1　农产品直播带货 ······ 180
　　实践活动2　学农活动——体验劳动之乐 ······ 181

第九章　志愿服务 ······ 183
　　第一节　志愿服务基础知识 ······ 184
　　第二节　参与志愿服务 ······ 188

实践活动 "12·5国际志愿者日"志愿服务活动 193

第十章 社会实践 195
第一节 假期实习 196
第二节 "三下乡"社会实践 202
第三节 顶岗实习 207
实践活动1 "兼职，体验还是浪费？"主题写作 210
实践活动2 "助力乡村振兴，投身强国伟业"暑期社会实践活动 211

参考文献 212

第一章 新时代大学劳动教育概述

情境导入

情境一 2020年9月，某高职学院开始推行一项学生管理改革：将劳动课纳入必修课，从2020级开始每个学生必须修满2个学分的劳动教育课。小王听到学校要开展劳动教育时，发表了自己的看法："现代科技越来越发达，很多传统劳动都可以被科技产品替代，我觉得没必要把时间浪费在学习这些生活技能上，因为对每个人来说都应该做自己擅长、能为社会做出最大贡献的事。"

情境二 某高职学校小陈同学参加了学校组织的农业生产实践，度过了一段与田野大地亲密接触的时光。在回校后的活动交流中说道："虽然累，但是很开心，比农家乐还有意思。"当被问到学农、职业体验活动等一系列劳动教育深层次的感受时，小陈一脸严肃地讲道："体力劳动实在太辛苦了，所以我得用功学习，上好大学、学好技能，成长为高端人才。"

评析

小王的观点可以反映出部分学生对于劳动的认识缺陷，而学校的农业生产实践则使小陈对于劳动的理解更为透彻。小王认为学习生活技能是无效的，因为对每个人来说都应该做自己擅长、能为社会做出最大贡献的事，这种观点忽略了劳动的体验美。新时代赋予了学校开展劳动教育的新内涵，学校要切实开展好劳动教育，促使学生了解劳动的意义和作用，开创劳动教育的新局面。

第一节　新时代赋予大学劳动教育新内涵

2020年3月，中共中央、国务院印发的《关于全面加强新时代大中小学劳动教育的意见》要求"根据各学段特点，在大中小学设立劳动教育必修课程，系统加强劳动教育"，专门提出"职业院校以实习实训课为主要载体开展劳动教育"。职业教育作为重要的教育类型，把劳动教育纳入职业教育全过程是新时代加强劳动教育、推进现代化职业教育改革的应有之义。实践证明，劳动教育与职业教育具有一致性和互补性，二者都是中国特色社会主义教育制度的重要组成部分，对于培养合格的社会主义建设者和担当民族复兴大任的接班人具有重要的战略意义。二者关系密切，相依相存。职业教育源于劳动实践，以传承职业劳动技能与劳动精神为使命。新时代职业院校劳动教育致力于培养社会主义现代化建设需要的合格人才，有效解决社会转型期所出现的劳动价值缺失的现实问题，不断提高学生对于劳动价值的认同，积极引导学生崇尚和尊重劳动。

劳动教育成必修课

一、劳动教育的综合育人价值

"劳动教育"是以提升学生劳动素养的方式促进学生全面发展的教育活动。由于"劳动价值观"是劳动素养的核心内涵，"劳动教育"也可以定义为是以促进学生形成劳动价值观（即确立正确的劳动观点、积极的劳动态度，热爱劳动和劳动人民等）和养成良好劳动素养（形成劳动习惯、有一定劳动知识与技能、有能力开展创造性劳动等）为目的的教育活动。我国古代的墨子说过"赖其力者生，不赖其力者不生"。近代教育中，陶行知先生认为"劳动的生活即是劳动的教育"。劳动既是人们生活的必要条件，也是人类社会存在的基础，更是实现立德树人的重要途径。在德智体美劳"五育并举"中，劳动具有独特的育人价值。新时代高职院校开设劳动教育具有非常重要的意义，通过实施劳动教育，可以进一步实现以劳树德、以劳增智、以劳强体、以劳育美。

（一）以劳树德，构筑高职院校学生的信念根基

《辞海》（第七版）中对劳动教育的定义为："劳动教育是对学生进行热爱劳动和劳动人民、珍惜劳动成果、树立正确的劳动态度、通过日常生活培养劳动习惯和技能的教育活动。"《中国大百科全书·教育》中将劳动教育定义为："使学生树立正确的劳动观点和劳动态度，热爱劳动和劳动人民，养成劳动习惯的教育，是德育的内容之一。"以上两个定义均强调劳动教育的德育属性，将劳动教育视为德育的一部分，侧重热爱劳动和劳动人民的情感、正确劳动观念和态度的培养，把劳动习惯和技能的养成看作日常生活培养的结果。

（二）以劳增智，启发高职院校学生的智慧之源

《教师百科辞典》对劳动教育的定义是："劳动教育就是向受教育者传播劳动知识和技能，培养他们正确的劳动观点、劳动习惯和劳动情感。"成有信在其《教育学原理》中将劳动教育定义为："培养学生具有现代工农业生产的基本知识和基本技能的教育。"以上两个定义都强调劳动教育的智育属性，将劳动教育的主要价值定位为传播现代生产基本知识和技能，提高社会劳动生产的智力水平。

（三）以劳强体，增强高职院校学生的健康体魄

以劳强体，就是通过劳动教育中的劳动实践使高职院校学生提高身体素质，强健体魄。在劳动实践中磨炼意志和滋润心灵，使身心得到健康发展。劳动创造美，劳动是人生存的本能。劳动教育不仅可以强身健体，还能娱悦身心，是解决学生身体素质与未来美好生活这一矛盾的关键性要素。

（四）以劳育美，提升高职院校学生的审美能力

马克思提出"劳动生产了美"，德、智、体、美、劳"五育并举"视域下要做到以劳育美。劳动实践活动可以陶冶大学生的情操，树立正确的审美观。我们可以从学生对劳动的态度中，清楚地看到他的行为准则、道德品质，以及对劳动人民的情感。因此，劳动可以产生美，劳动可以使整个世界充满美好，充满希望。在《按照传统的方式重新设计世界》中，莫里斯深刻表达了对"劳动产生美"的见解，他认为："劳动应该具有创造性、愉悦性，应该让人体会到自由和人性关怀。劳动不是狭隘和辛苦的，而是自然、愉悦的社会主义生活的一部分。"

新时代职业院校的劳动教育是中国特色社会主义事业建设者和接班人培养，以及技术技能人才培养的体系结构的重要组成部分，是根据新时代劳动发展趋势而组织的对学

生的劳动思想教育、劳动技能培育和劳动实践锻炼，是全面提高学生劳动素养的过程，其目的是引导新时代的学生在劳动创造中追求幸福感、获得创新灵感，培养具有社会责任感、创新精神和实践能力的高素质人才。

二、新时代职业院校劳动教育的内涵

习近平总书记关于劳动教育的一系列重要论述，丰富了新时代劳动教育的时代内涵，确立了劳动教育的总体方针，提出了劳动教育的新要求，为劳动教育的有序开展指明了方向。新时代职业院校劳动教育有效满足了现实社会发展的需要，解决了社会发展中的一些潜在问题，在社会发展中发挥着巨大的作用。

（一）劳动教育是促进学生全面发展的有效途径

新时代职业院校劳动教育在学生健康成长过程中起到了关键性作用，是实现学生全面发展的必要手段。马克思强调，生产劳动与智育、体育相结合，不但可以提升社会生产，还能够有效促进人的全面发展。社会上的所有劳动都是一种综合性的协调活动，而并不是一种简单的体力劳动或是脑力劳动，在劳动实践的过程中会充分调动人的各方面能力，使人能够得到充分的锻炼成长，从而有效促进人的全面发展。教育应该和社会实践、生产劳动紧密结合，一方面在劳动体验中可以全面地认清和了解自我，另一方面在劳动合作中培养团队协作意识。劳动实践是一项动脑和动手相联系的综合性活动，这使得劳动教育具有了综合育人属性，能够很好地培养学生的劳动精神，增强他们的劳动素养。职业院校劳动教育能够有效促进学生的身心智力成长，激发个人的创造力，极大完善个体人格，其所产生的功效和作用是其他教育无法比拟的。正因如此，任何形式的劳动教育都蕴含有育人价值，能够有效增强学生在劳动教育中的自我获得感，塑造他们的价值理念，增长他们的知识才能，促进他们的全面发展。

（二）劳动教育是落实职业院校立德树人的重要内容

立德树人是职业院校人才培养的根本任务，其核心要义是培养我国社会主义现代化事业的杰出建设者。就目前来看，部分职业院校在劳动教育方面比较缺失，一些学生受到享乐主义的不良影响，使得校园内出现了一些不珍惜劳动成果和不愿意动手劳动的现象。人的正确思想都来源于社会实践，而劳动又是非常重要的社会实践，人们可以在劳动中传递知识经验，了解劳动本身所具有的特定价值，从而更好地认识客观世界和深入剖析自我，不断提升自我思想意识。学生通过参与日常劳动，能够对劳动的艰辛感同身受，明白更多的人生哲理，深刻认识到幸福生活是在劳动中创造出来的。新时代职业院校应该不断加强学生劳动教育，将劳动教育纳入人才培养的全过程，贯穿学生成长的日常学习和生活中，大力增强学生教育的实效性。新时代职业院校劳动教育可以使学生学会必要的劳动技能和方法，在劳动实践中进行思考和创造，树立正确的劳动意识，有效地将社会主流价值观念内化于心并外化于行。劳动教育是落实职业院校立德树人要求的重要内容，能够促进学生主动参与劳动实践，培养学生热爱劳动的情感意识，推动职业院校实现人才培养的总体目标。

（三）劳动教育是实现中华民族伟大复兴的实践基础

中华民族伟大复兴并不是轻而易举就能实现的，其离不开人民的艰苦奋斗，需要依靠人民脚踏实地不辞辛劳地去努力创造。当前，我国正处于社会发展关键时期，面临的任务也更加艰巨，这就需要积极开展劳动教育，在全社会大力弘扬艰苦奋斗的伟大精神。学生是祖国的未来和民族的希望，承担着国家和历史的使命，是将来托起中国梦的主力军。就当代大学生而言，他们正肩负着国家和民族复兴的伟大责任和使命，通过劳动教育培养他们的奋斗精神和坚韧品质，构建起正确的劳动价值观，不仅关系到他们自身的全面发展，更是关系到社会进步和民族振兴。新时代职业院校劳动教育是实现中华民族伟大复兴的实践基础，必须重视对学生的劳动教育，加快补齐劳动教育的短板，充分发挥劳动教育的育人价值，提升学生的创造性劳动能力，培养他们的综合素养，使他们成为我国社会主义现代化强国建设的中坚力量。

三、大学生劳动教育的基本原则

对学生进行劳动教育是我国社会、政治、经济发展的需要，也是完善人的整体素质的必然要求。加强对大学生的劳动教育，须符合学生身心发展的规律，应坚持以下原则。

（一）把握育人导向

劳动教育必须要回答"培养什么人""为谁培养人""怎样培养人"等根本问题。在我国，劳动教育必须致力于培养德智体美劳全面发展的，有理想、有本领、有担当的社会主义建设者和接班人。通过劳动教育，使学生能够理解和形成马克思主义劳动观，牢固树立劳动最光荣、劳动最崇高、劳动最伟大、劳动最美丽的观念；体会劳动创造美好生活，体认劳动不分贵贱，热爱劳动，尊重普通劳动者，培养勤俭、奋斗、创新、奉献的劳动精神；具备满足生存发展需要的基本劳动能力，形成良好的劳动习惯。

（二）遵循教育规律

大学生劳动教育须根据大学生的年龄特征、性别差异、身体状况、专业背景、兴趣爱好等不同特点，针对不同学生在劳动教育方面存在的问题，制定宽领域、分层次的劳动教育内容体系，科学设计课内外劳动项目，采取灵活多样的教育方式，从理论学习到劳动实践，从简单劳动到复杂劳动，选择合适的劳动项目，安排适度的劳动时间和强度，做好劳动保护，激发学生劳动的内在需求和动力，切实提高劳动教育的针对性和实效性。

劳动教育尤其要避免将劳动异化为惩罚学生的手段。类似教师将不遵守规矩的学生罚做清扫卫生等做法，将加剧学生对劳动活动和劳动教育的抵触和反感，使劳动成为学生逃避甚至厌恶的事情，使青年学生"爱劳动"沦为空谈。

（三）体现时代特征

在"互联网+"、大数据、云计算、人工智能等高科技快速发展和广泛应用的今天，数据、代码、数码、信息、人工智能等催生的数字劳动、非物质劳动等新劳动形态不断涌现，高校开展劳动教育要结合产业新业态、劳动新形态，与时俱进地更新劳动教育的内容和载体，使大学生能够及时主动适应"互联网+"时代劳动形态的变革，另外，新时代是我国全面建成小康社会的时代，是中国共产党领导全国各族人民实现"两个一百年"奋斗目标实现中华民族伟大复兴的时代，是国际政治经济格局发生深刻变革的百年未有之大变局的时代。新时代劳动教育要引导学生学以致用，到祖国最需要的地方建功立业。

（四）强化综合实施

劳动教育是一项系统性工程，需要在政府统筹下，整合家庭、学校和社会各方面力量，打造劳动教育共同体。家庭要发挥在劳动教育中的基础作用，树立崇尚劳动的良好家风，养成从小爱劳动的好习惯。学校要发挥在劳动教育中的主导作用，切实承担劳动教育主体责任，着重引导学生形成马克思主义劳动观，系统学习掌握必要的劳动技能，组织学生走向社会、奉献社会。社会要发挥在劳动教育中的支持作用，充分利用社会各方面资源，为劳动教育提供必要保障。各级政府部门要积极协调、引导、鼓励家庭、学校和社会贯彻落实好大学生劳动教育。

（五）坚持因地制宜

学校应坚持因地制宜、因时制宜的原则，根据当地生产劳动和人们的生活实际以及学校的实际情况，充分挖掘所在地的劳动实践平台和资源，设计具体而详细的教学目标和教学方案，配置必要的劳动教育设施、场地、器材和工具等，开发设计形式多样、内容丰富、具有地方特色又切实可行的劳动教育教学课程和基地。如：与所在地及其周边企业、工厂、商店、产业园等用人单位合作设立实践基地，为学生提供多样化的劳动场地；与所在地及其周边社区，养老院、孤儿院、公园等组织开展社会服务、志愿服务活动。劳动实践应当突出地方特色，展现学校所在地特色的劳动风采。

拓展阅读

钟新跃用锤子锉刀演绎"交响曲"

12月3日,钟新跃如往常一样,挎着个工具包,提前10分钟到了车间,这已成了他的习惯。"把前一天的问题解决一下,不让机器带病工作,将主动权掌握在自己手中……"他笑着解释。

钟新跃是湖南汉森制药股份有限公司工程部机修班班长。正是这份对工作的执着,让他从一名最普通的机械维修工,成长为能工巧匠,被誉为"流水线上的神医",继获得全国五一劳动奖章后,前不久,他又被评为全国劳动模范。

1983年,钟新跃来到益阳制药厂(湖南汉森制药股份有限公司的前身),当上了一名机械维修工。他从学徒起步,边干边学边钻研,后来成长为了一名机修班长。

"做机修这个行当来不得半点马虎,只有沉下心去做才能把活干好。"钟新跃是这样说的,也是这样做的。他常常利用午休和周末的设备空闲时间,对照专业书籍反复钻研练习。在"一身油、一身汗"的日子里,他练就了一套望、闻、问、切的"看病本领"。

"望"就是看设备的外表,是不是有螺丝松动、零配件脱落或损坏等现象;"闻"就是听机器有没有异常声响;"问"就是询问工人是否按设备规程操作,有无异常状况;"切"就是用手给机器"号号脉",摸摸机器运转时有没有异常震动。厂里机器出现故障,钟新跃都能手到"病"除,每年为公司创造经济效益上百万元。

在一次巡查中,钟新跃听出设备有异响,立即要求停机检查,结果发现设备连接轴脱离工位三分之一,随时会脱轴。针对问题,钟新跃一头扎进车间,潜心钻研解决方案,先后拿出了几套方案试验,但结果都不理想。他又转而学习机器的系统原理,看了一幅又一幅的结构图,最终解决了问题。

智能化科技时代,汉森制药吹响了"全自动化"号角。"以前

钟新跃正在维修机器

只是按部就班地修修机器,而现在机器越来越先进,经常出难题,我才警觉必须换一种思维方式了,要主动去了解机器、熟悉机器,要走在前面。"钟新跃说。于是,他每天奔走于各个车间,了解每台生产设备的构造原理、部件名称及工作状态,从头学起,不断钻研。

  2019年,公司投资建设湖南省首个中药口服液体制剂智能制造车间,从洗瓶、灌轧、灭菌,到灯检、包装实现连线自动化生产。为了掌握智能制造车间的维护技能,钟新跃一方面报名参加企业新型学徒制"工业机器人应用与维护"培训,认真学习机器人技术基础、自动控制等相关知识;一方面在厂家技术人员调试设备的过程中,全程观看,虚心请教,将技术参数、维护要领、故障判断和处理方法等一一记录,反复琢磨。同时,他结合生产实际情况,对优化设备运行提出了可行性建议。最终,车间顺利试生产,通过了GMP(药品生产质量管理规范)认证,并被省工信厅评为"湖南省智能制造示范车间"。

  钟新跃不仅自身技术过硬,还积极投身于青年职工的"传帮带",乐于把自己的学习经验和维修技术传授给班组成员。每来一台新机器,他总是带领着班组成员一起研究、共同探讨。每解决一次难题,他总是在第一时间将思路和方法传授给大家。当班组其他机修师傅遇到难题时,一声呼唤,他立马赶到,手把手地指导。

  平凡的岗位也能成就卓越。在这个用铁锤、锉刀、螺丝笔演奏的维修交响曲中,看似粗犷却又处处闪现别出心裁的数百上千处改进,无论是重大技改还是零星维修,都包含着钟新跃的智慧和汗水。从精益求精到创新求变,是钟新跃的不变承诺。

资料来源:益阳日报。

第二节　新时代切实开展好大学劳动教育

情境导入

劳动必修课受质疑：把学生当免费劳动力？

某职业院校设置劳动必修课，内容涉及打扫校园卫生、门岗执勤、学校食堂餐盘清理、参与校园绿化维护等。劳动教育直接与学分学时挂钩，在校学习满32学时，才能获得2个学分。

有人质疑，这是把学生当成免费劳动力？

对此，学校解释说："这是学校人才培养教育的内容之一，旨在培养学生的劳动意识"。开设劳动必修课，学校不仅没有减少开支、减少后勤人员，还需要拨付专项资金购买劳动服装、劳动工具，安排专门的辅导老师指导课程。

参加劳动教育必修课的小胡表示，平时在家她也会做家务，她觉得劳动课的方式很好，因为其所学专业经常要在电脑前面敲代码，课余生活比较单调，参与劳动可以调节生活，在食堂劳动的时候和阿姨们聊天也很开心。"昨天我们小组干完活后，拍了大合照，我还主动发给家人看，他们都说挺好的。"小胡说。

另外一名同学也表示认同学校将劳动教育安排成必修课的决定，自己把这样的课程当成一种体验，加上劳动课程时间不长，在可接受的范围内，既可以锻炼自己的能力，也能体会到劳动的不易。

？想一想　劳动课成为必修课后，我们的劳动课该怎么上？

一、劳动教育课程性质

劳动教育课是锻炼提高学生的综合素质和能力，树立劳动观念，端正劳动态度，学习劳动技能，增强自我管理、自我服务意识，培养广大学生吃苦耐劳的优良品质和合作意识，养成爱劳动、守秩序、讲卫生良好习惯的公共必修课程。

二、劳动教育课程的内容与要求

劳动教育课程分理论教育和劳动实践两部分，要注重围绕创新创业，结合专业积极开展实习实训、专业服务、社会实践、勤工助学等，重视新知识、新技术、新工艺、新方法应用，创造性地解决实际问题，使学生增强诚实劳动意识，积累职业经验，提升就业创业能力，树立正确的择业观，具有到艰苦地区和行业工作的奋斗精神，懂得空谈误国、实干兴邦的深刻道理；注重培育公共服务意识，使学生具有面对重大灾害等危机主动作为的奉献精神。

（一）理论教育

1. 教学内容

组织开展国家相关法律、劳动知识、劳动安全、劳动纪律等方面的教育，学习劳动模范人物的先进事迹，讲解学期劳动计划与安排等内容。通过组织动员教育，树立劳动最光荣、劳动最崇高、劳动最伟大、劳动最美丽的劳动观念，引导学生热爱劳动、尊重劳动、珍惜劳动成果，自觉遵守劳动安全法规。

2. 教学要求

（1）明确目的。劳动理论教育课程应明确劳动教育的教学目的，通过理论教学，提高学生对劳动教育课的认识，增强其劳动意识，使其掌握基本的劳动知识，明确劳动教育的目的、意义，以及劳动教育的组织形式和方法等。

（2）充分准备。劳动理论教育教学老师要提前做好调查研究，收集有关资料，结合学生缺乏的和实际需要的相关知识内容，认真准备教案，做好教学课件，使用多媒体教学，提高课堂教学质量。

（3）讲究方法。学校应重视劳动教育课程教学改革，采取研究讨论式教学方法，启发互动式教学，必要时可以把课堂搬到劳动现场去，贴近实际进行理论教学，增强课堂互动性，活跃课堂氛围。

劳动最光荣

(二)劳动实践

1. 教学内容

以二级学院(系部)为主导,由班主任、辅导员或学生干事指导学生结合校园生活和社会服务组织开展劳动实践,如校园环境卫生清洁、学雷锋活动、校内外公益劳动、服务校级或二级学院(系部)级大型活动(迎接新生活动、校园招聘会、校内学术会议、校内展览会、运动会、校内植树绿化、公共设施维护等);也可以用智力帮助企事业单位、机关团体、社区等完成产生价值的活动或项目,如分析、统计、调研、设计、决策、组织、运筹等。

2. 教学要求

(1)加强组织领导,做好宣传引导。各二级学院(系部)应高度重视,抓好工作落实,要积极宣传,鼓励学生参加劳动实践教育,让学生充分理解开展劳动实践教育活动的目的和意义。

(2)树立劳动意识。持续开展日常生活劳动,自我管理生活,提高劳动自立自强的意识和能力。

(3)端正劳动态度。学生要熟悉劳动的项目、范围、劳动标准和目标要求,在劳动过程中,劳动态度要端正,不怕苦,不怕累,按时上下岗,不得迟到、早退、串岗和旷工。服从劳动教育进程安排,听从指挥,积极主动完成工作,不消极怠工,完成规定的课时和学分;在劳动期间,要爱惜劳动工具和学校设施,节约用水。

(4)提升技能培养。依托实习实训,参与真实的生产劳动和服务性劳动,增强职业认同感和劳动自豪感;培育不断探索、精益求精、追求卓越的工匠精神和爱岗敬业的劳动态度;坚信"三百六十行,行行出状元",体会劳动不分贵贱,任何职业都很光荣,人人都能出彩。

(5)强化安全教育,提高安全意识。参加劳动实践教育活动的学生应服从管理,在完成岗位要求的同时保证自身安全,负责指导工作的教师既要关心、爱护学生,又要认真组织,热心指导,严格管理,全面考核,确保学生的人身安全。

三、劳动教育课程的实施

(一)职业院校劳动教育课程实施要求

1. 将职业院校劳动教育课课程化

(1)将劳动教育与思想政治教育相结合。劳动教育与思想政治教育的目标具有相关性,内容具有关联性,在实施路径的方式方法上也可以相互借鉴。一方面,思想政治教育有利于强化劳动教育目标的道德引领和精神塑造,有利于塑造和培养学生的劳动价值观、劳动态度、劳动品德、劳动习惯、劳动知识与技能,进一步实现劳动教育的五个目标任务;另一方面,劳动教育有助于加强学生思想政治教育的实践性和针对性,有助于提高学生的思想水平、政治觉悟、道德品质、文化素养，有助于学生坚定理想信念、厚植爱国主义情怀、加强品德修养、培养奋斗精神、增强综合素质，促使学生成为德才兼备、全面发展的人才。扎实推进劳动教育与思想政治教育相结合，要完善融通共建机制，做到学校全员、全过程、全方位育人；要利用好思想政治理论课课堂这个主渠道、主阵地，使德育、劳育形成协同效应；要结合学校优势打造特色品牌，弘扬劳模精神、劳动精神和工匠精神；同时注重培养学生的家国情怀和社会责任、专业知识、创新和实践能力、道德品质、国际视野，强调培养实用型、高素质人才。

（2）将劳动教育与实习实训相结合。劳动教育与实习实训具有辩证统一、相辅相成、相得益彰、共同促进的关系。与实习实训相结合，劳动教育会做得更加扎实、更加生动。实习实训重在培养学生的劳动态度和专业技能，帮助学生完成从学校到社会、从课堂到企业的角色转变，在这一转变过程中劳动知识与技能的掌握是极为关键的，而这正是劳动教育的重要目标之一。同时，社会是劳动教育的大熔炉，生产一线、劳动一线对劳动教育具有更为直接的促进作用，能够鼓励学生干一行、爱一行、钻一行，在平凡的工作岗位上做出不平凡的事业，实现实训实习的教育目标，取得实习实训的丰硕成果。

学校要注重对学生劳动情怀的培育，不断提升学生的职业精神，学校通过与企业、社区工厂等开展合作，激励学生参与社会实践，走进工厂、走进基层、走进社会，让学生感受一线劳动的魅力，从而获得丰富的劳动体验，真正地尊重劳动、热爱劳动；要注重劳动知识和技能的培养，通过实习实训基地和相关单位的精细化统筹安排，拓展学生劳动知识，提升学生劳动技能，特别是要充分发挥劳模工匠等优秀劳动者的引领作用，为学生走入社会做好职业准备。

（3）将劳动教育与社会实践和志愿服务相结合。实践是人们能动地改造客观世界的物质活动，人类历史是由人们的实践活动构成的；劳动是人类特有的社会实践活动，劳动概念是实践概念的具体化。在一定意义上，劳动与实践的最终指向都是作为其主体的人本身。在社会实践和志愿服务中融入劳动教育，既有助于学生形成良好的劳动习惯，提升他们的劳动技能，感受劳动所带来的收获乐趣，形成尊重劳动、热爱劳动的真挚情感，又有助于培养学生的社会实践和志愿服务能力，引导学生"做中学"和"学中做"，在实践中不断实现个人的成长进步、能力养成和素质提升。同时，志愿服务是典型的公益劳动，公益性社会实践在志愿服务中强化劳动教育意识，有事半功倍、相得益彰之效。

（4）将劳动教育与创新创业教育相结合。创造性劳动区别于重复性劳动，是辛勤劳动、诚实劳动的升华，更是人类社会发展进步的根本力量。将劳动教育与创新创业教育相结合，有助于培养、激发学生的创新性和创造性，其目的是提升学生的创造性劳动水平。创新创业教育是进行创新思维培养和创业能力锻炼的教育，具有创新性、创造性、实践性的特征，对于学生创造性劳动的激发具有明显的促进作用；同时，对劳动教育而言，创造性劳动的培养既是重点也是难点。探索劳动教育与创新创业教育的结合点，打造"双创"教育的劳育大平台,让学生在创新创业实践中发扬创新精神、培养实践能力、实现劳动创造,奋力跑出"双创"教育的"中国加速度",是职业院校加强和完善劳动教育的有效途径。

学校要加强体制机制建设,注重点面结合、强化实践,完善"双创"教育体系;要资源整合,拓展"双创"空间,为学生提供更多参与"双创"活动的机会;要在"双创"活动中加大鼓励和奖励力度,激发学生主观能动性,提升学生创造性劳动的培养水准。

(5)将劳动教育与产教融合相结合。产教融合是实现产业与教学密切结合,形成校企一体共同培养学生的办学模式。劳动教育在产教融合中具有不可忽视的作用。同时,加强劳动教育,能够在教育层面、经济层面、社会层面以及政策等层面,强有力地推进产教融合,并最终实现赋能产教融合。

(二)职业院校劳动教育课程具体实施

职业院校劳动教育课程的具体实施需要一个有机的系统,主要涵盖劳动教育的教学原则、教学方法、评价方法等多个方面。

1. 教学原则

(1)坚持教育引导原则。职业院校劳动教育要体现对学生积极的教育引导作用,使其通过劳动课程的学习,逐步掌握关于劳动的科学理论知识,把握人类劳动实践的发展规律,从而真正树立尊重劳动、崇尚劳动、热爱劳动的意识。劳动教育重在引导,因此,要摆脱板着面孔说教的教学方法。

随着时代变迁,学生成长的环境与上一辈人相比发生了翻天覆地的变化,他们衣食无忧,不知稼穑艰难,他们的眼界更为开阔,自我意识也前所未有的强烈。老调重弹的劳动教育,如日常教学中简单的任务、单纯的本力性教育、技艺学习等,与脑力劳动、理论学习无关,无法激发学生的兴趣,无法调动他们参与劳动活动的积极性。

(2)坚持教育深化原则。"熟知并非真知"具有普遍的真理性,依据这一命题,职业院校劳动教育一定要避免驻足于"熟知"阶段造成的浅尝辄止,而应当以实现"真知"为努力方向,即达到对劳动问题的本质揭示、科学揭示、系统揭示。要求劳动教育一方面在理论上将劳动的本质、劳动实践的普遍意义解释清楚;另一方面将人们通过劳动实践所结成的现实关系给予透彻的分析,强调人的劳动活动作为人的研究对象,其研究已经取得丰硕的研究成果,成为系统化的科学。基于这一思路,劳动教育应突出劳动的科学性和系统性。

(3)坚持劳动教育从实际出发的原则。职业院校劳动教育在实施教学实践中,应坚持从实际出发的原则,不要搞"一刀切"。主要体现在两个方面:一是因校制宜,在劳动教育方针指导下,各个职业院校应以本校相关教学资源、师资队伍、学生实际等客观情况为出发点,制定并实施适合本校实际的劳育教学计划;二是因地制宜,职业院校劳育必须与当地的实际紧密结合，最大限度地利用本地区劳育资源，科学筹划创建劳育校外实践基地，要同一些生产企业、事业单位、科研院所以及服务业加强联系，使之能为学生进行劳育提供实践场所；同时还要加强同当地工会组织的联系，并在工会的支持下，开展弘扬劳模精神、厚植工匠文化等活动，使学生在活动中感受到劳模与工匠的优秀品格和高尚精神。

2．教学方法

职业院校劳动教育在教学方法上，应利用互联网等现代化的教学手段，结合我国自改革开放以来取得的令世界瞩目的劳动成就，通过对学生循循善诱地积极思想引导，达到劳动教育功能逐渐转向为个人自我价值实现、获得存在的价值感和意义感等功能，从这个角度来讲，对于学生来说，他们在学习过程中获得的价值感和存在感更多。因此，要达到通过劳动全面育人的目标，开展创造性劳动势在必行。劳动教育实施手段及其要点如表1-1所示。

表1-1 劳动教育的实施手段及其要点

实施手段	要点
理论讲授	1．让学生认识开展劳动教育的必要性，牢固树立劳动最光荣、劳动最崇高、劳动最伟大、劳动最美丽的观念 2．塑造劳动楷模形象，用榜样力量引导学生践行以"诚"待劳，以实干实现自身价值
体验式教学	让学生感悟自身的变化与成长，理解辛勤劳动对于丰富和发展自我的重要性，激发学生在未来学习生活中努力奋进、自主追求与实现梦想的勇气
劳动实践活动	1．培养学生的劳动意识与劳动技能，让学生在实践活动中亲身体验劳动，感受劳动的魅力，明白劳动对于追求幸福生活的重要性 2．围绕创新创业，使学生学会创造性地解决问题，树立正确的择业观，懂得空谈误国、实干兴邦的道理
劳动技能和劳动成果展示	引导学生在家庭生活中主动劳动，并记录过程，体会劳动的意义
劳动竞赛	利用各种竞赛激发学生参与劳动的积极性
演讲（或作文）	引导学生结合社会热点思考劳动对于社会发展的意义，认识自己作为社会一员的义务与使命，从更深层意义上提高自身的劳动素养

3．评价方法

《中共中央国务院关于全面加强新时代大中小学劳动教育的意见》中有一段较为引人关注的话："把劳动素养评价结果作为衡量学生全面发展情况的重要内容，作为评优评先的重要参考和毕业依据，作为高一级学校录取的重要参考或依据。"可采用综合评价和间断性问卷调查两种方法来监测和评价劳动教育的效果，具体如表1-2所示。

表1-2 劳动教育的评价方法

评价方法	评价要点	作用
综合评价	生活表现	客观评价劳动教育的成果
综合评价	课堂参与度	客观评价劳动教育的成果
综合评价	实践活动（学生自我服务、家务劳动和社会公益劳动）	客观评价劳动教育的成果
综合评价	劳动素养（创造性、领导力、合作力等）	客观评价劳动教育的成果
间断性问卷调查	劳动安全意识	客观评价劳动教育的成果；改进劳动教育的手段
间断性问卷调查	劳动态度（使命感、奉献精神等）	客观评价劳动教育的成果；改进劳动教育的手段
间断性问卷调查	对教学手段的喜好程度	客观评价劳动教育的成果；改进劳动教育的手段
间断性问卷调查	对教学手段的建议	客观评价劳动教育的成果；改进劳动教育的手段

学习思考

1. 如何理解新时代劳动教育的育人价值？
2. 全面构建体现新时代特征的劳动教育体系，应重点着眼于哪些方面？
3. 请你谈谈，作为高职生，你认为在高等职业教育的人才培养方案中开设劳动教育课的必要性。

实践活动

"致敬普通劳动者"主题活动

没有环卫工，哪有干净整洁的大街；没有保安员，哪有小区的祥和平安；没有快递员，哪能方便、快捷地买到心爱之物……每一座城市的美丽，都离不开基层劳动者辛勤的汗水和无私的付出，只要为社会创造价值，服务于人民，就是光荣的，只要是劳动者就该得到承认和尊重。

请以小组（8~10人）为单位组织一次"致敬普通劳动者"的主题活动，选择一个普通劳动者群体，向他们致敬。致敬的形式不限，既可以是发动社会力量为普通劳动者谋求福利，也可以是向普通劳动者献花。要求活动过程用短视频的形式记录。

过程记录

活动开展计划:

活动开展关键点:

活动开展难点及解决方案:

心得体会:

结果评价

教师可参考表1-3对各小组"致敬普通劳动者"主题活动进行评价。

表1-3 "致敬普通劳动者"主题活动评价表

评价标准	分值	分数小计	教师评价
提前做好活动方案的策划	20		
给劳动者们带来了感动	20		
分工合理,各成员均积极参与	20		
活动形式有新意	20		
短视频剪辑精美	20		

第二章　劳动与劳动价值观

情境导入

情境一　幸福兴旺村是一个偏僻的小山村。村里有个张老汉，他有两个儿子，都长大成人了，哥俩对劳动的认识截然不同。哥哥认为，靠自己勤劳的双手去创造财富，生活才是幸福的；弟弟却不以为然，他认为一个人生活得舒服才是幸福。后来，张老汉不幸病逝了。父亲死后，哥哥同村里十几户农民承包了荒山，决心用勤劳的双手开垦荒山，栽树种粮，改变荒山的面貌。弟弟继承了父亲的一部分遗产，靠分得的房屋和一笔钱，在家里过着舒舒服服的日子。从此，哥哥带领大家上山开荒，改良土壤，引水灌溉，经过三年的辛勤劳动，终于把荒山变成花果山，果实累累，满山飘香。弟弟呢？父亲留给他的遗产很快用光了，生活变得越来越困难。你对这个故事中哥俩的做法是怎么看的呢？

评析

无数事实说明只有靠自己的双手劳动创造财富，生活才会幸福。现在，全国人民的奋斗目标，是建设现代化的、具有高度的物质文明和精神文明的社会主义国家。我们知道，一个现代化的社会主义强国，不会从天上掉下来，只有依靠全国人民的辛勤劳动才能建成。

情境二　前几天去亲戚家吃饭，亲戚家有一个小学五年级的女儿。吃过饭后，妈妈要求女儿收拾一下房间，然后带着其他小朋友去玩。女儿回答："收拾房间奖励多少钱？"妈妈有些哭笑不得，说："收拾你自己的房间还要奖励吗？"女儿说道："这是你自己说的呀，做家务有奖励。"很多家长让孩子做家务是为了培养孩子的责任心，以及体会家务劳动的不容易，希望孩子能在学习上更下功夫。有些家长则是为了让孩子有金钱的概念，让孩子体会赚钱的不容易，希望孩子成为一个能合理花钱与努力赚钱的人。

评析

　　家长们的初衷是好的，可是这种方式却并不好。当孩子认为做家务就一定会得到奖励的同时，负面影响就已经产生了。长此以往，当本该孩子自己做的家务变成了孩子只为赚钱而做的工作，他就会产生"家务本来是不该我做的，我只是为了钱做"的想法。以后当他该自觉自愿为自己做家务时，他很可能完全没有动力做。本来是培养孩子责任感的事情，结果却让孩子失去了责任感。父母用给予金钱的方式诱惑孩子来做家务，虽然孩子在当下做了家务，但是孩子却会认为家务本来是不该我干的。也可能会让孩子失去原动力，本来孩子是可能自愿地出于想要为父母分担的心情而干家务，可是干家务就有钱拿，会让孩子失去这种好的动机。孩子习惯了有奖励，做事情就会变得有着强目的性，这对孩子以后的成长是十分不利的。拿钱奖励也降低了家庭的联结感。做家务本来是一家人都有责任的事情。家人的感情在分担家务的过程中是不断加深的。一家人本来就应该在家务上互相分担，相互协作，通过对家务的分担加深家人的联结感，家人也会在这种合作中感到幸福温暖。

第一节　劳动的基本含义

一、劳动的定义

劳动是人类最基本、最重要的实践活动，是创造物质财富和精神财富的重要活动，是人类社会赖以生存的必要条件。人类社会的历史就是人类劳动的发展史和创造史，劳动是推动人类社会进步的动力来源。从原始社会的刀耕火种，到奴隶社会、封建社会畜力人耕的农业生产，从工业革命蒸汽机的发明到现代新能源、新材料、新工艺的使用，人类走过了一个漫长而伟大的劳动过程。正是在这个过程中，自然界、人类社会以及人类本身都发生了巨大变化，创造了史无前例的物质文明和精神文明。在日常生活中，劳动无时不在，无处不在，它影响着我们的思想，改变着我们的生活。

那么究竟什么是劳动呢？广义上是指人们在各种活动中劳动力的使用或消耗。从狭义上讲，劳动是指人类在自身智能分配下，通过各种手段和方式创造社会财富以满足人类日益增长的物质、精神等方面需要的有目的的活动。如果再从劳动要素的角度来定义，劳动是人们使用劳动资料，改变劳动对象，使之适合自己需要的有目的的活动，是劳动力的表现和使用。简单地说，劳动就是人类为了获得本身生存所必需的物质资料，包括衣、食、住、行等生活资料和各种生产资料而进行的活动过程。

二、劳动的基本特征

劳动是人类所特有的活动，它通过有意识、有目的地改变自然界的状况，创造必要的物质财富和精神财富，来维持人类社会自我生存和自我发展，与一般动物活动有着根本的区别。具体来说，劳动有三个方面的特征。

（一）劳动具有目的性

人类的劳动是在一定的意识支配下进行的，是有意识、有目的的活动。在人类自身的进化过程中，人的脑组织不断进化完善，思维能力也越来越强，人们会按照自己预定的目的进行思考，进行规划和设计，并采用合理的方式去实现自己的目的。就像在建筑高楼大厦时，总是先有设计图纸，确定建筑材料，然后按照设计图纸和确定工期进行施工，把高楼大厦建好，使之符合自己的设想。即使是制造一个小小的锤子，工人们也会在头脑中形成锤子的形状，并通过锯、锉、磨等工序，最后形成能够使用的工具。而动物的活动，如蜜蜂采蜜、蜘蛛结网、鸟儿筑巢、鱼儿游泳等，只是出于它们的本能。马克思曾经说过："蜘蛛的活动与织工的活动相似，蜜蜂建筑蜂房的本领使人间的许多建筑师感到惭愧。但是，最蹩脚的建筑师从一开始就有比最灵巧的蜜蜂高明的地方，是他在用蜂蜡建筑蜂房以前，已经在头脑中把它建成了。"所以说，人类劳动是一种有意识、有目的、自觉的、能动的活动，而动物的活动只是一种本能。

（二）劳动具有创造性

人类劳动是制造并使用生产工具的活动，制造和使用生产工具是人区别于其他动物的根本标志，是人类劳动过程独有的特征。在某种意义上说，人类的劳动是从制造工具开始的。社会生产的变化和发展，首先是从生产工具的变化和发展开始的。万年前的劳动，用的是石器；千年前的劳动，靠的是手工；百年前的劳动，开的是笨重的机器。而今天的劳动，却用上了键盘和鼠标。劳动的对象、工具、方式、环境和效果都在发生着变化。钻木取火与用打火机取火，肩膀运输与用汽车运输，两条腿走路与坐飞机赶路，论速度论力度，论成本论效益，都已相差了百倍千倍。生产工具不仅是人类改造自然的尺度，也是生产关系的指示器。马克思说："手推磨产生的是封建主为首的社会，蒸汽磨产生的是工业资本家为首的社会。"对于动物而言，猿猴、猩猩等高等动物虽然也能利用木棍和石块去击落树上的果实，或者保护自己免受对方的袭击，但却不能制造劳动工具而进行生产活动。

（三）劳动具有社会性

马克思指出："为了进行生产，人们便发生了一定的联系和关系。"在劳动中，人不仅形成了与自然的关系，同时形成了人与人之间的生产、交换、分配等各种关系。人们从事物质生产活动和其他一切社会活动，都不可能以个体的形式进行，而必须互相依赖、互相合作，结成一定的社会关系才能进行。原始社会时期，生产力非常低下，生存环境恶劣，个人的能力有限，人类要想生存下去，必须聚在一起，组成一个部落，共同劳动，相互帮助，相互依存。也就是说，人类的劳动一开始就具有社会性。随着社会生产力的发展，人们制造了越来越先进的生产工具，人类征服自然的能力不断增强，个人生存能力越来越强，但这并没有削弱人类劳动的社会性，相反人们之间的联系范围却越来越广泛、越来越紧密了，劳动的社会性越来越明显。社会化大生产使人们之间的联系越来越紧密，劳动的社会性体现得更加明显。工业革命之后，特别是现代社会，大规模的工业生产成为现实，劳动生产率不断提高，社会分工越来越细，人们无法生产出满足自身需要的各种产品。比如，有做食品的，有做冰箱的，有做汽车的，有做家具的等，大家必须相互交换产品，才能满足自己的生活和生产需要。一般来说，产品交换的程度越高，表明生产的社会性也就越强。同时，即使生产同一种产品，也要通过社会多个行业的共同协作来完成。例如，汽车，发动机是一个生产厂，轮胎是一个生产厂，方向盘是一个生产厂。而发动机又由多个生产厂来完成各种零部件，轮胎也是如此，依次类推，形成了很多个行业、很多个生产厂来共同完成一个产品的社会活动局面。

拓展阅读

幸福的生活哪里来，要靠劳动来创造

新型冠状病毒感染就像一个突如其来的暂停、重复键，大多数人的生活仿佛都停留在同一天，起床、吃饭、百无聊赖、睡觉、起床、吃饭……不用挤公交、地铁，不用在格子间忙乱。然而，一天、两天、三天……当复工的通知一再延迟，居家的日子似乎没有尽头时，很多人却待不住了，除了生计的窘迫，更多的却是内心的躁动不安，为什么梦幻中的闲散没有产生美满的效果呢？是什么在内心里蠢蠢欲动，身体想动起来，收拾屋子、钻研美食、学习新知识新技能，甚至想冲破重重障碍复工复产——这，就是劳动的魅力！

人，生而平凡琐碎，是劳动赋予生活不同的意义，是人的日常劳作、所作所为一点点积累，成就了波澜壮阔抑或风轻云淡的一生，按部就班的劳作生活的日子，并没有让我们觉得劳动可贵，失而复得后反而让劳动显得弥足珍贵。

很多人感慨，如果没有这次病毒感染，从来就不会知道那些平凡而忙忙碌碌的岁月的可贵。病毒感染最严重的时候，无数人的心愿是平静地上好每一天班，然后重新体味过去忙碌的每一天，人生最宝贵的是"阳光底下最细碎的幸福"。

这次事件教会了我们，生活的意义不是想出来的，不是说出来的，而是在一天天质朴的日子里过出来的。正如儿时就会哼唱的歌曲《劳动最光荣》，"幸福的生活哪里来，要靠劳动来创造"，年少时只知道朗朗上口的旋律，阅尽千帆，方领会此中竟是人生颠扑不破的大道至言。

劳动，会产生客观效应和主观效应，客观效应是创造出效益及财富，获取生活需要的物质手段，这是安身立命的根本。我们每个人每一天都享受着别人辛勤劳动的结果，清晨起床有干净整洁的城市环境，出门有丰富的早餐，中午能随心叫各种外卖，买到喜欢的衣服打扮，有房子可以遮风挡雨，想看书可以买到书，想关注新闻有及时的推送，别人的劳动保障了我们的衣食住行和精神文明的需求；我们作为社会的一分子，也在提供自己的劳动，在自己的岗位创造价值，在为家人提供服务，或者为自己提供舒适。整个群体的劳动促进了社会进步、科技发展，让人类的明天更加美好。

当然，生活中除了劳动，还有娱乐和休息，一张一弛、劳逸结合是非常重要的，娱乐带来的乐趣在充实的劳动后会显得更有意义。如果只娱乐，那么我们只能从娱乐中获取短暂的愉快感。

《月亮与六便士》里有这样一段话："我们的生活很单纯，很简朴，我们并不野心勃勃，如果说我们也有骄傲的话，那就是因为在想到通过双手获得劳动成果时的骄傲。我们对别人既不嫉妒，更不怀恨。有人认为劳动的幸福是句空话，对我来说可不是这样的，我深深感到这句话的重要意义，我是个幸福的人。"

　　尽管世事多变，勤恳的劳动始终不变。这是我们平平凡凡的人平平凡凡地过日子的真实写照。默默劳作，日复一日。不管你是在土地上耕耘农作物，在大街小巷驰骋送快递，在护卫城市的清洁，在办公室做着文案，还是置身科技国防前沿，只要我们是勤勤恳恳、兢兢业业的劳动者，都应该心安理得地享受劳动带来的幸福和尊严。

资料来源：搜狐网。

三、劳动过程的三要素

　　人类离不开劳动，但是劳动需要一定的条件。如果没有一定的劳动条件，劳动是无法顺利进行的。例如制造家具，首先要有劳动的人——木匠，再有必需的劳动对象——木头，还要借助劳动工具——锯和锤子等，这样才能进行劳动，这就是劳动过程。劳动过程就是指劳动者有目的地借助劳动工具，作用于劳动对象，生产出具有使用价值的产品的活动过程。马克思在《资本论》中指出："劳动过程的简单要素是：有目的的活动或劳动本身，劳动对象和劳动资料。"也就是说，劳动过程必须具备三个要素，即劳动行为、劳动对象和劳动资料。劳动过程就是这三个要素结合的过程，其结果是改造了劳动对象，使之成为满足人们某种需要的产品；同时，人本身也在劳动过程中得到了改造和发展。

（一）劳动行为

　　劳动者的劳动行为作为劳动过程中起决定性作用的要素，其根本就在于劳动者本身。劳动者需要具备一定的经验和技能，能在创造意识的控制、指挥下运用劳动资料作用于劳动对象，使劳动对象的内在规定性和外在规定性按照劳动者的意志为转移发生相应的运动、变化，而成为人们生产、生活的物质资料。劳动者是劳动生产资料、生产工具的创造、操作、使用者，是劳动对象自然物质的加工者和明确目的意识性的需求者，在生产力诸要素中起主导作用，是最活跃的要素。没有劳动者的劳动作用，劳动资料和劳动对象不会按照劳动者的明确目的有意识地发生运动、变化。因此说，无论进行何种劳动，必须有劳动者参加。离开了劳动者，生产资料本身不能创造出任何东西。

（二）劳动对象

劳动对象是劳动者使用劳动资料所作用的一切东西，劳动对象与劳动资料结合，构成生产资料。只有有了劳动对象，劳动者才有可能使用劳动工具进行劳动，缺少了它，就不能生产任何产品。我们可以将劳动对象分为两类：一类是自然物，即自然界原来就有的。例如，未被开垦的荒地，未被砍伐的森林，未被采掘的矿藏，以及飞禽、走兽、鱼类等；另一类是已被劳动加工过的，例如，纺织工厂的棉纱、木器工厂的木材、机械工厂的钢材等。然而，对劳动对象来说，并不是自然界的一切物质都能成为劳动对象，只有那些被人的意识能够认识，其运动、变化规律能够被人的创造意识掌握控制，被人类所利用、纳入生产过程的那一部分物质，才能成为人类生产过程中的劳动对象。有很多物质，人类经过了从不认识到认识再到深入认识的过程，从而成为人类的劳动对象。如石油，以前人们根本不知道它的用处，到了宋代，大科学家沈括在《梦溪笔谈》中根据"生于水际砂石，与泉水相杂，惘惘而出"的特征将其正式命名。他在描述了陕北富县、延安一带石油的性质和产状后进一步提出了"盖石油至多，生于地中无穷，不若松木有时而竭"的论断，并且预言"此物后必大行于世"。但他所指的大行于世，也不过是用于烧火做饭和收集烟灰磨墨，来代替木炭磨墨而已，直到内燃机发明以后，石油的价值才真正发挥出来。随着科学技术的进步，人们不断发现自然界许多新的有用物质，或者物质的许多新的有用属性（如石油不仅是燃料，而且是重要的化工原料），使劳动对象的范围进一步扩大，劳动对象更加多样化。当代新的材料和生物工程的兴起，使人类可以选择性能更好的、更廉价的劳动对象，这对于生产力的发展具有重大意义。例如，用工程塑料代替某些金属制造许多产品，不仅可以提高产品质量，而且可以采用层压、喷射、挤压等新工艺、新方法，节省加工费用；采用新的陶瓷材料制造发动机，由于它具有耐高温的性能，不必采取降温措施，因而可以节省大量的能源。再如，单晶硅片的制成，推动了电子工业的迅猛发展；采用生物遗传工程的方法培育优良物种，将极大地促进农牧业的发展；应用生物技术将为医药工业开辟一个新天地。在世界上某些自然资源日益减少的情况下，更加迫切需要发展新的材料工业，制造更多更好的人工合成材料。

（三）劳动资料

劳动资料是劳动者在生产过程中用以改变或影响劳动对象的物质资料和物质手段，也称为劳动手段。它被用于劳动者和劳动对象之间，起传导劳动的作用。在劳动资料中，起决定作用的是生产工具，生产工具是其他物质资料得以成为劳动资料的前提。在生产过程中，生产工具是人所达到的劳动生产率的最重要标志，并且对生产的规模、生产的种类都有直接的决定作用。生产工具包括人类在劳动过程中所使用的各种各样的工具，例如机械性工具、运输工具、测量工具、试验工具以及各种容器等。生产工具的内容和形式是随着经济和科学技术的发展而不断发展变化的。早期的生产工具（石木工具、金属工具）是劳动者依靠自身的体力，用手操纵的；后来的机器则包括工具机、动力机和传动装置三个部分，形成了复杂的体系；而现代的自动化机器体系，又增加了以电子计算机为核心的自控装置。

在人类发展史上,生产工具的创造和改进标志着劳动者获得了改变自己身体结构的新的"器官",表现为手的延长、体力的增强和脑力的补充与提高,进而使人类生活出现新的面貌。同时,生产工具是衡量社会生产力状况的客观尺度,是人类利用自然、改造自然的客观物质标志,也是人类社会划分各种经济时代的根据。正像马克思所论述的那样:"各种经济时代的区别,不在于生产什么,而在于怎样生产、用什么劳动资料生产。劳动资料不仅是人类劳动力发展的测量器,而且是劳动借以进行的社会关系的指示器。"

在劳动过程的要素中,有时劳动资料和劳动对象并不是截然分开的。由于在生产中的作用不同,一个物品有时作为劳动资料,有时作为劳动对象。比如,拖拉机用来耕地或运输货物时,是劳动资料;在拖拉机被制造的时候,它又是劳动对象。土地则更特殊,在农业生产中它既是劳动资料,又是劳动对象;在工业生产中它则是劳动资料。在工业生产领域,除土地外,其他如厂房、道路、河道、仓库等,也属于劳动资料。这类劳动资料,称之为"一般劳动资料"。这类劳动资料虽然不直接参加劳动过程,但如果没有它们,劳动就不可能实现。

劳动者的劳动行为、劳动资料、劳动对象这三个要素,在劳动过程中不是孤立存在的,而是相互联系的。只有有了劳动对象,劳动者才有可能使用劳动资料进行劳动。所以说,三个要素必须结合起来,才能使劳动过程得以实现,才能创造出人类所需要的物质和精神财富。

拓展阅读

世界各国五一国际劳动节庆祝活动

1866年5月1日,以美国芝加哥为中心,在美国举行了约35万人参加的大规模罢工和示威游行,示威者要求改善劳动条件。经过艰苦的流血斗争,终于获得了胜利。1889年7月,由恩格斯领导的第二国际在巴黎举行代表大会,大会与会代表一致同意:把5月1日定为国际无产阶级的共同节日,它是全世界劳动人民共同拥有的节日。

五一国际劳动节的由来

1. 中国的五一劳动节

新中国成立以后,中央人民政府政务院于1949年12月将每年的5月1日定为法定的劳动节,全国放假一天。每年的这一天,人们兴高采烈地参加各种庆祝集会或文体娱乐活动,并对有突出贡献的劳动者进行表彰。对于工作者来说,五一劳动节的小长假,成为不少人出游的选择。

2. 美国:劳动节发源地不过五一劳动节

劳动节起源于美国。但特殊的是,美国政府后来在设立劳动节时,自行规定每年9月的第一个星期一为劳动节。每逢9月的劳动节,美国人可以放假一天,全美各地的民众一般都会举行游行、集会等各种庆祝活动,以示对劳工的尊重。

3. 俄罗斯:游行、集会、娱乐一个都不少

俄罗斯一直比较重视这个特别的节日,5月1日这天,俄罗斯全国放假,并举行各种庆祝活动及群众性游行。一般来说,游行的队伍要先穿过城市的主要街道、广场,最后在古老的或者宽阔的中心广场举行大型集会和庆典。

4. 日本:劳动节逢"黄金周"

日本5月1日前后的节日很多,5月的假日连起来,至少有一周休息时间,最长的甚至达11天。因此,在日本,劳动节专门的庆祝活动日渐被"五一黄金周"所取代。而且从4月29日开始,日本就已经进入了"黄金周"。

5. 加拿大:9月劳动节标志夏天结束

加拿大与美国一样也是在每年9月的第一个星期一庆祝劳动节。在渥太华、多伦多等城市,每年劳动节时都会举行游行和集会,以此表彰工会组织下的工人对加拿大社会所做出的贡献。

6. 泰国、秘鲁:放假一天

泰国于1932年首次颁布劳工条例,随后将每年的5月1日确定为国家的劳动节,以此嘉奖辛勤工作的劳动者。这一天,泰国全国统一放假一天。和泰国的情况比较类似,秘鲁也规定5月1日为国家的劳动节,而且全国放假一天。

7. 意大利:不庆祝不放假

英国、法国等欧洲国家都将5月1日确定为劳动节,不少国家都放假一天,还有的国家则根据情况将公共假期放在5月的第一个星期一。意大利尽管承认五一国际劳动节,政府也表示尊重劳工,但一般人并不举行专门的庆祝活动,也没有全国性的"五一"假期。

资料来源:搜狐网。

第二节　劳动的功能与分类

情境导入

新疆维吾尔自治区召开驳斥"强迫劳动"专场新闻发布会，现场邀请了各行业代表，通过介绍新疆各族群众自愿就业、勤劳致富的事实，有力驳斥了美西方反华势力涉疆"强迫劳动"的荒谬言论。

"如今，新疆各族群众正在阳光下体面劳动，都在创造着属于自己的幸福美好生活。"发布会上，自治区科学技术协会副主席姑丽娜尔·吾布力在介绍新疆城乡富余劳动力转移情况时说。

作为当地的种棉大户，阿瓦提县棉农吐热汗·依地热斯家里种了200亩棉花，年纯收入达到20万元以上。"今年棉花市场价格好，又是一个丰收年。如今我家种棉全部采用机械，效率高、费用低，还可以腾出手来种果树、搞养殖、开超市，钱包越来越鼓！"吐热汗·依地热斯告诉大家。

"从棉田到工厂，再到日常生活，棉花承载着新疆各族儿女的幸福，给了我们温暖的生活，也是一代代人美好的回忆。"新疆钵施然农业机械科技有限公司负责人刘帅说。在沙湾，公司吸纳当地富余劳动力近百人，与每一位员工依法签订劳动合同，提供免费食宿。有很多少数民族员工凭借着自身努力成为公司的骨干力量，买房、买车，把父母、孩子接到身边生活，员工的幸福感、获得感、归属感不断提升。

刘帅说："我们将继续为新疆棉花产业发展贡献力量，用事实拆穿谎言，用劳动创造幸福。"

新疆合盛硅业有限公司有机硅质检中心分析员阿依古丽·司得克更是表

新疆棉花采摘

达了心中的愤慨:"我大学毕业后,十分幸运地进入公司工作,对这份工作很满意,干得也很起劲儿。怎么就'突然'变成了'强迫劳动',真是胡说八道!"

资料来源:新疆日报。

评析

在新疆,各族群众靠自己的勤劳双手和聪明才智,通过劳动就业增收致富,过上幸福生活的例子还有很多。美西方反华势力应该认识到,不管花多大精力编造涉疆谎言,他们以疆制华的险恶图谋都只会失败。在人类的正义和良知面前,在事实和真相面前,甩锅推责、转移视线没有出路,只会撞得头破血流。对美西方反华势力而言,反躬自省、悬崖勒马,切实正视并解决好自身问题,才是人间正道、沧桑正途。

一、劳动的功能

劳动作为人类所特有的社会活动,具有十分重要的意义。马克思曾说过:"任何一个民族,如果停止劳动,不用说一年,就是几个星期,也要灭亡,这是每一个小孩都知道的。"具体来说,劳动主要有以下三个方面的功能。

(一)创造社会财富

自然界为人类的生存提供了水、空气、阳光、土地、树木等必要的物质前提,但是人类对自然界的依存,并不是直接的,而是以劳动作为中介的。除了空气、阳光等有限种类的自然物可以直接或比较直接地适应人的需要外,自然界中更多种类的存在物,并不能直接地构成人类赖以生存和发展的物质资料,需要人类通过劳动将其转化为可以为人类所利用的物质财富。尽管从根本上讲,社会物质财富的本原是自然物,但它经过人的劳动加工后已改变了原来的形态和性质。它不单是自然的产物,也是社会的产物。社会物质财富的创造,必须具备两个条件:一是客观存在的自然物;二是有意识、有目的人类劳动。因此,人类劳动首要的功能就是运用生产工具对作为劳动对象的自然物进行加工或改制,使其成为社会物质财富,并以生活资料的形态来满足人类自身生存和发展的需要。

(二)改造和完善人类社会

人类社会经历了原始社会、奴隶社会、封建社会、资本主义社会和社会主义社会等，总的趋势是在不断发展、不断进步、不断完善，这个过程构成了人类社会发展史。社会的进步，以人类创造的物质文明和精神文明为标志，也就是说，物质文明和精神文明的发展水平标志着人类社会进化的程度与进步的状态。社会越进步，物质文明和精神文明就越发达，反之亦然。社会文明的基础是物质生产的发展水平，归根到底，它取决于人们的劳动方式。美国人类学家摩尔根在《古代社会》一书中，把人类社会由低级到高级、由不完善到比较完善的发展过程划分为三个时代：蒙昧时代、野蛮时代、文明时代。恩格斯肯定了这个分法，并作了进一步解释。恩格斯说："蒙昧时代是以采集现成的天然产物为主的时期……野蛮时代是学会经营畜牧业和农业的时期……文明时代是学会对天然产物进一步加工的时期，是真正的工业和艺术产生的时期。"这就是说，划分人类社会进步过程，主要是以生产劳动的方式为依据的。可见，正是人类的劳动不断地改造和完善着社会，推动着社会的发展。

（三）满足人类生存和发展的需要

人作为自然界的一种生命体，天然地有着自身的需要。为了维持生命，需要吃饭、喝水，在这一点上，人类和其他动物是相同的。然而，人类作为社会化的动物，其生存需要毕竟不同于其他动物。动物的需要出于先天的本能，仅以维持生命的延续为限度，长久地停留在一个大致不变的水平上。羊吃草、狼吃羊，这是它们为了维持自己的生存所具有的先天习性。人的需要非常广泛，而且是不断发展变化的。人们不仅需要物质财富，也需要精神食粮，这些都需要通过劳动来满足，也只有通过劳动，人类才能生存和发展。对于人们的生活来说，劳动不仅创造着满足需要的社会财富，而且创造着需要本身以及满足需要的方式。马克思说："用刀叉吃熟肉来解除的饥饿不同于用手、指甲和牙齿啃生肉来解除的饥饿。因此，不仅消费的对象，而且消费的方式……都是生产所产生的。"因此，我们可以说，劳动创造了人，也提高和完善了人。人类的历史，就是人类通过自身的劳动而诞生和不断自我完善的过程。

总之，劳动的功能，决定了它是人类各种活动中最重要的活动。它不仅改造着人和社会，也改造着自然界。劳动的功能，是通过劳动的各种具体形态体现出来的。从不同的角度划分劳动的形态，就是劳动的分类。

拓展阅读

"干沙滩"建设成为"金沙滩"

热播电视剧《山海情》讲的是西海固的人民响应国家扶贫政策的号召，在党和政府的带领下，完成整体搬迁，通过辛勤的劳动和不懈的探索，将"干沙滩"建设成为"金沙滩"的故事。从吊庄移民到整体搬迁何其艰难，我们从中可以学到做好群众工作的三大精神。

一是不忘初心的带头精神。起初,吊庄移民的人因为不能忍受恶劣环境,小部分人返回了涌泉村。村里召开协商会议,会上,村里的老支书表态,自己家一定去吊庄,在场群众深受感动,纷纷响应。俗语说:村看村,户看户,群众看干部。领导干部是旗帜、是榜样,是增进党群关系的黏合剂。想要实现工作目标,领导干部就必须跟群众一起苦、一起干,领导干部就得带头吃苦、带头干。在习近平总书记的系列讲话中,多次提到"实干",并强调"空谈误国,实干兴邦",要实现宏伟目标就要靠党员干部带头"实干"。

二是不遗余力的担当精神。"民在我心,民为我本",凌一农教授带领团队发展庭院经济,手把手教技术,在蘑菇滞销的情况下,带领团队找销售渠道。他说:"菇民的任何难处就是我们无条件要解决的大事!"铿锵有力的话语,说进了每一个工作人员的心坎,彰显了共产党员在困难面前的担当精神。共产党员只有坚持全心全意为人民服务的根本宗旨,永远保持对人民的赤子之心,实干为民,带领人民创造更加幸福美好的生活才能有效增进党群关系,将"以人民为中心"的发展理念落到实处。

三是不畏艰辛的奋斗精神。吊庄的移民户们在党和政府的带领下,植树造林、建学校、建医院、建设扬水站……一切都是从无到有,实现了戈壁荒滩到"塞上江南"的梦想。历史唯物主义告诉我们,"人民群众是历史的创造者",其根本原因在于人民群众是社会生产力的体现者。中国共产党团结带领人民群众进行了艰苦卓绝的斗争,为新中国的成立谱写了气吞山河的壮丽史诗。"艰难方显勇毅,磨砺始得玉成",站在"两个一百年"的交汇点,共产党员唯有不断奋斗、带领人民群众拼搏进取,才能实现中华民族伟大复兴的中国梦。

资料来源:共产党员网。

《山海情》剧照

二、劳动的分类

按照不同的标准，劳动有不同的分类结果。各种分类从不同角度表明劳动的多样性，揭示劳动的形式差异和内在差异。

（一）简单劳动与复杂劳动

按照复杂程度，劳动分为简单劳动与复杂劳动。

简单劳动是在一定的社会条件下不需要经过特别的专门训练，每个普通劳动者都能从事的劳动，与复杂劳动相对应。复杂劳动可以折合为若干倍简单劳动，耗费较少时间的复杂劳动生产的产品可以与耗费较多时间的简单劳动生产的产品等价交换。

复杂劳动是需要经过专门学习和训练，从而在技术上比简单劳动复杂的劳动。在商品生产的同等时间里，复杂劳动比简单劳动能创造更多的价值，少量的复杂劳动可以等于多量的简单劳动，原因在于：从事复杂劳动的劳动力需要花费更多的劳动才能被生产和再生产出来，是一种较高级的劳动力。

（二）体力劳动与脑力劳动

按照劳动器官与力量消耗的侧重点，劳动分为体力劳动与脑力劳动。

体力劳动是劳动者以运动系统为主要运动器官的劳动。体力劳动是人类社会物质资料生产中劳动力消耗的基本方式，也是人类生存和发展的基本活动。体力劳动是创造物质财富的活动，但有些体力劳动并不创造物质财富，只是为社会提供服务，如从事旅行社、宾馆、商店、交通运输等劳动的工人，也是一种体力支出，所以也称为体力劳动者。当然，体力劳动者在劳动时，并不是一点也不消耗脑力，也要动脑筋，想办法，只不过以体力劳动为主罢了。比如，农民在种田时，要考虑耕作的深浅，种植的稀密，施肥的多少等。

脑力劳动是以脑力消耗为主的劳动，其特征在于劳动者在生产中运用的是智力、科学文化知识和生产技能，故也称"智力劳动"，是质量较高的复杂劳动。劳动中体力受脑力的支配，脑力以体力为基础，劳动是二者的结合。脑力劳动主要体现在劳动者运用科学文化知识、生产技能和经验进行创造性活动。脑力劳动者必须随着社会和科学的发展，及时学习和掌握新的知识，才能适应社会的需要。脑力劳动的成果是知识产品，形成后可以在较长时间内使用。设计师设计一种新产品的图纸，科学家发明一种新的工具，不会在一次运用中就消耗掉。至于从事文字工作的脑力劳动者，其劳动成果使用期更长，如曹雪芹的《红楼梦》、罗贯中的《三国演义》等，一直到现在，人们还在阅读和使用，继续给人们提供精神上的享受。

（三）生产劳动和非生产劳动

从劳动过程的特点划分，可以分为生产劳动和非生产劳动。

生产劳动是指创造物质财富的劳动，是人类社会存在和发展的基础。一切物质生产部门，如工业、农业、建筑业和运输业等物质生产部门劳动者的劳动，都是生产劳动。作为生产过程在流通领域内继续的那部分劳动，包括商品的补充加工，包装和保管等工作的劳动，也是生产劳动。从事生产劳动的人并不一定都亲自动手使用生产工具直接参加生产，只要他的劳动属于生产劳动总体的一部分，如从事劳动管理、技术管理、人事管理、工艺流程设计等，都属于生产劳动。

非生产劳动，是指不创造物质财富的劳动，如教师、医生、演员的劳动，就是非生产劳动。人类最初的劳动都是生产劳动，后来随着生产力的发展和社会分工的出现，在生产劳动中逐渐分化出来非生产劳动，并且，随着科学技术发展和生产力水平的提高，在劳动者的构成中，非生产性的劳动者将会逐渐增多，这也是社会进步的一个重要标志。

拓展阅读

新时代新行业"另类"劳动者揭开神秘面纱

如今，一些冉冉升起的新兴行业越来越引人注目，VR安全培训员、无人驾驶技术研发工程师这些新行业正是新时代劳动者创造性劳动的成果。

VR安全培训员

说到VR，可能大家首先想到的是游戏娱乐，可实际上，VR的用途远不止于此，如今VR已被搬到建筑工地，为施工现场插上了智慧的翅膀。

VR安全培训员的主要工作是给建筑工人做安全培训。工地上的VR安全体验馆的VR设备可视屏幕上显示着14项体验内容，包括基坑防护桩坍塌、塔吊坍塌、宿舍火灾伤害、脚手架坍塌、挖掘机伤害等，覆盖了建筑施工的方方面面。

VR安全体验馆

在VR虚拟世界中，不仅能够还原事故发生现场，而且在每一个工地伤害结束前还会进行现实案例讲述、事件还原，让人真正意识到这些伤害都是现实高发的。体验者可以选择"再体验"或"返回"，来决定继续留在虚拟世界还是回到现实世界。

VR安全培训员王琦说："大部分的施工人员都非常喜欢体验VR，这不仅让他们提高了安全意识，也让他们有种在'玩游戏'的快感，一般体验完VR后，会感到非常放松、解压。"

谈到未来的发展方向，王琦希望能为"智慧工地"做更多事情，之前建筑工地跟互联网结合并不紧密，一些安全问题时有发生。接下来，他希望把所学与建筑工地做更紧密的联系，让建筑工地也插上科技的翅膀。

无人驾驶农机研发工程师

从"面朝黄土背朝天"到农业生产机械化，再到以"无人驾驶农机作业"为代表的农业黑科技登场，"无人"模式逐渐颠覆了大众对传统农业的印象。"无人"的背后自然离不开科研人员的付出和努力，王辉便是其中之一。

1988年出生在河北省一个普通家庭的王辉，父亲早逝，家里的农活全靠母亲张罗。农忙时，他跟着母亲干农活，从小见惯了大人们在农田里干活的不易，也亲身体验过耕地、播种、浇地、施肥、打药、收割等的辛苦。大学选专业时，在亲戚的介绍下，他选择了几个和农业相关的专业，最终被河北农业大学农业电气与自动化专业录取。

"选专业的时候除了想以后能帮助种田之人减轻劳动强度外，那时我也看中了这个专业以后可能会有比较好的前景。"王辉坦言，当年20岁的他压根没想过，几年后会一头扎进无人驾驶农机的研发中。大学期间，他跟着老师学习专业知识、到果园农田实践，最后一年，王辉选择继续读研，并考入华南农业大学硕博

无人驾驶农机驰骋沃野

连读。研究生阶段，王辉所在的团队研究的几款不同类型的果园自动化喷雾设备，在应用中获得果农们的好评。读博后，他选择了自动控制类作为研究方向。

"我本硕博的专业都是农业电气化与自动化，无人驾驶农机技术最早是国外先有的，2000年前后从国外购买这样一套设备至少需要20万元，这对国内很多农场主来说是一笔非常高额的开支。而我们的研究，一个最大目标就是运用国内技术将成本降下来，让更多农场主能用得起。"王辉说，现在他们研发的农机自动化驾驶系统，在经过国家和地方的财政补贴后，农户自己只需要拿两三万元就可以买得起、用得上。

作为科研人员，王辉表示，他有幸能为国内的无人驾驶农机技术贡献一份自己的力量，他还有很多研究可以做，也愿意将自己的热爱和激情投入到研发中。

资料来源：潍坊晚报。

第三节 劳动价值观

情境导入

部分青少年劳动价值观异化五大怪象

现象一 好逸恶劳、嫌贫爱富，不尊重劳动和普通劳动者

受社会不良风气及家庭教育不当影响，一些孩子从小就形成了"劳动分贵贱"的错误价值观。"爸爸妈妈教育我，如果不好好学习，以后就要去扫大街，当清洁工，进工厂，回家种田"，在他们幼小的心灵里，劳动已然分了贵贱。

现象二 "小皇帝""小公主"现象频现，"老儿童""巨婴"也能看到

由于当前青少年的教育环境和成长氛围，本来应该由家庭承担的劳动教育被大量的课外补习替代，出现了"小皇帝""小公主"。如今，甚至出现了"老儿童"现象。天津一所高校的一名女大学生，一上大学就带妈妈过来陪读，妈妈白天在外面打工，早中晚过来送饭，给孩子洗衣服，还承包了宿舍的卫生。除了这种陪读的，还有大学生定期寄脏衣服回家洗，或者花钱雇钟点工去宿舍打扫卫生，大学生生活自理能力堪忧。

现象三 不劳而获、坐享其成在青少年中存在苗头倾向

当前，大中小学生超前消费的苗头已经显现，中小学生使用奢侈品、高档化妆品的新闻频现报端，大学校园贷、裸贷案例层出不穷。据了解，陷入裸贷的女大学生中有部分人是因为追求奢侈品而无法自拔，还有的不顾学习痴迷于炒期货、黄金和互联网金融P2P，追求"一夜暴富""嫁个富二代，少奋斗10年"。

现象四 不思进取，青年"啃老"现象日益凸显

随着城乡经济条件的改善，一些大中专毕业生不就业或慢就业的情况比较常见。如果找不到"不苦不累，冬暖夏凉，坐办公室"的工作，有些青年宁可回家"啃老"，每天在家上网打游戏，或者拿着父母的钱吃喝挥霍。

现象五 "年轻人宁送外卖不进工厂"，职业教育没有吸引力

据一些企业透露，现在职业学校的毕业生不愿意去工厂，这其中还包括职业技能大赛上的佼佼者。目前，大量产业工人从制造业流向快递行业，工匠流失现象严重，而这些工匠恰恰又是中国制造业转型升级最缺的人才。

> **评析**
>
> 当前，一些青少年产生了好逸恶劳、嫌贫爱富、不劳而获等不良心态，折射出当前劳动价值观的缺失和异化。如何教育引导学生崇尚劳动、尊重劳动，长大后能够辛勤劳动、诚实劳动、创造性劳动，成为亟待解决的问题。

一、马克思主义劳动观

马克思认为：劳动不仅是谋生的手段，更是通向客观世界与主观世界的媒介，也是实现人性至美至善、彻底自由的必由之路。人类历史的产生与劳动的产生是同一个过程，人类的发展史就是一部劳动史。马克思深刻地指出，"整个所谓世界历史不外是人通过人的劳动而诞生的过程，是自然界对人来说的生成过程"。唯物史观揭示了劳动是人类社会产生的基础和前提。劳动把人与动物区别开，把人从自然界中提升出来。

马克思主义劳动观有三个基本观点：第一，人是劳动的产物，劳动创造了人类生存所必需的全部物质条件和精神条件。劳动是人的生命存在和全部社会活动的前提，作为生命存在的人要解决吃、穿、住的生活问题，必须从事生产劳动，通过劳动改造自然，从大自然中获取生活资料。第二，劳动是人类全部社会关系形成和发展的基础。人们在劳动过程中，一方面同自然界发生关系，另一方面在人们之间又结成了生产关系。第三，劳动是促使社会历史发展的根本推动力量。社会发展的最终决定力量不是精神、意志、神灵，而是人的劳动实践。

二、新时代学生劳动价值观的基本内涵

劳动创造伟业，劳动铸就辉煌。一切劳动，无论是体力劳动还是脑力劳动，都值得尊重和鼓励。新时代学生劳动价值观的基本内涵如下。

（一）应当把明确劳动本质与价值作为基本要求，明辨劳动最伟大

新时代学生应当以劳动创造人类历史和文明、劳动推进社会发展和进步为认识起点，正确理解劳动的本质和价值。劳动的本质不仅在于创造物质财富和精神财富，也是推动社会发展的决定性实践活动，体现了劳动超越谋生之外的人文社会价值，是满足人享受和发展需要的价值状态，推动社会发展、追求幸福和促进人的全面发展。

1. 劳动改写命运，书写历史

新中国的成立代表着中国人民从此站起来了，这不仅表现为人民当家做主人，还意味着中国劳动者的命运第一次真正意义上掌握在自己手中。在革故鼎新的年代里，中国共产党带领劳动人民自力更生、艰苦奋斗，劳动人民满怀高度负责的主人翁精神和强烈的民族自豪感开始建设新中国，改变着社会面貌，改写着劳动人民的命运，书写着对未来的美好憧憬。

2. 劳动创造幸福，成就事业

改革开放以来，广大劳动群众的积极性、主动性、创造性得到了充分发挥，社会主义建设高歌猛进，无论是在政治、经济、文化方面，还是在教育、科研、军事等方面，其建设成就斐然，实现了物质财富和精神财富的极大提高，社会生活发生了巨大变化。勤劳的、充满智慧的中国劳动人民正在创造着幸福，满载着幸福感、获得感不断推进着中国特色社会主义事业的向前发展。

3. 劳动开创未来，实现复兴

中国特色社会主义进入了新时代，新时代的劳动者更多地呈现出知识型、技能型、创新型、创造型的时代特点，中华民族迎来了实现中华民族伟大复兴的光明前景。

（二）应当把肯定劳动主体地位与作用作为基本要义，明辨劳动最光荣

劳动者是人民群众的主体部分，承担着创造社会物质财富和精神财富的历史责任，新时代学生应当重视和尊重劳动、肯定和崇尚劳动，其内在必然要求就是肯定劳动主体的地位与作用。"劳动最光荣"是一种积极的劳动伦理价值观，它的价值向度就是对劳动者主人翁地位的肯定。我们应当平等看待劳动者，不论是体力劳动者还是脑力劳动者，不论是简单劳动者还是复杂劳动者，一切为我国社会主义现代化建设做出贡献的劳动者都是光荣的，都应该得到承认和尊重。

随着经济全球化和市场经济的发展，部分学生出现了不愿劳动，鄙视劳动尤其是鄙视体力劳动者的价值取向，出现了"看不起一线工人，看不起农民工""从事环卫劳动的工人不如从事发明创造的科学家光荣""体力劳动就是吃苦受罪""将来做不了社会精英也不愿意当一名普通劳动者"的错误认识。对此，我们应当看到"劳动只有分工不同，而无贵贱之分"。那种无视我国工人阶级成长进步的观点，那种以为科技进步条件下工人阶级越来越无足轻重的观点都是错误的、有害的。

我们提倡"以辛勤劳动为荣，以好逸恶劳为耻"的劳动荣辱观，尊重真抓实干的诚实劳动者、埋头苦干的辛勤劳动者、改革创新的创造性劳动者，任何劳动者的劳动都是有尊严的劳动、都是幸福的劳动，都值得我们敬佩和尊重。

（三）应当把树立创造性劳动意识作为主要目标，明辨劳动最美丽

"劳动最美丽"可以用劳动美来加以概括。"劳动最美丽"在本质上是劳动者或劳动主体基于其劳动实践而实现的美的创造，并通过各种美的劳动形式，彰显劳动者的本质

力量和劳动美的价值。"劳动最美丽"是劳动群众以诚实劳动、辛勤劳动和创造性劳动作为基本形式而存在的,在劳动过程中追求劳动美,以此实现劳动的合目的性与劳动的合规律性的高度统一,这也是劳动实践中各种关系的内在和谐统一之美。

拓展阅读

大学生劳动价值观调查

1. 你认为大学还需要劳动吗?

    A. 需要　　　　B. 不怎么需要　　C. 劳动与我无关

2. 你周围的同学会时常劳动吗?

    A. 会　　　　　B. 不会

3. 你有自己心中的劳动楷模吗?

    A. 有　　　　　B. 没有

4. 你认为劳动的价值是?

    A. 获得快乐　　B. 体会劳动人民的艰辛

    C. 感受到生活的不易　　　　D. 没有价值

5. 你认为劳动教育在大学生教育中能起什么作用?

    A. 有助于吃苦耐劳精神的养成

    B. 有助于良好生活习惯的养成

    C. 有助于生活能力的增强

    D. 有助于形成正确的人生观和价值观

    E. 有助于锻炼意志品质

    F. 不起什么作用

6. 你参加过哪些劳动教育?

    A. 勤工俭学　　　B. 兼职打工　　　C. 社会调查

    D. 志愿服务/公益性活动　　　　　E. 校内劳动实践课程

    F. "三下乡"活动　　　　　　　　G. 创业实践

    H. 其他

7. 在你看来,你更愿意接受下列哪种形式的劳动教育?

    A. 参加劳动教育课程(主题讲座、手工课、志愿服务、参与校园劳动、社会参观等)

    B. 自己主动参加各类义务劳动、体验劳动价值

    C. 大学期间多一些实验实践类课程

D. 大学期间多一些勤工俭学的机会

E. 大学老师在课堂上的讲授里切合实际

F. 与大国工匠、劳动模范近距离接触，感受他们的魅力

G. 有更多机会到与专业相关的单位实习

H. 其他

8. 你认为当前大学生在劳动素质方面存在哪些问题？

A. 劳动价值观出现偏差，如轻视体力劳动，看不起体力劳动者

B. 劳动功利化，劳动习惯差，好逸恶劳，存在铺张浪费以及不珍惜他人劳动成果的现象

C. 缺乏勤劳朴素的劳动品质和艰苦奋斗的劳动精神

D. 劳动技能差，同时对未来就业感到迷茫

9. 你认为劳动等同于实习和社会实践吗？

A. 差不多是这个意思

B. 我对这几个都不太明白，所以说不清楚

C. 它们有不同的含义和内容，且不可相互取代

10. 关于"如何培养大学生劳动观"你有什么看法？请将你的想法或建议写在下方。

11. 如果在教室里看到垃圾，你会？

A. 主动捡起，并分类扔进垃圾桶

B. 视而不见，觉得有人会处理

C. 毫无感觉，自己也会丢垃圾

12. 你对社会上的清洁工、环卫工所持有的态度？

A. 尊重，他们都在为社会做贡献

B. 理解，仅仅是一份职业不加以评判

C. 低微，觉得该职业卑微，且不太喜欢有从事这些职业的亲朋好友

D. 嫌弃，既脏又臭，文化程度低，不愿提起他们

13. 对学校如何加强大学生劳动教育你有什么建议？

14. 你对劳动教育的态度是什么？

A. 很乐意，积极配合　　　　　B. 为取得学分，不得不做

C. 经常偷懒 　　　　　　　　 D. 没做过

15. 你认为劳模精神包含哪些内容？
    A. 爱岗敬业　　 B. 争创一流　　 C. 艰苦奋斗
    D. 勇于创新　　 E. 淡泊名利　　 F. 甘于奉献

16. 你认为有的大学生劳动观念缺乏原因是什么？
    A. 父母过分溺爱　　　　　　 B. 大学养成的不好的习惯
    C. 时间比较紧，忙着其他事情　 D. 觉得没有直接利益就不做
    E. 不感兴趣

17. 高校应该采取哪些方式来加强劳动价值观？
    A. 校内多开展劳动实践活动　　 B. 多开展劳动实践类讲座
    C. 多开劳动价值观主题班会　　 D. 增设相关劳动课程
    E. 将劳动价值观作为课程考核　 F. 其他

18. 你认为以下哪些说法是正确的？
    A. 我们要善待自己的劳动岗位、劳动成果
    B. 参与劳动实践就是完成一项任务
    C. 劳动一定要有物质回报才有价值
    D. 大学生参与劳动实践活动就是把学生当苦力使用
    E. 没有劳动人类无法生存，社会无法进步
    F. 参加劳动是每个人对社会应尽的义务

19. 就你对自己及周边同学的了解，你认为目前大学生劳动素质如何？
    A. 劳动观念正确，劳动习惯良好，积极参与劳动理论教育及实践活动
    B. 劳动价值观出现偏差，如轻视体力劳动、看不起体力劳动者、劳动功利化
    C. 劳动习惯差，好逸恶劳，存在铺张浪费以及不珍惜他人劳动成果的现象
    D. 缺乏勤劳朴素的劳动品质和艰苦奋斗的劳动精神
    E. 劳动能力及技能差，不积极参与实践活动，同时对未来就业感到迷茫
    F. 其他

三、树立正确的劳动价值观的意义

大学生的劳动价值观呈现出劳动价值与个人价值、劳动价值与思想道德紧密结合等

特征。大学生的劳动价值观不仅影响个人的命运和前途，也决定了国家的命运和前途。

（一）树立正确的价值观和事业观

新时代的学生要将日常生活与理想追求紧密结合，在劳动创造中实现远大理想和个人目标，自觉把人生追求融入国家富强、民族复兴的伟业之中，实现个人与集体、国家的融合发展，真正树立依靠辛勤劳动、诚实劳动、创造性劳动获取财富，实现人生价值的正确思想观念，从而为其走出校园后的人生之路奠定良好的事业发展基础。

（二）培育和践行社会主义核心价值观

尊重劳动，坚持爱岗敬业的工作态度和职业操守，是践行社会主义核心价值观的要求和具体体现。培育新时代学生的劳动精神，真正理解人民创造历史、劳动开创未来，相信劳动是推动人类社会进步的根本力量；真正认识到正是因为中国人民的劳动创造，我们才拥有今天的幸福生活。通过弘扬劳动精神，培养学生扎扎实实干事，踏踏实实做人，积极主动的岗位意识、职业意识、进取精神和创新精神。今后无论处于什么岗位，学生们都能在本职工作中充分发挥积极性、主动性和创造性，通过自己的劳动收获满足感、幸福感、尊严感，在创造物质财富的同时，提升自我的精神境界。只有这样，学生才能于实处用力，从知行合一上下功夫，把社会主义核心价值观内化为精神追求，外化为自觉行动。

（三）感受时代精神力量

新时代学生要确立劳动最美丽的思想观念，感受劳动本身所激发出的人性光辉、品德光辉和精神光辉，体验到劳动者在劳动中所体现的精益求精、专注执着、无私奉献、创新创造的宝贵精神，体验到高标准、高品质的追求和敬业之美、创造之美的价值升华，从而激励自己投身于新时代中国特色社会主义伟大事业中，奉献无悔青春。

拓展阅读

古诗中的劳动之美

翻开我国古代诗歌作品，我们会发现，历代文人墨客写下了许多关于古人辛勤劳动的诗篇，歌颂了劳动之美，展现了劳动之乐的美好情怀。

《诗经》是我国最早的一部诗歌总集，里面就有大量描绘劳动生产的农事诗。著名的《伐檀》一开头就讲"坎坎伐檀兮，置之河之干兮"，是一首描写伐木工人劳作的民歌。

《芣苢》诗曰："采采芣苢，薄言采之。采采芣苢，薄言有之。采采芣苢，薄言掇之。采采芣苢,薄言捋之。采采芣苢,薄言袺之。采采芣苢,薄言襭之"则是农妇们采摘车前草的乐歌,既生动又欢快,热情歌颂了劳动人民热爱劳动的高贵品质。

"锄禾日当午,汗滴禾下土。谁知盘中餐,粒粒皆辛苦。"唐代诗人李绅的《悯农》妇孺皆知,寥寥数句,就把劳动者的辛勤和劳苦写到了极致。

陶渊明不为五斗米折腰,甘愿归田务农,他把农活写进诗里,充满诗情画意。譬如他的《归田园居》:"种豆南山下,草盛豆苗稀。晨兴理荒秽,带月荷锄归。道狭草木长,夕露沾我衣。衣沾不足惜,但使愿无违。"全诗平淡自然,清新质朴,言简意长,真挚感人,抒写了对田园生活的热爱以及享受田园劳作之乐的惬意、闲适。

他还在《庚戌岁九月中于西田获早稻》一诗中写道:"人生归有道,衣食固其端。孰是都不营,而以求自安?"告诫人们要自食其力,勤奋劳动,如果什么事都不做,又怎么能解决自己的温饱问题呢?

古人辛勤劳动场景

白居易在《观刈麦》里把劳动的艰辛描绘得细致入微,生动感人。"田家少闲月,五月人倍忙。夜来南风起,小麦覆陇黄。妇姑荷箪食,童稚携壶浆。相随饷田去,丁壮在南冈。足蒸暑土气,背灼炎天光。力尽不知热,但惜夏日长。"

农历五月是麦收时节。妇女领着小孩往田野去,给正在割麦劳作的男子送饭、送水,这些农民在麦田埋头割麦,脚下暑气熏蒸,背上烈日烘烤,累得筋疲力尽也不觉得炎热,为的是珍惜夏天昼长能够多干点活。读着这样的诗句,我们不能不为诗人对农家的同情与怜惜所感动。

"富贵本无根,尽从勤里得"。劳动最光荣,劳动最崇高,劳动最伟大,劳动最美丽。热爱劳动、尊重劳动永远是中华民族的传统美德。

资料来源:改编自2019年4月29日《语言文字报》文章《闲说农家诗》。

四、劳动价值观的时代变迁

中国劳动价值观的变迁大致分为五个阶段：受儒家思想影响，古代中国社会轻视劳动，劳动者地位低下，但同时又重民本，倡勤劳；新文化运动中"劳工神圣"思潮促进了人们对劳动者的重视，推动了劳动者地位的提高；新中国成立后，通过集体主义教育，劳动光荣观念深入人心，劳动者地位空前提高；改革开放初期，平均主义的分配方式被破除，"勤劳致富"成为主流劳动价值观；市场经济阶段，劳动以外的生产要素参与分配，一些人通过非劳动收入获得巨大财富，劳动的价值被淡化，不劳而获思想有所抬头。

（一）古代轻劳动与倡勤劳的劳动价值观

在古代中国传统主流思想中，劳动者往往受到轻视，地位并不高。儒家经典《论语》记载："樊迟请学稼。子曰：'吾不如老农。'请学为圃。曰：'吾不如老圃。'樊迟出。子曰：'小人哉，樊须也！'"可见孔子对劳动是轻视的，称之为"小人之事"，也就是地位低下的人才做的事情。孟子更提出"劳心者治人，劳力者治于人"(《孟子·滕文公上》)的主张。

统治者虽然轻视劳动和劳动者，但为了能长久统治下去，鉴于"水可载舟，亦可覆舟"，也需要通过体恤民情、顾及民生、顺应民意的举措，争取民心以稳固其政权。在中国传统文化中，人们对劳动者的态度有着两面性：一方面，普通民众在"万般皆下品，唯有读书高"的氛围中，希望自己与子孙后代能够跳出劳动者群体；另一方面，人们又崇尚勤劳，将其作为美德传承，无论是统治者、知识分子还是普通劳动者都有重视劳动的一面。

（二）新文化运动中"劳工神圣"劳动价值观

到了近代，面对西方的侵略，士大夫阶层开展自强运动。新文化运动起到了思想启蒙的作用，先进知识分子意识到劳动人民的重要作用，于是"劳工神圣"的劳动价值观应时而生。1918年11月16日，北京大学校长蔡元培在演讲中喊出了"劳工神圣"的口号。他说："此后的世界，全是劳工的世界呵！""我说的劳工，不但是金工、木工等等，凡用自己的劳力作成有益他人的事业，不管他用的是体力、是脑力，都是劳工。所以农是种植的工，商是转运的工，学校职员、著述家、发明家，是教育的工，我们都是劳工。我们要自己认识劳工的价值。劳工神圣。"

十月革命后，马列主义的传入给"劳工神圣"劳动价值观提供了坚实的理论支撑，认为劳动创造价值，从某种意义上说，正是本着"劳工神圣"的劳动价值观，中国共产党带领广大的普通劳动者发动了新民主主义革命，依靠处于社会底层的劳动人民才最终取得了胜利。

（三）新中国成立后的集体主义劳动价值观

新中国成立后，人民成为国家的主人，劳动成为社会动员的主题，"爱劳动"构成劳动价值观的核心，"劳动光荣"成为时代的主旋律。这一时期集体主义劳动价值观成为社会的主流价值观。革命后确立的集体主义劳动价值观，对当时政治与经济发展起到了推动作用。只要是勤劳工作，就会受到表彰，成为学习的榜样，获得实实在在的精神和物质回报，所以人们从事生产劳动有着巨大的热情。当时各行各业都涌现出了不少劳动模范，他们成为人们尊崇的对象。但当时社会关注的主要是体力劳动者，知识分子未受到应有的重视，甚至还被当作改造的对象。

（四）改革初期"勤劳致富"的劳动价值观

改革开放后，国家提倡让一部分人先富起来，"以先富带动后富"。过去的集体主义劳动价值观面临挑战，个体的劳动热情被激发出来，"勤劳致富"的观念随之形成，中国社会的劳动价值观发生了巨大变化。个人需求得到了激发，劳动者的劳动热情高涨，追求物质利益成为劳动者的正当而又重要的目标。在改革初期只要能创造财富，就能够受到尊崇，社会倡导尊重知识、尊重人才，脑力劳动者和体力劳动者一样受到重视，由此充分调动了劳动者的积极性，极大地提高了劳动生产率。分配方式上由平均主义转变为按劳分配，以此激发劳动者的积极性和创造性。

（五）市场经济阶段亟须强化的主流劳动价值观

20世纪90年代初开始，中国的改革开放步入市场经济阶段，在发展市场经济的过程中，社会主导价值观一直强调尊重劳动，调动劳动者的积极性，实现劳动者价值，然而受各种复杂因素的影响，社会的劳动观念有弱化的倾向。市场经济条件下，资本、土地、技术等生产要素参与分配，劳动不再是分配的唯一尺度，相比其他收入，劳动者的收入不高，特别是资本对劳动的优势越来越明显，劳动所得与资本带来的收益差距悬殊，再加上劳动者在就业中的弱势地位，人们容易形成对资本的崇拜。同时，社会上存在的以投机行为甚至非法行为牟利的现象也会引起人们劳动观念的变化，给社会主流劳动价值观带来挑战和威胁，对此必须高度警惕和重视，加以正面引导，同时完善收入分配制度，让广大劳动者更有获得感和主人翁感，以坚持和巩固社会主义劳动价值观。

五、劳动价值观的形成

（一）树立正确的劳动价值观的途径

1. 尊重劳动：常怀感恩之心

新中国的劳动者中既有劳动模范，又有先进典型，他们的事迹在历史发展的长河中画上了浓墨重彩的一笔，他们身上所体现的劳模精神和劳动精神，始终熠熠生辉。

实现我们的奋斗目标，要靠劳动者的实干。无数奋斗者用实际行动证明，只有尊重劳动，尊重劳动的价值，才能让劳动者有更多的获得感和成就感，创造出更多的财富。实干兴邦，一个尊重实干、尊重劳动的国家，必然会拥有充分的活力和强大的发展动力，从而在奋斗的道路上取得更多伟大的成就。

我国每一次重大任务的完成和重大斗争的胜利，无不凝聚着劳动者的心血与汗水。林州红旗渠，被誉为世界第八大奇迹——人工天河。林州人民在20世纪60年代极其困难的条件下，仅仅靠着一锤、一铲、两只手，在太行山悬崖峭壁上修成了全长1500公里的红旗渠，结束了十年九旱、水贵如油的苦难历史，并且孕育了"自力更生，艰苦创业，团结协作，无私奉献"的红旗渠精神。

红旗渠修建时场景

正是每一个劳动者在各行各业的岗位上尽心尽责、辛勤劳动，才让整个社会物质充裕、运转有序、共享幸福。劳动者在创造幸福的同时，也带给他人以幸福。我们应常怀感恩之心，尊重我们身边每一位劳动者，尊重每一份平凡普通的劳动。

2．热爱劳动：人生幸福据点

"人生两件宝，双手和大脑，一切靠劳动，生活才美好"。这是我国著名教育家陶行知对劳动的生动解说。劳动不仅是人类文明进步的源泉，还是打开幸福之门的钥匙，通过劳动，人类从森林走向陆地，从远古走向现代文明，从食不果腹走向"吃好穿美"。

劳动是财富的源泉，也是幸福的源泉。劳动能帮助我们完善内心、完成自我实现。劳动不仅为我们幸福的实现提供了物质条件，而且劳动的过程本身就是一种幸福体验。

人们常说："劳动创造幸福"，这是因为人们付出了汗水，就会有回报，有了回报，就会产生幸福感，不论在哪一方面。正是因为劳动，中国综合国力才不断增强，人民生活水平才不断提高，幸福指数才不断上升。

身处新时代，我们应该热爱劳动，让劳动成为我们的幸福据点，同时实现自己的时代追求。

3. 践行劳动：奋斗的青春最美丽

劳动是推动人类社会发展的决定性力量，每个人的梦想照进现实，归根到底要靠辛勤劳动、诚实劳动、科学劳动。"其作始也简，其将毕也必巨"。伟大祖国之所以能风雨无阻，关键要素就在于千千万万普通劳动者的负重前行。

2020年春天，我们见证了太多感动又温暖的故事：白衣执甲的医护人员、星夜驰援的物流司机、逆行而上的铁路工作者、筑牢防线的青年志愿者群体、坚守岗位的公安干警……无数劳动者都在尽自己一份力。守护共同家园，用奋斗定义自身价值，这样的主人翁姿态，时代也必将予以铭记。

最美抗疫工作者

守望相助、各司其职，我们用劳动铸就了抗击病毒的命运共同体，而那些劳动者，更被置于耀眼夺目的位置。劳动，是每个人最基本的责任。不同时期，劳动的具体表现形式会有所不同，但其最根本的价值始终没有变，新时代的劳动者更兼顾着智慧与创新的宏观映照。

奋斗是青春的底色，幸福不会从天而降，梦想不会自动成真。面对新形势、新困难、新挑战，每个劳动者都要焕发热情、释放潜能，在各自的岗位上踏实苦干、努力奉献。撸起袖子加油干，千千万万劳动者所凝聚起来的力量必将掷地有声。

（二）职业院校学生树立正确劳动价值观的重要意义

1. 有助于学生树立正确的人生观和价值观

马克思主义劳动观告诉我们，劳动是一切历史的基本条件，是人类赖以生存、发展的决定力量。树立正确的劳动观，有利于学生真正认识到劳动创造人类社会的本源性价值，树立正确的人生观和价值观；树立正确的劳动观，有助于学生热爱劳动、尊重劳动，激发学习热情和创新精神，真正认识到劳动是生命意义和生命价值实现的唯一途径，认识到劳动是财富创造的源泉，幸福都是奋斗出来的。

2. 有助于学生形成积极向上的就业创业观

当前职业院校学生在毕业就业过程中经常出现眼高手低、不能胜任工作等问题，只有树立正确的劳动观，学生才能形成积极向上的就业观和创业观。正确的劳动观能够培养学生优良的品质，实现学生的积极就业；正确的劳动观能够帮助学生正确认识社会劳动分工的本质，消除劳动差别观，建立劳动平等观，促进学生积极到基层就业、加强锻炼，为以后的发展奠定良好基础。正确的劳动观能够培养学生吃苦耐劳的劳动精神和创新精神，促进学生的自主创业。

3. 有助于促进学生的全面发展

作为社会主义事业的建设者和接班人，学生的全面发展对实现中华民族伟大复兴的中国梦有着重要作用。合格的建设者和接班人本质上就是"以劳动实现中国梦"的劳动者，既是辛勤的劳动者，也是敬业的劳动者，更是创造性的劳动者。树立正确的劳动观，有利于学生在劳动中增强体魄、磨炼意志、提升人格品质，实现以劳树德、以劳增智、以劳健体、以劳育美的目标。

拓展阅读

劳动创造价值

烈日炎炎，农民在田野间劳作，汗珠砸在泥土上，一株株秧苗结出沉甸甸的粮食；天寒地冻，外卖小哥骑着电瓶车在大街小巷穿梭，头盔染上了白霜，保温箱里的饭菜却热气腾腾；冬去春来，老师始终站在三尺讲台，陪着孩子们慢慢长大；花开花落，科技工作者一直守在实验室，验证一个个奇思妙想……日复一日，年复一年，在中华大地上，千千万万劳动者耕耘着、创造着，用汗水和心血浇灌着劳动的果实，实现着人生的价值。

马克思把劳动比喻为整个社会都在围绕旋转的"太阳"，将劳动视作创造价值的唯一源泉。凭借一双勤劳的双手，人类的祖先打磨几块冷石，生起一团热火，告别茹毛饮血，迈向新的生活。凭借一双勤劳的双手，中华民族的先民们"烁金以为刃，凝土以为器，作车以行陆，作舟以行水"，用汗水与智慧开启了灿烂的中华文明。凭借一双勤劳的双手，中国人民在中国共产党的领导下，自力更生、发奋图强、解放思想、锐意进取，取得了革命、建设、改革的伟大成就，全面建成了小康社会，共同创造着幸福生活。

2020年11月24日，习近平总书记在全国劳动模范和先进工作者表彰大会上指出，在长期实践中，我们培育形成了"崇尚劳动、热爱劳动、辛勤劳动、诚实劳动的劳动精神"，劳模精神、劳动精神、工匠精神是鼓舞全党全国各族人民风雨无阻、勇敢前进的强大精神动力。

中华民族是勤于劳动、善于创造的民族。正是因为劳动创造，我们拥有了历史的辉煌；也正是因为劳动创造，我们拥有了今天的成就。如今，踏上新征程的我们，仍然需要大力弘扬劳动精神，继续奋斗，勇往直前，为实现第二个百年奋斗目标而不懈努力。

资料来源：光明日报。

学习思考

1. 你在新型冠状病毒感染期间都做了些什么呢？结合你的经历谈谈那段时间你的感受。
2. 你是怎样理解劳动的内涵和属性的？
3. 你从事过哪些类型的劳动？你认为劳动带给你的最大改变是什么？

实践活动

"幸福劳动者"采访活动

在我们身边，有很多劳动者，如农民、工人、快递员、外卖员、房产中介、程序员、美工、设计师、工程师、作家、科学家、图书管理员等，他们既普通也不普通，他们凭着一份坚持，靠着不懈的奋斗，过上了属于自己的幸福生活。

请以小组（4~6人）为单位寻找身边或网络上至少3个行业（应至少包括一个新兴行业）的"幸福劳动者"，采访他们的劳动故事，了解他们是如何通过劳动收获幸福的。要求采访过程和结果以PPT或短视频的形式呈现。

过程记录

活动计划：

活动关键点：

活动难点及解决方案：

结果评价

教师可参考表2-1对各小组"幸福劳动者"采访活动进行评价。

表2-1 "幸福劳动者"采访活动评价表

评价标准	分值	分数小计	教师评价
提前做好活动方案的策划	20		
达到采访目的	20		
分工合理,各成员均积极参与	20		
故事讲述精彩	20		
PPT制作精美/短视频剪辑精美	20		

第三章　劳动精神与劳模精神

情境导入

2022年3月16日上午，河南航天液压气动技术有限公司接到某能源科技有限公司催货通知：要求3月18日完成交付450套防爆电磁阀，比原计划交付时间提前了28天，时间紧、任务重。

公司闻声而动、争分夺秒保交付，全体员工深知"客户的需求就是命令，急用户所急就是抢市场和抓订单"。第一时间对产品齐套情况进行梳理，详查产品齐套性，发现缺少247个电磁铁配件。

16日上午公司把信息传递到电磁铁外购供方，30分钟后收到了对方承诺：倾斜资源、全力以赴拼抢急需的电磁铁。当天夜里外购供方加急送货144个，第二天送货144个，确保了产品的齐套性。

在公司精心组织、全力协作下，安排4名装配试验员分为2组，各承担225套电磁阀装试任务。各组在30分钟内领齐零件，一人负责清洗零件，一人负责检查密封面；准确测量、认真记录、精心组装、熟练试验。两个小组各配一名质检员，严把过程质量管控；技术员和项目经理全程跟进技术保障和后勤供应；公司领导发挥党员先锋模范作用，轮流带班协调资源、解决现场问题，确保按时、保质保量完成此次加急生产任务。

16日晚上10点，加急任务已完成产品装配256套、试验合格149套，其余工作正在加速推进中。

评析

劳动是一切幸福的源泉。进入新时代以来，我国工人阶级和广大劳动群众在实现中国梦伟大进程中拼搏奋斗、争创一流、勇攀高峰，为决胜全面建成小康社会、决战脱贫攻坚发挥了主力军作用，用智慧和汗水营造了劳动光荣、知识崇高、人才宝贵、创造伟大的社会风尚，谱写了"中国梦·劳动美"的新篇章。

第一节 劳动精神

2022年4月27日，习近平总书记在致信祝贺首届大国工匠创新交流大会中强调，要大力弘扬劳模精神、劳动精神、工匠精神，适应当今世界科技革命和产业变革的需要，勤学苦练、深入钻研，勇于创新、敢为人先，不断提高技术技能水平，为推动高质量发展、实施制造强国战略、全面建设社会主义现代化国家贡献智慧和力量。

人民创造历史，劳动开创未来。党的十八大以来，以习近平同志为核心的党中央始终坚持全心全意依靠工人阶级根本方针，重视劳动创造、关心劳动者。从坚持就业优先战略，到促进收入分配更合理、更有序，从破除妨碍劳动力、人才社会性流动的体制机制弊端，到完善协商协调机制、构建和谐劳动关系，从人才培养到权益保障，一系列决策部署引领并不断激发新时代劳动者拼搏奋斗、勇攀高峰。

一、崇尚劳动

中华民族自古就是崇尚劳动的民族。从"晨兴理荒秽，带月荷锄归"的耕作，到"女郎剪下鸳鸯锦，将向中流匹晚霞"的纺织，再到"六月调神曲，正朝汲美泉"的酿造……古往今来，对劳动的赞歌绵延不绝。

"青春激情绘理想，攀科学高峰为祖国争光。机器轰鸣马达响，云霓织成锦绣万里长。麦浪滚滚牛羊壮，丰收的歌声传遍四方……"建党百年前夕，庆祝中国共产党成立100周年文艺演出《伟大征程》中，一段戏曲表演生动再现了新中国劳动者意气风发登上历史舞台的场景，令观众久久难忘。劳动的光荣、崇高、伟大与美丽，凝聚在唱词里，也驻留在人们心间。

因为崇尚劳动，我们有着"咱们工人有力量"的豪迈，有着"天不怕地不怕，风雪雷电任随它"的勇气，有着"紧摇桨来掌稳舵，双手赢得丰收年"的底气，有着"人们在明媚的阳光下生活，生活在人们的劳动中变样"的自信。

劳动，创造了财富，也砥砺着精神。人行天地间，只有不图安逸，不惧困苦，爬过高山，蹚过激流，拼搏过，奉献过，才能感受"千淘万漉虽辛苦，吹尽狂沙始到金"的喜悦与充盈，才能体会生而为人的自在与尊严。

"无论时代条件如何变化，我们始终都要崇尚劳动、尊重劳动者"，习近平总书记指出。

劳动创造财富，劳动者在劳动中所体现出的坚守与热爱，更是一笔无与伦比的财富。他们让我们相信，有梦想、有机会、有奋斗，一切美好的东西都能够创造出来。

二、热爱劳动

中国共产党历史展览馆，不少参观者在一组题为《十八颗红手印》的雕塑前停下了脚步。雕塑中的18位农民，有人蹲着思考，有人站着议论，有人挽起袖子，在土地承包责任书上郑重按下手印。

雕塑《十八颗红手印》

这是1978年冬天的安徽凤阳小岗村，18位农民依次按下自己的手印，改革开放的奇迹随之展开。这些农民为何敢闯敢试、敢为人先？因为他们内心有着对劳动的满腔热忱；因为他们相信，辛勤的劳动一定能换来幸福的生活。

劳动开创未来，奋斗成就梦想。劳动没有高低贵贱之分，不论身处哪个行业，只要付出足够的辛劳与智慧，干一行、爱一行、钻一行，就能够在平凡的岗位上取得不平凡的成绩。

习近平总书记有这样的期待："在工厂车间，就要弘扬'工匠精神'，精心打磨每一个零部件，生产优质的产品。在田间地头，就要精心耕作，努力赢得丰收。在商场店铺，就要笑迎天下客，童叟无欺，提供优质的服务。""当老师，就要心无旁骛，甘守三尺讲台，'春蚕到死丝方尽，蜡炬成灰泪始干'。做研究，就要甘于寂寞，或是皓首穷经，或是扎根实验室，'板凳要坐十年冷，文章不写一句空'。搞创作，就要坚持以人民为中心的创作思想，深入实践、深入群众、深入生活，努力创作出人民群众喜爱的精品力作。"

在普普通通的百货柜台，张秉贵练就了一身绝活，卖货"一抓准"，算账"一口清"；为了掌握焊接技术，高凤林拿着筷子练，端着水杯练，举着铁块练，终于练就了为火箭焊接"心脏"的绝技；在北京人民艺术剧院排练厅，高悬着"戏比天大"四个大字，培养了一代代演员对事业的敬与爱，排演了一出出经典的话剧……他们对职业的礼敬、坚守，源自对劳动的尊崇与热爱。

热爱劳动、热爱创造，通过劳动和创造播种希望、收获果实，也通过劳动和创造磨炼意志、提高自己。在党的领导下，一代代勤于劳动、善于劳动的高素质劳动者层出不穷，一曲曲豪迈激越、铿锵有力的新时代劳动者之歌响彻云霄。

拓展阅读

最美芙蓉花

"芙蓉加油！为中国加油！为冬奥加油！""妈妈，你是最棒的火炬手!"2022年1月27日下午,湖南省人民医院为即将赴京参加冬奥火炬传递的急诊ICU护士长徐芙蓉举行欢送仪式。医院领导、相关职能部门负责人以及徐芙蓉的同事、家人一同为她送上美好祝福。

2020年2月11日,徐芙蓉赴湖北黄冈抗疫,担任湖南对口支援的黄冈市大别山区域医疗中心湖南专属重症医学科护士长,带领团队救治重症患者;作为中国(湖南)抗疫专家组成员、护理专家,2020年5月11日徐芙蓉再赴非洲,在津巴布韦和赤道几内亚工作一个月,向当地医护人员介绍我国防控病毒的经验和做法,并对当地新冠肺炎患者护理工作进行督导,和队友们一道进行防疫知识的指导和培训。

徐芙蓉曾写下30多篇《芙蓉日记》,用20000余字记录下援鄂、援非这段"难忘而又珍贵"的抗疫历程。其个人事迹被中央、省级多家主流媒体报道,被誉为"最美芙蓉花"。

资料来源:潇湘晨报,2022-01-27。

三、辛勤劳动

2021年8月19日上午,义乌西站,一列挂着大红花的火车,鸣笛起程,驶向德国罗斯托克港。这是中欧(义新欧)班列义乌平台累计开行的第3000列班列。

四五十年前,这个浙中小县还不富裕,义乌人拿着拨浪鼓走街串巷,鸡毛换糖,艰苦创业。后来,条件稍好,义乌人在路边支起小摊,虽然经营场所相对固定了,但依旧简陋;再后来,义乌建成了全国最大的小商品批发市场,又进军海外市场,被誉为"世界小商品之都"。有外媒戏称,"圣诞节的真正故乡其实是义乌"。因为,这个奇特的中国城市是"全球节庆饰品的主要来源地"。

义乌发展的奥秘,就是辛勤劳动。中国奇迹的源头,也是辛勤劳动。

功崇惟志,业广惟勤。三峡工程竣工、青藏铁路通车、南水北调、西气东输、"嫦娥"飞天、"蛟龙"潜水……每个"中国奇迹"的背后,都是众多劳动者经年累月的辛勤奋斗。民生在勤,勤则不匮。农民们用四季的辛勤耕耘,换来秋天的丰收喜悦;工人们用日复一日的辛勤劳作,生产出质优价廉的优质产品;老师们用年复一年的辛勤教学,获

嫦娥五号探测器在月球表面探测

得桃李满天下的累累硕果。

当今的中国，劳动的内涵不断丰富，劳动者的主动性、创造性愈加彰显，知识型、技能型、创新型劳动者成为时代的要求，但辛勤劳动仍然不可或缺。无论是知识分子、工人还是农民，都需要以自我革新的勇气和胸怀，不断努力学习新的知识，打破既有的思维模式、劳动习惯，运用新技术、新理念改造劳动工具、劳动方法，提升劳动效率，升华劳动价值。这意味着，很多劳动者从程序化、重复性的工作中解放出来，可以将更多精力投入创新创造。这也意味着，社会需要提供更为宽松的创新环境、更加完善的分配制度、更为顺畅的晋升渠道，从制度层面保障权利公平、机会公平、规则公平，切实维护劳动者的权益，让辛勤劳动得到应有的回报。

2021年4月14日，《中国科技成果转化2020年度报告（高等院校与科研院所篇）》发布，中科院上海药物研究所科技成果合同金额17.17亿元，排名第一。这样的成果与一项重要改革分不开——6年前，作为全国首批试点单位，中科院上海药物研究所启动了科技成果使用权、收益权、处置权改革，全面深入推进体制机制、评价方式、资源配置、激励机制等变革举措落地。沉睡在实验室里的科研成果被唤醒了，科研人员有了满满的获得感、幸福感！

"要在全社会营造尊重劳动、尊重知识、尊重人才、尊重创造的环境，形成崇尚科学的风尚，让更多的青少年心怀科学梦想、树立创新志向。"2021年的两院院士大会上，习近平总书记的话语掷地有声。

获得感、幸福感，无疑使"劳动"这个词更富吸引力，让辛勤劳动更有价值。而劳动者的获得感、幸福感，最终会转化成经济社会发展新的强大动力，中国共产党必将带领中国人民创造出新的"中国奇迹"。

四、诚实劳动

人无信不立，业无信不兴。

劳动是个体实践，也是社会行为。每个劳动者通过诚实劳动收获财富，社会的基本秩序才能够得以维系。偷工减料、制假售假、抄袭盗版、科研作假等失信行为，通过瞒与骗的不当手段或许换来了一时的私利，但最终全社会都要为诚信缺失"买单"，没有人是受益者——地沟油的使用者或许就是毒奶粉的受害者，毒奶粉的制造者或许有一天会买到"山寨货"，"山寨货"的生产者或许有一天也将和"老赖"过招……

习近平总书记说："人世间的美好梦想，只有通过诚实劳动才能实现；发展中的各种难题，只有通过诚实劳动才能破解；生命里的一切辉煌，只有通过诚实劳动才能铸就。""我们要在全社会大力弘扬劳动精神，提倡通过诚实劳动来实现人生的梦想、改变自己的命运，反对一切不劳而获、投机取巧、贪图享乐的思想。"

天津三建建筑工程有限公司原项目经理、副总工程师范玉恕，干了几十年的建筑，始终对自己要求"四个一样"：大事小事一个样，外露工程和隐蔽工程一个样，分内事和分外事一个样，甲方有要求和没要求一个样。他常说："我们建筑工人讲诚信，最根本的就是要确保工程质量。""老老实实做人，结结实实盖楼"的他多次荣获"全国劳动模范"称号，被誉为"群众信得过的建房人"。

1997年，市场上的小麦种子炒卖到1千克80元的高价。那时，陕西省咸阳市长武县农技推广中心研究员梁增基，培育出了综合性优良、高产、优质的小麦品种"长武134"。梁增基不仅没有借机高价售卖种子，反倒把他培育的种子装成100克的小袋，分散供给农民，让他们自己繁育推广。一颗"粮心"为人民的梁增基通过自己的诚实劳动，在田间地头耕耘一个甲子，不断把干旱地区的小麦种植水平推上新台阶，受到广泛推崇。

在别人看得见的地方要诚实劳动，在别人看不见的地方也要诚实劳动；经商需要诚实劳动，竞技体育需要诚实，科学研究、文艺创作也需要诚实劳动……我们崇尚劳动、尊重劳动，就要诚实地付出劳动、从事劳动。以诚为先、以诚为重、以诚为美，这才是劳动应有之义。

今日中国，崇尚劳动、热爱劳动、辛勤劳动、诚实劳动的劳动精神已经成为民族精神和时代精神的重要组成部分，成为中国共产党人精神谱系的重要内容之一。

拓展阅读

传承劳动精神，热爱是最好的老师

1995年出生的胡凡，是一位珠宝加工界的高手。2017年，在阿联酋阿布扎比举行的第44届世界技能大赛上，当时22岁的他作为中国首次参赛的珠宝加工项目代表获得了铜牌。

胡凡的家乡在湖南益阳，从小他就表现出较强的动手能力，曾把家里的电视机、收音机都拆开重装过。2014年，他以美术特长生身份参加高考，却最终放弃了本科院校的读书机会，来到深圳技师学院学习珠宝加工。

胡凡说，除了兴趣使然，从事汽车技术近40多年的父亲，也让胡凡在生活中耳濡目染，看到了掌握一门技能的好处。"一项拿得出手的技能也可以创造价值、改变人生。"

同样受家庭影响的还有航空工业沈阳飞机工业（集团）有限公司标准件中心钳工方文墨，他的手工加工公差仅有0.003毫米，相当于头发丝的二十五分之一，被冠名"文墨精度"。

方文墨的家中，姥姥、姥爷和父母都是航空工业沈阳飞机工业（集团）

有限公司的职工。"兴趣是最好的老师，我干这行受家庭影响很大，家里人对工人没那么多刻板印象。"方文墨说。

每项工作背后都有不为人知的故事。20岁摘得第45届世界技能大赛家具制作项目银牌的"小木匠"吴晋卿回忆道，"当时在制作木质别墅的企业上班，在户外组装房子时，路人会觉着年轻人怎么干这种风吹日晒的活。"

吴晋卿坦言，选择木工的想法很实际，"上个职业学校，两三年就可以出来挣钱。"不过，吴晋卿表示，技术工人的待遇虽然很高，像不少实木家具厂，年薪都在15万元左右，但从业者依旧是四五十岁的人居多，年轻劳动力短缺。

"记得当年在苏州组装木质别墅，就直接铺了一层报纸，买套被褥靠着墙睡在地上。"在吴晋卿看来，"父母们可能更想让孩子坐办公室。"

做木工活时要用到锯、锤、凿、铲、刨、钻、锉等工具，需要人反复练习，"一不小心就磨出血泡，我手上就有很厚的茧和一些伤疤，小伤在所难免。"

"木工要很严谨，是做减法，错了无法弥补，不可能从头再来。"吴晋卿提到，在参加世界技能大赛时，单一零件的尺寸精度为±0.5mm，两个及两个以上零件组合到一起的尺寸精度为±0.9mm。"特别是榫卯配合，要求表面光滑，没有毛刺、刀痕、破损，榫头（榫）能够匀速地装配进榫槽（卯），榫卯拆卸时，榫头拔出会发出像开红酒一样的声音。"

资料来源：中国青年报，2021年09月23日。

第二节　劳模精神

劳动模范是民族的精英、人民的楷模，是共和国的功臣。1950年，党和国家首次表彰劳动模范。70多年来，各条战线英雄辈出，群星灿烂。特别是党的十八大以来，我国工人阶级和广大劳动群众在实现中国梦伟大进程中拼搏奋斗、争创一流、勇攀高峰，为决胜全面建成小康社会、决战决胜脱贫攻坚发挥了主力军作用。

习近平总书记指出，"长期以来，广大劳模以平凡的劳动创造了不平凡的业绩，铸就了'爱岗敬业、争创一流，艰苦奋斗，勇于创新，淡泊名利、甘于奉献'的劳模精神，丰富了民族精神和时代精神的内涵，是我们极为宝贵的精神财富。"

一、爱岗敬业、争创一流，体现的是劳动模范的本色和追求

"我热爱高高的塔机，喜欢它那长长的铁臂、炽热通往天路的神梯，热爱钢铁般的气息。"谈到对自己工作的热爱，全国劳动模范、中国建筑一局塔吊工人王华曾以诗一般的语言表达了自己的心声。

干一行，就要爱一行，尽职尽责。三百六十行，行行出状元。工作岗位没有高低贵贱之分，只有贡献大小之别。从淘粪工人时传祥、公交车售票员李素丽，到水电工人徐虎、邮递员王顺友……无数个从平凡岗位上走出来的劳动模范，传递着鲜明的价值导向：劳动者只有立足岗位和本职工作，兢兢业业、精益求精，才会在为社会和国家做出贡献的同时，实现自己的人生价值，受到社会的广泛认可。

干一行，还要专一行，争创一流。早期的劳动模范产生于劳动竞赛，从一定意义上讲，劳动模范是"比"出来的。曾创造多项世界纪录的金牌工人许振超曾说："咱当不了科学家，但可以练就一身'绝活儿'，做个能工巧匠。"2003年，53岁的许振超和队友们以6小时27分钟的速度，卸完3400个集装箱，创造了单船效率339个自然箱的新世界纪录，在全社会掀起了"振超效率"的旋风。

拓展阅读

钟南山："共和国勋章"获得者

钟南山，福建厦门人，1936年10月出生于南京，中共党员，中国工程院院士、教授、博士生导师，著名呼吸病学专家，中国抗击非典型肺炎的领军人物，曾任广州医学院院长、党委书记，广州市呼吸疾病研究所所长，广州呼

吸疾病国家重点实验室主任，中华医学会会长，"共和国勋章"获得者，现为国家呼吸系统疾病临床医学研究中心主任、国家卫健委高级别专家组组长、国家健康科普专家。钟南山长期从事呼吸内科的医疗、教学、科研工作，重点开展哮喘、慢阻肺疾病、呼吸衰竭和呼吸系统常见疾病的规范化诊疗，以及疑难病、少见病和呼吸危重症监护与救治等方面的研究。

从医以来，钟南山先后取得了国家、省市各级科研成果20多项。他是近10多年来推动中国呼吸疾病科研和临床事业走向世界前列的杰出领头人之一。他和他的同行们在这个专业的突出贡献，奠定了中国呼吸疾病某些项目的研究水平在亚太地区的领先地位。用"著述等身""声名显赫"来形容钟南山的成就一点也不为过。

钟南山保持着对事业的追求，在科学的殿堂坚持创新、永不停步。这种性格也深深地感染了他周围的人，熏陶出了一个勇于奉献、蓬勃向上的群体，使广州呼吸疾病研究所成为国内瞩目的学术阵地——国家重点学科、广东省重点实验室、国家临床药理基地、博士学位授予点。

84岁钟南山院士奔赴武汉抗疫时在列车上小憩

2003年非典型肺炎疫情暴发，作为中国抗击非典型肺炎的领军人物，在SARS病毒猖獗的非常时期，钟南山不但始终在医疗最前线救死扶伤，还积极奔赴各疫区指导开展医疗工作，倡导与国际卫生组织之间的密切合作，因功勋卓著，荣获全国五一劳动奖章，同时被广东省荣记特等功，被广州市授予"抗非英雄"称号。2020年1月，湖北武汉遭遇了"新型冠状病毒"袭击。在众多正在为消灭病毒而奋勇救人的白衣天使中，84岁高龄、头发花白的钟南山院士站在抗击病毒最前线，他不辱使命，带领着医护队伍向祸害人类的"新型冠状病毒"亮出早已磨得锋利的宝剑，为祖国、为人类无怨无悔地挥洒着自己的满腔热血。钟南山是中国呼吸系统传染病防治当之无愧的领军人物，更是新时代劳动模范的典型代表。

资料来源：改编自搜狐网。

二、艰苦奋斗、勇于创新，体现的是劳动模范的作风与品质

艰苦奋斗，不仅是劳模精神的重要内容，也是中华民族的优良传统。"一勤天下无

难事"，历年来的劳动模范，他们身上有一个共同点，那就是奋发奋斗、苦干实干。

奋斗，让只有初中文化的中铁一局电务公司电力高级技师窦铁成站在了技术最前沿，成为高级技师和知识型工人。从1999年起，那时已43岁的他从辨认一个个字母开始，练打字，钻研CAD制图软件，书写了近200万字的学习笔记，记满了90多本工作笔记本，先后解决技术难题69项，并创造多项专利。

创造不平凡的业绩，勇于创新是关键。近年来评选出的劳模，高级技工、科研精兵的比重不断增加，知识型、创新型劳动者不断涌现。"多做一点点、创新一点点，日积月累，'高原'才能成为'高峰'，才能推动中国制造向中国创造转变。"全国劳动模范、中国电子科技集团公司第五十四研究所钳工夏立说。

"杂交水稻之父"袁隆平，中国工程院院士，曾任湖南生物机电职业技术学院名誉院长。几十年来，头顶烈日、脚踩泥土，奔波在田间地头是他的工作日常。从三系杂交稻到超高产两系杂交稻，从盐碱地水稻高产新纪录到第三代杂交水稻早晚双季稻亩产新纪录，攻克诸多育种技术"卡脖子"难题，用一粒粒种子造福中国、改变世界。

三、淡泊名利、甘于奉献，体现的是劳动模范的境界与修为

各个年代的劳动模范，都有一个可贵的品质：为了党和国家的事业以及人民的幸福生活，默默奉献着汗水和智慧。

不为名、不为利，一心一意干社会主义——这是全国劳模尉凤英始终坚守的信条。1953—1965年，她实现技术革新177项，重大技术革新58项，所获得的奖金全部被她用来购买科研资料、建图书馆，一门心思搞革新。

"劳模劳模，不劳动算什么劳模！"全国劳动模范、原山西省平顺县西沟村党总支副书记申纪兰几十年来从未停止过植树造林、绿化荒山的步伐。她带领村民坚持不懈植树播绿、修复生态，使昔日的荒山秃岭变成了草木葱茏的森林公园。

全国劳动模范、原交通部上海海运局海员杨怀远总是带着一根小扁担，上船、下船的时候，他用扁担将旅客的行李挑上挑下，义务服务38年，书写了为人民服务的"扁担传奇"……

习近平总书记指出："全国各族人民都要向劳模学习，以劳模为榜样，发挥只争朝夕的奋斗精神，共同投身实现中华民族伟大复兴的宏伟事业。"

时代在变，但精神不变。"劳模精神丰富和拓展了中国精神的内涵，充分展现了我国新时代工人阶级和劳动群众的精神风貌，为实现中华民族伟大复兴的中国梦提供了强大精神动力。"中国劳动关系学院劳动教育学院院长李珂说。

如今，广大劳动模范和先进工作者充分发挥示范带头作用，不断丰富劳模精神的时代内涵，激励广大劳动群众争做新时代的奋斗者，推动全社会形成尊重劳动、劳动光荣的良好风尚。

拓展阅读

魏书生：教书育人楷模

魏书生，1950年5月4日出生于河北。1956年，他随父母迁居辽宁沈阳。1968年，魏书生作为知识青年下乡到盘锦农场。1969年，魏书生在新建农场的红旗小学教书，开始为期两年的教师体验。两年后，魏书生被调到电机厂工作。直到1978年，他到盘锦三中担任语文教师，才正式开始教师生涯，并为之奋斗一生。

魏书生在初中语文教学实践过程中，不断思考和探索，逐步形成了一套教学方法，包括定向、自学、讨论、答疑、自测、自结六个步骤，即"六步课堂教学法"。"定向"就是老师和学生一起提出新课的重点、难点，然后学生通过"自学"解决重点、难点问题，自己不能独立解决的问题，力求通过"讨论"找到答案，如果仍不能解决或者存在分歧，便再请老师"答疑"。问题解决后，学生自己出题或相互出题进行"自测"，检验学习情况。"六步课堂教学法"是让学生站在老师的角度来把握重点、难点和知识点，从而加深学生对所学内容的理解和巩固，同时也培养学生的自学能力。

魏书生这套教学法是以信息论为理论基础创立的，其结构主体是建立信息、处理信息、反馈信息。在教学实践中，他还根据文章本身的特点和学生理解课文的程度做出调整。例如：易懂的文章以学生"自学"解决问题为主，"讨论""答疑"为辅。如果"自测"的效果很好，就可以略去"自结"的环节。这套教学法加强了老师与学生之间的互动，激起学生对学习的兴趣。1990年5月，辽宁教育学院举办魏书生教书育人经验研讨会。从此，魏书生的教育理念和方法得到了广泛研究和推广。

自从魏书生到各地讲学、开会、交流、介绍经验，很多人担心，他长期不在学校上课，学生们怎么办？魏书生却很放心。因为，他已经教给学生一件法宝，就是自学。培养学生的自学能力，就是交给学生一把探究世界的金钥匙。他说："一个教师最重要的不仅仅是教给学生眼前的知识，而是培养学生有利于未来、有利于人类的个性。如果学生把探求科学当成了自己最大的乐趣、最大的幸福、最大的利益，还有什么能阻挡住他们学习的步伐呢？"通过"六步课堂教学法"，学生的自学能力得到了极大锻炼。

魏书生在外地介绍自己的教学经验时，也不断强调"凡是学生能做的事，我不做"。在其他学校上公开课时他告诉学生"别总把自己当学生，要换一换位置，把自己当成老师和学者""就像你在给学生讲课一样"。这样的课堂让学生充满了新奇感，并激发了学生的探索欲和创造力。

魏书生告诉学生："该玩就玩，该唱就唱，生动活泼，才能提高学习效率。"平时他会指导学生画画，曾经有一段时间，学生画画成风。他还组织学生到学校附近种植大豆、玉米、向日葵等农作物，让学生通过劳动与大自然亲密接触，体会土地、空气、水、植物、动物给人带来的美好。回顾自己的教学经历，魏书生说："曾经有人认为，我的语文教学不像语文教学的样子，而是思想教育，是班主任工作。但我越往语文教学的深处探索就越感觉到，人脑这部机器应该分为两部分：动力部分和工作部分。两者不能相互取代，学习的动力不能代替学习的实践，反过来，学习的实践也不能代替学习的动力。回忆自己走过的语文教改之路，我感觉最满意的一点，就是始终把育人放在第一位。我教语文根本原因在于育人，在于引导学生成为语文学习的主人。"这些年来，他先后在报刊上发表了66篇文章，先后出版了《魏书生教育方法100例》《魏书生语文教育改革探索》《魏书生文选》《语文教改漫谈》《中学生用功术》等书籍。

资料来源：改编自百度。

第三节 弘扬新时代劳模精神

在中国革命、建设、改革的各个历史时期，劳模精神鼓舞着广大职工群众为完成党和国家提出的目标和任务而努力奋斗，始终是彰显时代精神的一面旗帜，始终是催人奋进的时代领跑者。当今世界正经历百年未有之大变局，我国发展的内部条件和外部环境正在发生深刻复杂变化，在全面建成小康社会、实现第一个百年奋斗目标之后，我们正乘势而上，开启全面建设社会主义现代化国家新征程、向第二个百年奋斗目标进军。在民族复兴新的历史进程中，更需要弘扬劳模精神，凝聚奋进力量。

2013年4月，习近平总书记在同全国劳动模范代表座谈时讲话指出，"幸福不会从天而降，梦想不会自动成真。实现我们的奋斗目标，开创我们的美好未来，必须紧紧依靠人民、始终为了人民，必须依靠辛勤劳动、诚实劳动、创造性劳动"。2018年五一国际劳动节之际，习近平总书记在给中国劳动关系学院劳模本科班学员回信中提出，希望"用你们的干劲、闯劲、钻劲鼓舞更多的人，激励广大劳动群众争做新时代的奋斗者"。劳动模范是"干出新时代"的排头兵，是践行"实干兴邦"的楷模。因此，激励广大劳动群众争做新时代的奋斗者，就是要让实干担当在新时代蔚然成风，让改革创新在新时代焕发活力，让精益求精在新时代落地生根。

一、弘扬新时代劳模精神的意义

（一）大力弘扬劳模精神是引领教育广大职工的重要抓手

劳模精神代表着社会主义制度下工人阶级的主人翁精神风貌，包含着社会主义价值内涵，对于全社会弘扬劳动光荣的价值理念，形成热爱劳动、勤奋劳动、尊重劳动的社会氛围，激发劳动者的创造活力，发挥着不可估量的作用。在新时代，要通过大力弘扬劳模精神，树立劳动最光荣、劳动最崇高、劳动最伟大、劳动最美丽的理念，用劳模的干劲、闯劲、钻劲鼓舞更多人，激励广大劳动群众争做新时代的奋斗者。

（二）大力弘扬劳模精神是增强文化自信的强大精神动力

在我国社会主义建设和改革的历史时期，劳模精神是激励广大职工和全国人民拼搏奋斗的不竭精神动力。在社会主义建设中，在劳模精神的鼓舞下，广大劳动者以主人翁的姿态，焕发出冲天的革命干劲。《中共中央关于制定国民经济和社会发展第十四个五年规划和二〇三五年远景目标的建议》提出，坚持创新驱动发展，把科技自立自强作为国家发展的战略支撑。为此，我们需要大力弘扬劳模精神，激励广大职工以攻克"卡脖子"技术为突破口，实现科技自立自强，开拓奋进，建功立业。

（三）大力弘扬劳模精神是推动产业工人队伍建设改革的重要力量

习近平总书记在讲话中指出，要推进产业工人队伍建设改革，落实产业工人思想引领、建功立业、素质提升、地位提高、队伍壮大等改革措施，造就一支有理想守信念、懂技术会创新、敢担当讲奉献的宏大产业工人队伍。一直以来，劳模精神在职工思想政治引领，自觉践行社会主义核心价值观，坚定不移听党话、跟党走等方面发挥着重要作用。因此，坚定产业工人队伍理想信念，提升产业工人队伍素质，实现"十四五"规划和二〇三五年远景目标，仍需大力弘扬劳模精神。

（四）大力弘扬劳模精神是团结动员亿万职工，为实现经济社会发展目标双胜利的重要保证

2019年12月以来，面对突如其来的新型冠状病毒感染，我国工人阶级和广大劳动群众响应党中央号召，不畏艰险，舍生忘死，和病毒进行殊死搏斗，为全国抗击病毒取得重大战略成果、统筹病毒防控和经济社会发展工作取得积极成效做出了突出贡献。在这场抗击病毒的斗争中，涌现出一大批劳动模范和先进工作者，他们不愧为新时代最美奋斗者，已经成为全国人民学习的榜样。

拓展阅读

"铁人精神"气贯长虹——劳动模范王进喜

王进喜2009年当选"100位新中国成立以来感动中国人物"，荣获"最美奋斗者""全国劳动模范"称号。他为祖国石油工业的发展和社会主义建设立下了功勋，在创造了巨大物质财富的同时，还给我们留下了精神财富——铁人精神。

1960年春，我国石油战线传来喜讯——发现大庆油田，一场规模空前的石油大会战随即在大庆展开。王进喜从西北的玉门油田率领1205钻井队赶来，加入了这场石油大会战。

一到大庆，呈现在王进喜面前的是许多难以想象的困难。没有公路，车辆不足，吃和住都成问题。但王进喜和他的同事下定决心：有天大的困难也要高速度、高水平地拿下大油田。

在困难面前，王进喜带领全队靠人拉肩扛，把钻井设备运到工地，以"宁可少活二十年，拼命也要拿下大油田"的顽强意志和冲天干劲，苦干5天5夜，打出了大庆第一口喷油井。在随后的10个月里，王进喜率领1205钻井队和1202钻井队，在极端困苦的情况下，克服重重困难，双双达到了年进尺10万米的奇迹。

在那些日子里,王进喜身患重病也顾不得到医院去看;钻井砸伤了脚,他拄着双拐指挥;油井发生井喷,他奋不顾身跳进泥浆池,用身体搅拌重晶石粉,被人们誉为"铁人"。

在大庆油田工作的10年中,王进喜为我国石油事业立下了汗马功劳,曾获"全国劳动模范"等光荣称号。王进喜身上体现出来的"铁人精神",激励了一代代的石油工人。

铁人王进喜跃进齐腰深的泥浆池中

1959年,他作为石油战线的劳模到北京参加群英会,看到汽车背上包来回跑,问别人:"上边装那家伙干什么?"人家说是没有汽油烧的煤气。这话像锥子一样把他刺得生疼。"真急人呀!我们这么大国家没有石油烧那还了得!我一个石油工人,眼看没有油,让国家遭到这么大难,还有脸问?"

钻机到了,吊车不够用,几十吨的设备怎么从车上卸下来?王进喜说:"咱们一刻也不能等,就是人拉肩扛也要把钻机运到井场。有条件要上,没有条件创造条件也要上。"

他们用滚杠加撬杠,靠双手肩膀,奋战3天3夜,38米高、22吨重的井架迎着寒风矗立荒原。这就是会战史上著名的"人拉肩扛运钻机"。要开钻了,可水管还没有接通。王进喜振臂一呼,带领工人到附近水泡子里破冰取水,硬是用脸盆、水桶,一盆盆、一桶桶地往井场端了50吨水。经过艰苦奋战,仅用5天零4小时就钻完了大庆油田第一口生产井。

1960年5月,打会战第二口井时,王进喜被砸伤的腿肿得很厉害,他两次从医院跑回井队,拄着拐坚持工作。一天,突然出现井喷,当时没有压井用的重晶粉,王进喜当即决定用水泥代替。成袋的水泥倒入泥浆池搅拌不开,王进喜就甩掉拐杖,大喊一声"跳",便跃进齐腰深的泥浆池中,戴祝文、丁国堂七八个人也跟着跳了进去。奋战了3个多小时,终于制服了井喷。王进喜累得起不来了。房东赵大娘心疼地说:"王队长,你可真是铁人啊!""铁人"的名字就是这样传开的。

资料来源:改编自《黑龙江日报》,1999年7月6日。

二、在工作中践行劳模精神

（1）我们要树立劳模榜样，继承他们崇高的敬业精神。劳模就是一面旗帜，就是一颗螺丝钉，他们办事认真，埋头苦干，踏实工作，不计较个人的利益得失，不变的目标就是无私地奉献。虽然他们没有惊天动地的英雄事迹，但是他们所折射出来的责任感、使命感，能引领大家抛弃私心杂念，向着共同的目标奋进。有了劳模这面镜子，大家就能对照找出自身的不足，有了劳模精神的感召，大家就有了标尺，就能够形成良好的崇尚责任、牢记责任、时刻不忘履行自己的职责的意识。

（2）弘扬劳模精神，我们要牢固树立主人翁意识，立足本职，干一行，爱一行，专一行，精一行，努力创造一流业绩。劳模是劳动人民的优秀代表，他们在平凡的岗位上以强烈的主人翁责任感，立足本职，爱岗敬业，十年如一日的辛勤付出，创造了非凡的业绩。

（3）弘扬劳模精神，我们要艰苦奋斗、任劳任怨、踏实肯干。人生贵在坚持，那些劳动模范不是在一朝一夕间实现了精神上的飞跃。他们的工作往往经年累月，持之以恒，在经过长期的磨砺之后，终于让人们在平凡中看到伟大之处。学习劳模意味着要付出比常人更多的劳动、精力和青春，在平凡的岗位上创造出不平凡的业绩，在琐碎的工作中留下鞭策他人的精神财富，用一仓吃不尽的精神食粮来传承企业文化，弘扬不怕吃苦、敢于奉献、善于创新的劳动美德。

（4）弘扬劳模精神，我们要勤于学习，解放思想，与时俱进，不断提高自身的劳动技能和工作本领。单纯地靠苦干、实干、不怕牺牲，只能代表劳模含义的一部分。在科学技术日益发展的今天，劳模还体现的精神是在创新、智力、技术等方面，要用先进的科学知识和劳动技能带动其他人为事业奋斗，紧握时代前进的脉搏，把这种动力、精神更积极地体现在实际行动上，用行动带动人，用精神感化人，引导和鞭策更多的劳动者锐意进取，创造更多的社会价值。只有这样，劳模这一面闪光的镜子才能更加熠熠生辉。

（5）弘扬劳模精神，我们要努力在全社会营造劳动光荣、知识崇高、人才宝贵、创造伟大的时代新风，使尊重劳动、尊重知识、尊重人才、尊重创造真正成为全社会的共识和自觉行动。我们要理直气壮地支持劳模，满腔热情地关心劳模，齐心协力把各项工作推上一个新台阶。

真正的劳模，身上浓缩的是一种进取不息的时代精神，体现出的是一种实干与创新相结合的民族精神，折射出的是一种奋发图强、勇立潮头的劳动精神。只有全社会中涌现出越来越多的像劳模那样自强不息、奋发向上的个体，只有当劳模们成为劳动者的主体，才能够在市场竞争中站稳脚跟，成为无坚不摧的强者。假如每一个人都有了劳模的责任意识，有了劳模强烈的使命感，无论遇到什么困难，无论遇到什么样的复杂环境，就都能够尽职尽责地排除万难，就都能够形成强大的凝聚力和向心力。

拓展阅读

劳动模范——韦朝群

　　俗语说，环卫工人是城市的美容师。这句话用在韦朝群身上无疑恰如其分。作为连山壮族瑶族自治县县城环卫站的一名班长，在脏、苦、累、忙的岗位上，韦朝群无怨无悔走过了十二个春秋。2019年五一劳动节前夕，她被评为"省劳动模范"。

　　了解环卫工作的人都知道，一年到头，环卫工人早出晚归，在大街小巷上清扫垃圾，风里来，雨里去。每逢节假日，更是环卫工人最忙碌的时候。来自农村的韦朝群，对此却平静地说："忙怕什么，最怕没工作做。"韦朝群1994年3月从事环卫工作，在县城48.6万平方米的20条街道上，用五尺扫帚谱写了不悔的青春。

　　2018年除夕晚八时，正当县城华灯初上，万家团聚之时，韦朝群却还在车站忙碌打扫卫生。家里上有80岁的家婆，下有两名未成年的幼子，而丈夫在车场打散工。在这个特别的时候，韦朝群只好内疚地打电话给侄子来家帮忙杀鸡做饭。她说："一年到晚，谁不愿意一家人吃一顿团圆饭，但既然做了这份工作，家里的事就只能少管了，没有办法啊。"她的家婆体谅说："十几年来，每年都是这样，晚点就晚点吧，无所谓了。"

　　人，自然有生病的时候。同样，长期在一线工作的韦朝群也不例外，但她总是以自己特殊的方式对付生病。她自嘲说："平时感冒发烧当运动，扫扫街出出汗就没事了。"在她的记忆中，十二年来，只有两次需要卧床休息。一次是2003年，她手上生了囊肿需要动手术；另一次是2018年患了急性盆腔炎。但这两次均没有请病假，而是利用自己的休息时间治病，做完手术几天后就上班了。她的班上有7人，一天有六个时间段上班，即从凌晨3时到晚上9时都有人上班。

　　环卫工作的辛苦、肮脏众所周知，但环卫工人受到的委屈却鲜为人知。韦朝群说，有一次凌晨3时，她拉着满满一车垃圾上斜坡，刚好路中间有一台小车，她好声好气要求司机让一让。但该车司机没有避开的意思，实在没办法后，韦朝群只好小心翼翼拉车过去，在经过时扫帚毛轻微扫了一下车门，虽然没有丝毫刮花，但那位司机还是暴跳如雷，对着韦朝群大骂。另外，晚上还经常遇到醉酒的人破坏果皮箱。对此，韦朝群总是好言规劝，但往往被无事生非的醉酒人辱骂。又如一些精神病患者将果皮箱背到很远的地方，这时只好也跟着去把果皮箱再背回来，与这些精神病患者打起"游击战"。

韦朝群就是这样十二年如一日，无论严寒酷暑，还是晴天雨天，都坚守岗位。

资料来源：历史新知网。

学习思考

1. 作为新时代的大学生，我们如何将劳动精神融入生活的点点滴滴？
2. 你是如何理解新时代的劳动精神的？
3. 你是如何理解劳模精神的？请举例说明。
4. 结合你的现状谈谈你将如何在学习和工作中践行劳模精神。

实践活动

讲述劳模故事　颂扬劳模精神

2019年年底，一场突如其来的新型冠状病毒肆虐全国，举国上下万众一心，众志成城抗击病毒。在这场病毒防控阻击战中，医护人员等"战士"冲锋在前，在人民与病毒之间砌起高墙，在没有硝烟的战场上冲锋陷阵；纺织、保障供应等行业的劳模"战斗"在后，他们立足岗位，以行动支援前线……

请以班级或院系为单位，围绕其中涌现出的各行各业的劳模事迹举办一场"劳模故事会"，讲述他们的故事，感受并颂扬他们所传递的劳模精神。讲述的形式可以是单个故事讲述或串讲故事，也可以是配乐诗朗诵、小品等。

过程记录

确定参与故事会的形式：

准备要点及完成情况：

心得体会：

结果评价

教师可参考表3-1对学生讲述的劳模故事进行评价。

表3-1 "讲述劳模故事 颂扬劳模精神"活动评价表

评价标准	评价细则	分值	分数小计	教师评价
故事选取	故事真实、典型	20		
	体现自身的感悟	10		
	抗疫故事体现时代精神	10		
语言表达	语速适当,表达有节奏感	10		
	吐字清晰,声音洪亮	15		
形象风度	举止自然得体,精神饱满	10		
	适当运用手势、表情等辅助表达	10		
综合表现	讲述效果好,富有较强的感染力	15		

第四章　工匠与工匠精神

> **情境导入**

匠心筑梦　匠艺强国

3名航天员返回地球后,他们在太空的"住所"——天和核心舱,将继续留在太空,执行空间站下一步任务。大家也许并未注意,建起这个"住所"不是一件容易的事,每一个焊点都关系到航天员的安危。

为此,大国工匠、中国航天科技集团五院529厂高级技师郑兴带领团队攻坚克难,成功挑战一系列焊接难题:一次成型、焊缝总长超300米、最大气孔直径不超过头发丝粗细、球面壁板舱体造型复杂且无前例……最终焊成了这个目前我国自主研制的规模最大、系统最复杂的航天器,再次展现出我国航天制造的顶尖实力和工匠人才的精湛技艺。

2016年,工匠精神被首次写入政府工作报告——"培育精益求精的工匠精神"。当年,工匠精神迅速流行开来,成为制造行业乃至整个社会的热词。

直到2021年,工匠精神一词先后5次被写入政府工作报告,不仅折射出我国在推动国家高质量发展过程中对技术人才的需求日益旺盛,也体现了工匠精神在整个社会层面已成为备受推崇和重视的精神力量。

空间站天和核心舱

C919大飞机

在上海工匠馆内,一件外表光滑的半球体展品惹人注目。这是我国自主研发的C919大飞机的一个关键部件。为了完成这件曲率大、高度达80毫米的难成型零件，中国商飞上海飞机制造有限公司首席技师戴渊要用手工敲打一万多次。

以匠心铸大国重器。直径16.5米、重2300吨庞然大物，移动距离被控制在了1毫米内。在白鹤滩水电站，不足2平方米的驾驶室里，起重机司机梅琳做到了如此精准完成发电机关键部件转子的吊装工程。

"精于工，匠于心，品于行"。在各行各业、各个领域，一代又一代大国工匠身体力行，不断展现出对职业技能的执着专注和极致追求："50后"地质钻探领域高级工程师朱恒银，常年扎根深山，由他带领的创新工作室不断革新，解决了一系列"卡脖子"难题，多项自主知识产权填补国内空白；"70后"电网系统特高压检修工王进，在400余次带电作业、穿梭生命禁区的同时，以创新成果获国家科技进步二等奖，为企业和社会创造出巨大经济价值；1989年出生的高级技师陈行行，凭借对多个工种和参数化编程方法、精密类零件加工及尺寸控制方法等多种技术和工艺的掌握，为我国国防军工事业贡献力量。

资料来源：工人日报，2021年10月29日。

评析

大国工匠是职工队伍中的高技能人才，也是工匠精神最生动的践行者。我国作为制造大国，弘扬工匠精神、培育大国工匠是提升制造品质与水平的重要环节。时代发展需要大国工匠，工匠精神历久弥坚。如今，在全国各地，高技能产业工人的作用被广泛重视，工匠人才应享有的社会认同和尊重愈加凸显，劳动光荣的社会风尚和精益求精的敬业风气蔚然成风。

第一节 工匠与现代工匠

一、工匠与现代工匠的定义

工匠,从字面上来看,就是工人、匠人的意思。在中国古代"工匠"一词主要是指有手艺的劳动者。他们技艺精湛,匠心独具;他们勤劳、敬业、稳重、干练及遵守规矩,一丝不苟;他们不断雕琢自己的产品,不断改善自己的工艺,享受产品在手中升华的过程;他们以工作获得金钱,但他们不为金钱而工作;他们耐得住寂寞、经得起诱惑,将毕生精力奉献给一门手艺、一项事业、一种信仰;他们执着、坚守、精进,不断追求极致与完美。《周礼·考工记》中记载"国有六职,百工与居一焉",体现了工匠在当时社会中的重要地位。

在中国传统文化语境中,工匠是对所有手工艺(技艺)人,如木匠、铁匠、铜匠等的称呼。荀子说:"人积耨耕而为农夫,积斫削而为工匠。"长期从事农业生产的人为农夫,长期使用斧头等工具的人为工匠。自古以来,任何一个从事工艺劳动的工匠,都是以其毕生精力献身于这一工艺领域的。换言之,工匠就是从小学徒而终身从事某种匠工的人,如铁匠、铜匠、建筑泥瓦匠等。早在春秋战国时期,除农业之外的各种手工艺工匠已经形成规模,称为"百工"。这些工匠能够"审曲面势,以饬五材,以辨民器"。随着工业化时代的到来,现代工艺已经从手工艺发展到机械技术工艺和智能技术工艺。技艺水平的发展也标志着人类文明的进步。

李春设计建造的赵州桥

传统手艺人

中国自古以来就是一个工艺制造大国,无数行业工匠的创造,是灿烂的中华文明的标识。在我国的工艺文化历史上,产生过鲁班、李春、李冰、沈括这样的世界级工匠大师,还有遍及各种工艺领域里像庖丁那样手艺出神入化的普通工匠。可以说,能工巧匠的巨大作用伴随着人类文明发展的整个进程。在我国几千年文明史中,工匠精神源远流长,"巧夺天工""匠心独运""技近乎道"等典故都是对这种精神的高度概括。新中国成立以来,大庆精神、"两弹一星"精神、载人航天精神……新中国工人阶级不断为工匠精神注入新的内涵。也正是在工匠精神的激励下,中国路、中国桥、中国港口、中国核电等，成为一张张让国人引以为傲的"中国名片"。

进入现代工业社会，伴随手工艺向机械技艺以及智能技艺转换，传统手工工匠似乎远离了人们的生活，但工匠并不是消失了，而是以新的面貌出现了，现代工匠即现代工业领域里的新型工匠，如机械技术工匠和智能技术工匠等。但在当代，工匠的称谓已经泛化，如设计师、技术能手、专业带头人等都可称之为能工巧匠。

我国要成为世界范围内的制造强国，面临着从制造大国向智造大国的升级转换，对技能的要求直接影响到工业水准和制造水准的提升，因而更需要将中国传统文化中所深蕴的工匠文化在新时代条件下发扬光大。

二、工匠的起源与发展

工匠的出现几乎与人类的历史一样久远。习近平总书记说："人类是劳动创造的，社会是劳动创造的。"劳动创造人类，恩格斯指出，"真正的劳动……是从制造工具开始的"。制造工具最初是将自然之物通过人类的加工使其成为能够打猎或捕鱼的工具，如将自然的石块、动物骨头等加工成工具，就是最初的手工艺，这使得前人迈出了人猿相别的关键一步，因而手工艺劳动在起源意义上就是创造人类的劳动。手工艺劳动在起源意义上与人类的出现内在关联，同时其持续地创造着人类的生活。手工艺劳动不仅创造物质财富，而且创造美的享受。手工艺劳动从创造人类生活不可或缺的工具发展到满足人类对美的需求，从磨制石器到制作玉器，大大丰富了人类的生活。如陶工所制作的陶器，从简单粗陋到不断精致化，使得陶器不仅具有实用价值，同时也具有美的欣赏价值。在中国，"工匠"一词最早出现在春秋战国时期，即社会分工中开始独立存在专门从事手工业的群体后才出现的，此时工匠主要指从事木匠的群体。随着历史的发展，东汉时期"工匠"一词的含义已经基本覆盖全体的手工业者。

很多人认为工匠只是技术工人，没有认识到工匠在人类文明发展史上的重要作用，更没有认识到工匠精神的广泛性。我们应重新审视工匠的作用和地位，在工艺知识和技能方面下功夫，通过专题讲座、实践实习、观看纪录片等方式，了解工匠对工艺精益求精的钻研精神，以及工匠、工匠精神对经济建设和社会发展的重要意义。

不论是传统制造业还是新兴制造业，不论是工业经济还是数字经济，工匠始终是中国制造业的重要力量，工匠精神始终是创新创业的重要精神源泉。中国制造、中国创造需要培养更多高技能人才和大国工匠，需要激励更多劳动者特别是青年人走技能成才、技能报国之路，更需要大力弘扬工匠精神，造就一支有理想守信念、懂技术会创新、敢担当讲奉献的庞大产业工人队伍，为经济社会发展注入充沛动力。

让工匠精神深入人心，就要创造更多"工匠故事"。做好电线电缆"守门员"的叶金龙，与马达结缘一辈子的吴玉泉，以精湛技能完美诠释"钳工"意义的赵水林……一批批国家级技能大师，坚守产业报国的初心，在平凡的岗位上成就了不平凡的业绩。深入贯彻尊重劳动、尊重知识、尊重人才、尊重创造方针，完善工匠政策，提升工匠地位，落实工匠待遇，才能为广大技能人才提供更广阔的舞台，推动更多工匠竞相涌现。

让工匠精神深入人心，还要进一步讲好"工匠故事"。工匠精神是在生产实践中凝聚而成的可贵品质，充分展现着劳动之美、精神之美、时代之美。讲好"工匠故事"，能让人们从大国工匠身上感受到劳动的光荣、精神的魅力。开展以弘扬工匠精神为主题的宣传教育，把崇尚工匠精神纳入人才培养全过程，贯通大中小学各学段和家庭、学校、社会各方面，才能让一个个"工匠故事"激励青少年乃至更多人追求卓越。

自2019年起，杭州将每年的9月26日设为"工匠日"，成为全国第一个为工匠设立专属节日的城市。设立"工匠日"，是为了激励工匠们创新创造，也是为了培厚工匠精神的土壤。无论是开展"杭州工匠"评选与表彰、打造劳模工匠文化公园与工匠元素特色街区，还是创立"杭工云课"等线上线下教学平台、建立健全"工匠带徒"制度，众多举措让工匠有荣誉感、成就感，让崇尚工匠精神成为一种新时尚。

时代发展需要大国工匠。站在实现"两个一百年"奋斗目标的历史交汇点上，全社会都要大力弘扬工匠精神，让崇尚工匠精神的理念深入人心，让每一位劳动者在新时代书写出更多更精彩更动人的"工匠故事"。

三、现代工匠的培养

（一）现代工匠概述

现代工匠是指从事现代机器生产的工业生产者（以技术工人和工程师为主）及相对应的传统手工业生产者。现代大工匠，即高水平的工匠，包括工程师、建筑师、机械师、各类技术专家等。

大国工匠的现代意义包括：大国工匠是"中国制造"走向"中国创造"的人才基石；大国工匠身处行业和企业的关键生产岗位，这个岗位所需要的技术、技能直接关乎产品品质；要将"中国制造"打造成高品质的代名词，需要一代又一代、一批又一批大国工匠的努力；大国工匠的自身素质直接决定着一个品牌的成功打造。

（二）现代工匠的培养

现代工匠的教育与培养需要人教、业习、技练三者同抓并举。

1. 人教

即做人、成人之教。要成为优秀的职业人，先要学如何做人。就个人而言，人品正，谋业干事的价值观、人生观才有养成的基础，人生职业化发展才会有用之不竭的动力，职业人生才会发光出彩。就社会而言，职业道德与职业一脉相承，职业人的职业道德、情操、素养等始终影响着他们的从业态度、价值取向和职业行为，只有具备良好的职业道德才会大有作为。

职业院校如何实施做人、成人之教？通识教育、生活教育、人文关怀、育人环境优化等，要齐抓共管形成合力。尤其是通识教育，因职业教育的学制较短，系统性教育难度大，着眼于公民素养、人文素养、职业素养的通识教育，以点状知识延伸学科广度，借用一般知识、原理去启迪智慧，去激活思考、思辨的灵感；以形散神凝、兴趣包容、学习自主的教学创新，为学生的全面发展保驾护航。人教的力量是巨大的，做人有了"定盘星"，成长方向才有"准确度"，职业发展才有"核动力"。

2．业习

泛指业务学习，这里特指专业学习。工匠及工匠精神的支柱之一就是在特定职业和岗位上，既懂知识理论又能干得好做得优，既能干事又能干好事，是名副其实的内行专家。现代社会，业态改良、技术更新、跨学科、综合化等特征十分突出，对现代工匠素质也提出了更高要求。单纯的工种不可能造航母，仅靠信息技术不可能做大物流，现代工匠要有看家的专业，还要有广博的学识。

工匠教育的"业习"如何做？其关键词就是：着眼专业、夯实理论。职业教育实施人才分类培养，本质是专业，专业是职业人职业启航和职业化发展的主轴，工匠教育要从专业教育做起，专业设置要贴近企业人才需求，课程要匹配专业核心能力。夯实理论基础，是现代工匠素质的另一要求。理论是实践指导的依据和准则，更是工匠职业化持续发展的动力所在。重视理论与实践的结合，是长期以来职业教育的基本思想和理念，但目前在职业院校中"轻理重实""理实分化"现象较为突出，应当加以纠正。

3．技练

技练是专业技术能力应用的范畴，特指技术训练。工匠教育，必须是应知与应会有机统一的教育。工匠培养，不可能只是教室里说教、作业本上训练，"应会"必须到实践中学、到实训中练，应用能力的培养只能到实践中去，别无他路。职业院校的工匠教育，是以职业化为中心、职业素养和职业技术为内容的沉浸式教育，在真实的生产环境中理实相兼，专业知识与专业文化相融，专业能力与生产技术相长。任何专业都具有自己的特殊能力诉求，应用性的实操能力必不可少。练技教育一定要立足专业，潜心钻研，以课程为载体有序化培养。练技教育需要平台支持，只有通过产教融合协同育人，练技教育才会落到实处。

拓展阅读

高凤林：为火箭焊接"心脏"的人

焊接技术千变万化，为火箭发动机焊接，就更不是一般人能胜任的了，高凤林就是一个为火箭焊接"心脏"的人。

高凤林，首都航天机械有限公司特种熔融焊接工，高级技师。他是航天特种熔融焊接工,长三甲系列运载火箭、长征五号运载火箭的第一颗"心脏"(氢氧发动机喷管)都在他手中诞生。

30多年来,高凤林先后参与北斗导航、嫦娥探月、载人航天等国家重点工程以及长征五号新一代运载火箭的研制工作,一次次攻克发动机喷管焊接技术世界级难关,出色完成亚洲最大的全箭振动试验塔的焊接攻关、修复苏制图154飞机发动机,还被丁肇中教授亲点,成功解决反物质探测器项目难题。高凤林先后荣获国家科技进步二等奖、全军科技进步二等奖等20多个奖项。

绝活不是凭空得,功夫还得练出来。

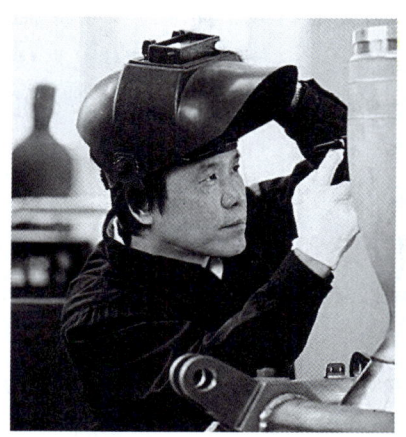 

高凤林　　　　　　　　长征五号运载火箭

高凤林吃饭时拿筷子练送丝,喝水时端着盛满水的缸子练稳定性,休息时举着铁块练耐力,冒着高温观察铁水的流动规律;为了保障一次大型科学实验,他的双手至今还留有被严重烫伤的疤痕;为了攻克国家某重点攻关项目,近半年的时间,他天天趴在冰冷的产品上,关节麻木了、青紫了,他甚至被戏称为"和产品结婚的人"。2015年,高凤林获得"全国劳动模范"称号。

高凤林以卓尔不群的技艺和劳模特有的人格魅力、优良品质,成为新时代高技能工人的时代坐标。

资料来源:央视网。

？想一想

1. 你认为高凤林成功的原因是什么?
2. 你认为真正的大国工匠具有哪些品质?

第二节 工匠精神

情境导入

大国工匠王军：宝钢"蓝领科学家"为机器装上"中国心脏"

坐落在上海市浦东新区浦电路370号的宝钢是中国现代化程度最高、最具竞争力的钢铁联合企业，成立38年来为国家经济社会发展做出了巨大贡献。

19岁怀揣八级钳工梦的王军刚从上海宝钢工业技术学校毕业就被分配到宝钢，在2050热轧精整线做剪刃组装工。在旁人看来，这种辅助岗位劳动强度大、技术含量低，很难熬出头。但王军认为，即使没机会成为八级钳工，也要做最优秀的剪刃组装工。

正是这种朴素的职业追求和积极的职业心态，促使王军日后在原本不起眼的岗位成长为一位工匠大师。"像科学家那样去工作"是王军的座右铭，也是他给自己订立的人生信条。王军强调，一线技术工人不仅要懂技术，还要懂理论，要像科学家一样去思考、去工作、去创新。

王军认为，与科学家相比，一线技术工人更具有得天独厚的实验条件。"创新是技术单元的巧妙结合，工厂有现成的装备和现场，就是现成的实验室，而且工厂是全厂员工一起努力探索，十分了解这些机器的特性和'脾气'，一旦做成功立刻就能产生真金白银的效果。""蓝领科学家"是宝钢同事对王军的评价。王军获得的诸多创新奖项更是用事实证明这个评价是中肯的。例如，王军获2007年度国家科技进步奖二等奖、2013年上海市科技进步奖二等奖，享受国务院政府特殊津贴，荣获第七届"全国技术能手"和"全国劳动模范"称号。

资料来源：中国经济网。

想一想 从以上材料中，你认为什么是工匠精神？

2019年9月，习近平总书记对我国选手在世界技能大赛上取得佳绩作出重要指示强调："要在全社会弘扬精益求精的工匠精神，激励广大青年走技能成才、技能报国之路。""执着专注、精益求精、一丝不苟、追求卓越"，这16个字生动概括了工匠精神的深刻内涵，激励广大劳动者走技能成才、技能报国之路，立志成为高技能人才和大国工匠。

世界技能大赛（World Skills Competition）是全球地位最高、规模最大、影响力最大的职业技能竞赛，代表了职业技能发展的世界先进水平，是世界技能组织成员展示和交流职业技能的重要平台。世界技能大赛由世界技能组织（World Skills International）举办，每两年一届，截至目前已成功举办45届。

一、工匠精神的基本内涵

工匠精神属于职业精神的范畴，是从业者的一种职业价值取向和行为表现。具体而言，它是从业者，尤其是工匠们，对产品精雕细琢、精益求精的理念，是不断地雕琢产品、改善工艺、享受产品升华的精神追求。工匠精神的核心是对品质的追求，工匠精神的目标是打造本行业的精品，其基本内涵包括以下几个方面。

（一）工匠精神指向的是一种高尚的价值观和职业观

这种职业观意味着从业者一旦选定了一份职业，必须发自内心地投入、热爱，摒弃功利心、浮躁心和投机心，将工作视为一种信仰，用修行的状态专注其中，持续、专注地工作，做到极致，并在这种极致中获得创造与升华。这种工作观是一种纯粹的工作观，把工作作为取得物质利益的功能属性被弱化，更多体现为生命价值的追求与呈现。在这种观念的主导下，人的价值高于物的价值，用户价值高于生产价值，社会价值高于利润价值，共同价值高于个人价值。在这个创造价值的过程中，工匠与工作间建立起一种深厚的情感体验，工匠的工作和生命变得更有意义和价值，在满足物质需求的同时，凝聚精神的力量，进而形成其对事业的信仰。

（二）工匠精神的基础是一流的人品和良好的心理素质

例如创造了德胜洋楼有限公司奇迹的聂圣哲，其倡导的核心价值观是"诚实、勤劳、有爱心、不走捷径"，认为勤劳、敬业的工作态度远比工作知识和能力更为重要。德胜洋楼有限公司新员工培训的核心目的为养成认真的工作态度，其培训内容主要为清洁、帮厨、绿化等与技术技能无关的工作；视诚信为生命，上下班不打卡，财务报销无审批，但对工程质量的诚信却是坚决、严格到不近人情的地步。

（三）工匠精神的核心理念是对品质的无限追求

具备真正的工匠精神的劳动者，均有着极高标准的质量观，把品质视为生命，对质量的精益求精、对制造的一丝不苟、对完美的孜孜追求永无止境。德胜洋楼有限公司以把"质量是道德，质量是修养，质量是对客户的尊重"作为质量方针，对施工质量和服务质量提出了极为精细、严格且恒定的要求，即使是甲方验收人员认为不影响质量、同意通过的细节瑕疵问题，也是绝不能容忍的存在。

二、工匠精神体现

（一）执着专注，是工匠的本分

许多优秀工匠短则十几年、长则几十年专注于一项技艺或一个岗位，经过持续不断的磨炼，才最终获得卓越的成就。"我和工人们一块儿摸爬滚打了将近50年，中国的码头工人不比别人差！"山东港口集团青岛港前湾集装箱码头有限公司，71岁的许振超依然意气风发。成为集装箱桥吊司机后，许振超坚持"干就干一流，争就争第一"，经常顾不上吃饭休息苦练技术。终于，他练就了"一钩准""一钩净""无声响操作"等绝活，还带领团队多次刷新集装箱装卸世界纪录，让"振超效率"成为港航界的"金字招牌"。

（二）精益求精，是工匠的追求

不骄傲、不满足、不凑合，精益求精是大国工匠共有的精神气质，正是因为追求完美，才让他们不断超越自我。"再仔细一点点，离一微米的精度就能更近一点点！"工作中，"80后"技术工人、无锡微研股份有限公司高级技师陈亮给自己定下这样的准则。为了提高产品精度，陈亮打破常规思维，通过"移植工序"，把"铣"和"磨"组合使用，终于在不断尝试中成功。一微米有多长？大约是一粒尘埃的颗粒直径、一根头发丝直径的1/60。追求精益求精，让陈亮带领团队获得多项发明专利和实用新型专利。

（三）一丝不苟，是工匠的作风

"炮制虽繁必不敢省人工，品味虽贵必不敢减物力"，同仁堂楹联说的正是这个道理。辽宁沈阳的铆焊专家杨建华，从一名初中没读完的普通工人到登上国家科技进步奖领奖台，用了39年。《铆工工艺学》，随便提一个要点，就知道在哪一页；随身携带记录本，几十年来足足记了上百万字……"岗位可以平凡，追求必须崇高。"杨建华这样说。

（四）追求卓越，是工匠的使命

很多大国工匠不惜花费大量时间和精力，努力把产品品质从99%提升到99.9%，再提升到99.99%，向更高、更好、更精的方向努力。"铁路铺轨车"五轴转向架及小底架的研发试制，是邢忠东从业过程中极具挑战的一项任务。整个框架长6.8米、宽3米多，每个轮轴导框间距的公差只有±1mm，这对焊接来说是个巨大的挑战。"这项工作难就难在焊接上，因为焊接容易变形。"面对这一前所未有的难题，邢忠东毫不退缩，为了确保焊接变形最小化，在实际操作中，邢忠东按照±0.5mm的公差标准去做。为了克服技术难题，他带领团队一起学习工艺、图纸，仔细分析组焊过程中的关键工序。通宵达旦，在公司打地铺，历经无数次失败和重来……3个月后，邢忠东带领团队向公司交了一份满意的答卷。

高级技师陈亮

高级技师邢忠东

匠心聚，百业兴。当今世界，综合国力的竞争归根到底是人才的竞争、劳动者素质的竞争。面对日趋激烈的国际竞争，一个国家发展能否抢占先机、赢得主动，越来越取决于国民素质特别是广大劳动者的素质。

2016年4月26日，习近平总书记在安徽合肥主持召开知识分子、劳动模范、青年代表座谈会时指出："无论从事什么劳动，都要干一行、爱一行、钻一行。在工厂车间，就要弘扬'工匠精神'，精心打磨每一个零部件，生产优质的产品。在田间地头，就要精心耕作，努力赢得丰收。在商场店铺，就要笑迎天下客，童叟无欺，提供优质的服务。只要踏实劳动、勤勉劳动，在平凡岗位上也能干出不平凡的业绩。"

"工匠精神不仅存在于制造业，也存在于服务业，不仅物质生产领域需要，精神生产领域也同样需要，体现为整个社会物质和精神的生产者、服务者职业精神的崇高境界。"中国人民大学马克思主义学院教授刘建军说。

如今，工匠精神的时代内涵早已超越了工匠群体，延伸到更广泛的行业和群体。第一代核潜艇总设计师黄旭华，在没有计算机的情况下，和团队一起为我国第一代核潜艇画了4.5万张设计图纸，为了在艇内合理布置数以万计的设备、仪表、附件，不断调整、修改、完善，让艇内100多公里长的电缆、管道各就其位，这是一种工匠精神；语文特级教师于漪，每晚学习到深夜，备课时把讲课要说的每句话都写下来，然后像改作文一样修改，之后再背下来、口语化，最终成为"人民教育家"，这是一种工匠精神……

三、工匠精神的基本要素

工匠精神的基本要素包括敬业、合作、精益、专注、创新等几个方面的内容。工匠在工作中全力以赴完成工作并力求达到极致，工匠具有的这些品质超越了普通劳动者的精神品质，是工匠精神的外在表现。

（一）敬业

敬业是从业者基于对职业的敬畏和热爱而产生的一种全身心投入的认认真真、尽职尽责的职业精神状态。中华民族历来有"敬业乐群""忠于职守"的传统，敬业是中国人的传统美德，也是社会主义核心价值观的基本要求之一。早在春秋时期，孔子就主张人在一生中始终要"执事敬""事思敬""修己以敬"。其中，"执事敬"是指行事要严肃认真，不怠慢；"事思敬"是指临事要专心致志，不懈怠；"修己以敬"是指加强自身修养，保持恭敬谦逊的态度。宋代大思想家朱熹将敬业称为"专心致志，以事其业"。

拓展阅读

史庆明：46年顾客零投诉的纪录是怎样实现的

史庆明在粮食供应系统已经工作了30多年，作为一家粮油食品公司的总经理也有近20年的时间。走进史庆明的办公室，四面墙上挂满了锦旗和荣誉牌匾。这些既是他的荣誉，也是他的责任。它们时刻提醒着他，永远都要坚持为人民服务。

虽然是粮店的一把手，史庆明并没有以领导的身份自居。每天，他都和普通员工一样，在营业室忙前忙后，接待顾客，组织搬货，协调秩序。他不仅管店内的事，店外的事也管。冬天，当看到有刚买完粮的顾客站在店外的马路边半天打不着车时，史庆明就组织人或者亲自开车给顾客送回家。

在佳木斯市，粮店免费送货服务是史庆明最先提出的。当时还是计划经济时期，职工们对免费送货上门的规定很不理解，心里有抵触。史庆明就以身作则，亲自一家家地送，有了领导的示范作用，职工们也都慢慢接受了免费送货服务，最终将免费送货的服务在全店推开。粮店规定，只要顾客购买超过1元的商品，店里就给免费送货，但服务推行至今没有一个顾客真的只买1元钱的东西就要求送货的，粮店的真心服务也换来了顾客的理解和信任。

在市场经济中，公司或企业都努力追求利益的最大化。谈到追求利益与优质服务的关系，在史庆明眼中，这两方面并不矛盾。粮店的顾客大部分是回头客，有些粮店的老顾客已经搬家，但是很多人宁可舍近求远，多走些路，多倒几趟车也要到粮店来买粮。在这些顾客的眼里，粮店俨然已经不再是个普通的粮店，而是消费者心中诚信的象征，他们到这里购物就是图安心和开心。每天，粮店的顾客都络绎不绝，小小的营业室常常挤满了前来选购的消费者。高质量、低价格、好服务就是粮店不断发展的秘诀。

多年来，史庆明几乎年年都能得到国家、省、市颁发的各种荣誉，但是对他来说，什么荣誉都不如顾客的一声"谢谢"、一个发自内心的微笑、一个感激的眼神。在他的示范作用带动下，粮店46名职工人人都是优秀营业员或先进工作者，并保持安全生产无事故、顾客零投诉的纪录46年。

资料来源：央视网。

（二）合作

所谓"合作"，是指团队成员的分工合作。与传统工匠不同，新时代工匠尤其是产业工人的生产方式已不再是手工作坊，而是大机器生产。工匠们所承担的工作只是众多工序中的一小部分，如"复兴号"列车，完成一列车厢就有3700多道工序，这3700多道工序，一个人是不可能完成的，必须由多个车间或班组（团队）协作完成。团队需要的是合作共进，凝心聚力，而不是各自为战。

在团队合作中，一是要尊重他人，做到充分地听取他人的意见，理解各方的立场与观点；二是勇于担当，对于他人做错事情而造成的后果，第一时间是给予安慰和指导，而不是指责和抱怨；三是谦虚的态度，"三人行必有我师"，每个人都有自己擅长的事情，多看到别人的优点；四是分享精神，拥有分享精神无疑是一种比谦虚还要美的美德，无论是分享自己的观点、心得还是见闻，都可以在过程中得以升华，实现双赢的效果；五是善于表达，人的愤怒大部分来自无法表达自己，对于性子急躁者表现更为明显，清晰的逻辑思维和较好的文字语言功底都能大幅提升表达能力；六是团队利益与价值观的认可，要做到看清团队利益所在，知道该提倡什么和拒绝什么。

案例

小张已经在某公司的市场营销部工作两年多了，由于业务能力娴熟，得到同事和领导的一致认可，现已成为部门的顶梁柱之一。但最近一段时间，他发现同部门的小李异军突起，逐渐显露出在公司的重要地位。原来，这两年由于公司的传统业务比重下滑，小李负责的新兴业务便成了部门业绩的主要增长点。尽管小李来公司的时间不长，但领导屡屡露出要提拔小李的意图。小张对此感到很不公平，觉得无论是资历、还是能力，自己都比小李强很多。领导这样做，实在让他难以接受。因此，在平时的日常工作中，小张开始有意无意地疏远小李，在与小李一起工作时，他心里始终带着一根刺，不能全心全力地与小李合作，有的时候甚至还会使一些小伎俩，让小李多走一些弯路。这样过了一段时间，小李意识到小张是针对自己，开始反击。如此一来，两人明争暗斗，最终不仅两人谁都没有被提拔，而且还弄得部门内的氛围也不如以前融洽，整体绩效也开始下滑了。

从以上的案例可以看出，以小张过分的竞争心理为导火线，导致部门中明争暗斗，尔虞我诈的连锁反应，团队的合作氛围遭到极大的破坏，部门业绩也开始下滑。其实，像小张这种过分的竞争心理是没有必要的，只要我们在工作中显示自己良好的专业能力和专业素养，机遇总会找到我们，让我们受到赏识并重用，而过分的竞争心理只会让自己做出不理智的事情，最终导致两败俱伤。

（三）精益

精益求精是注重细节、追求完美和极致，不惜花费时间和精力，孜孜不倦，反复改进产品，把品质从99%提高到99.99%。优秀的工匠是不允许自己出败笔的。因为工匠的作品不光是用来换取金钱的商品，更是倾注了自己心血的艺术品。艺术品岂能容忍败笔？对技术精益求精，对作品精雕细琢，不是为了用诚意之作换取"业界良心"的用户口碑，而是为了不愧对自己的"工匠灵魂"。

细节决定一件事情的成败。在竞争日益激烈的今天，人们应当树立起责任感，想要做好手中的事情就要从注重细节开始。当重视小事成为一种习惯，当责任感成了一个人的生活态度，我们就会与"胜利""优秀""成功"同行。

（四）专注

专注就是内心笃定而着眼于细节的耐心、执着、坚持的精神，这是一切"大国工匠"所必须具备的精神特质。很多技艺精湛者往往选择一生只做一件事，工匠精神就意味着这种执着精神，能做到几十年如一日的坚持与韧性。工匠精神，离不开专注和坚持这两个核心要素。工匠精神是精益求精，慢工出细活，往往需要时间的积累和实践的沉淀。那些卓越的艺术家、科学家和技术大师，无不是浸润多年、苦心孤诣才成就的。在中国早就有"艺痴者技必良"的说法，古代的工匠大多穷其一生只专注于做一件事或几件内容相近的事。《庄子》中记载的游刃有余的"庖丁"、《核舟记》中记载的奇巧人王叔远等大抵如此。

（五）创新

工匠精神意味着执着、坚持、专注甚至是陶醉、痴迷，但它绝不等同于因循守旧、拘泥于一格的"匠气"，因为它包括追求突破、追求革新的创新内蕴。这意味着工匠既要有对职业敬畏、对质量严苛的职业精神，又要富有追求突破、追求革新的创新活力。事实上，古往今来，热衷于创新和发明的工匠们一直是世界科技进步的重要推动力量。改革开放以来，"汉字激光照排系统之父"王选、"中国第一、全球第二的充电电池制造商"王传福、从事高铁研制生产的铁路工人和从事特高压、智能电网研究运行的电力工人等都是工匠精神的优秀传承者，他们让中国创新重新影响了世界。

创新，是人类社会发展生生不息的动力。当今世界，创新已经成为国家发展的动力源，是民族兴旺的不竭动力。创新更是时代的主旋律。我们面对的是日新月异的世界，我们从事的是前无古人的事业，创新是掌握民族发展命运的关键之举，是战胜各种风险挑战的制胜法宝。

对于个人而言，我们要与时俱进、开拓创新，努力抓住发展的机遇，不断开创国家各项事业的新局面；要不断在实践中探索前进，永不自满，永不懈怠，努力使工作体现时代性，把握规律性，富于创造性；要充分发挥敢想、敢闯、敢为天下先的特点，努力学习知识，积极增长才干，用创新创造为深化改革增添动力，用新的业绩为科学发展增添活力，使青春的价值在推进民族复兴伟业中充分彰显。

拓展阅读

"当代鲁班"走红网络

鲁班凳、中国馆、运动的小猪佩奇，这些物件都出自"阿木爷爷"之手，凭着木块上的凹槽，木块之间结合得天衣无缝。这些让人惊艳的作品，网友纷纷点赞，"用最原始的工具，打造新颖的手工制作，鲁班功夫再现"。他的作品不仅在国内获赞无数，在国外"阿木爷爷"也收获了大批粉丝，他在YouTube上拥有118万粉丝，视频播放量上亿次。

网友们将他称为"当代鲁班"，对其各种结构精妙的鲁班锁赞不绝口。小小的木块，拼拼叠叠，几个简单的操作就变成了一个苹果的形状。这里用到的是榫卯结构，这是古代中国建筑、家具及其他器械的主要结构方式，即在两个构件上采用凹凸部位相结合的连接方式，不用钉子和胶水，木块之间神奇地成为一个整体。小到口哨，大到船只，都出自王德文之手。他告诉《现代快报》记者，自己从13岁就开始接触木工了，9岁的时候父亲去世了，他就不上学了。那时候家里生活条件比较艰苦，一直想着挣点钱，补贴家用。学习木工，王德文没有真正拜过一位师父,他只是跟着不同的木工前辈打杂。

16岁的时候,他完成了第一件木工作品,"当时家里的锅盖坏了,我就自己做了一个锅盖。"这件作品让他印象深刻,至今他还记得尺寸,直径70厘米。

木工活干了一辈子,需要经常和凿子、锯子、切割机打交道,在王德文看来,受伤是在所难免的事情。他回忆,2007年冬天,他在操作时不小心伤到了右手的中指,当时鲜血就涌了出来。"虽然后来去了医院,但是现在这个手指还是短了1厘米。"

在王德文的视频中,最为网友惊叹的要数再现的鲁班作品,其中4月8日发布的鲁班锁视频,点赞量达到3.8万。网友纷纷留言赞叹,"这爷爷做的木工很有鲁班技术,现在的木工没法和爷爷比。""这就是木匠,大国工匠。""这手艺不能失传啊!"

视频中,木块被锯成了一块块小的长方条,一共33块小木块。之后在小木块上画线,以便凿出槽口,不一会儿零碎的木头就被拼成了鲁班锁。镜头下,王德文的双手偏黑,关节处已经有凸起的老茧。"一件作品的完成,要从挑选木料开始。"王德文说,他一般会去桂林木材厂挑选木料,木纹有粗细之分,细纹的木料比较坚硬,他一般都会挑细纹的。挑选完木料之后,他再将木料分成小的木块,经过打磨之后就可以使用了。因为再现了鲁班的作品,王德文也被网友们称为"当代鲁班",对于这个称呼,王德文说:"我只是个农民、老木工,因为拍视频被大家认识了,还有很多好的木工是大家不认识的。"

资料来源:澎湃新闻。

第三节　弘扬新时代工匠精神

情境导入

工匠精神点亮时代"质"光

当神舟十二号载人飞船的"太空出差"再次吸引世界目光之时,时代楷模、全国五一劳动奖章获得者徐立平,早已带领中国航天科技集团公司四院固体火箭发动机药面整形班组投入到另外的工作中了。神舟十二号火箭逃逸系统固体燃料药面的微整形,就是由他们班组此前完成的。

在火药上动刀,每一次落刀,都能听到心跳。一旦操作不当,就会引起燃烧甚至爆炸。30多年间,徐立平一直保持着100%合格率以及零失误。从青春岁月到年逾半百,徐立平守恒如常,日渐佝偻的脊背,扛得起大国工匠的担当。

我国自古就有尊崇和弘扬工匠精神的传统。《诗经》中的"如切如磋,如琢如磨",反映的就是古代工匠在雕琢器物时执着专注的工作态度。经过千年的岁月洗礼,这种精益求精的精神品质早已融入中华民族的文化血液。

经过无数次的摸索和实验,国家电网山东电力公司检修公司带电作业工王进选择了带电检修特高压线路的"秋千法"。2011年,凭着执着专注的工匠精神,极限化的技术操作本领,远超常人的胆量、意志、体能,王进成功完成了世界首次±660千伏直流输电线路带电作业。

蛟龙号载人潜水器首席装配钳工技师顾秋亮,从业48年不断追求极致,仅凭双手捏捻搓摸和观察,就能判断0.2丝(相当于一根头发丝的五十分之一)的误差,成为深海载人潜水器领域唯一能实现这个精密度的工匠。

"大国工匠"高凤林认为,新时代的工匠精神包括三个方面:一是爱岗敬业,无私奉献;二是持续专注,开拓进取;三是精益求精,追求极致。石油工谭文波表示,工匠精神总结起来就是9个字:精于工、匠于心、品于行。精于工就是对自己的技艺、对自己的产品精益求精;匠于心是对心智的一种磨炼,要挡得住冷嘲热讽,走上工匠路就是一条修心的路。品于行是人品的淬炼,用一份专注和执着去完成一个一个的中国制造。高级技师潘玉华认为,工匠精神是一个精益求精的过程,总是要持有一种怀疑、探索的态度,不断地在工作中磨炼和思考……

资料来源:改编自光明日报,2021年9月30日。

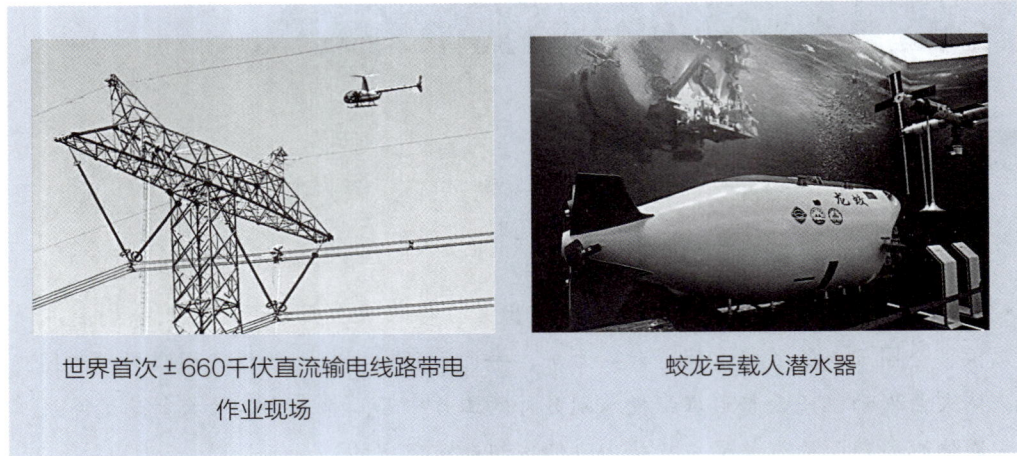

世界首次±660千伏直流输电线路带电作业现场　　蛟龙号载人潜水器

一、弘扬工匠精神的时代意义

在新时代提倡工匠精神，不仅具有强烈的时代意义，而且有其深刻的历史必然性。

首先，弘扬工匠精神，是为了造就一支宏大的产业工人队伍，以满足我国建设现代化强国目标的需要。要实现党中央提出的"两个一百年"的奋斗目标，必须推动我国由制造大国向制造强国的转变，实现从中国制造到中国创造的跨越。而要完成这一目标，急需造就一支有理想守信念、懂技术会创新、肯担当讲奉献的宏大的产业工人队伍，而要切实推进产业工人队伍建设改革，必须大力弘扬工匠精神。在《中国制造2025》实施过程中，必须提升对技师队伍培育以及建设的重视。在工匠精神培养中，有助于提升技能型人才的敬业感以及荣誉感，不但可以将职业作为自身的谋生手段之一，同时也可以作为体现自我价值的一个重要方式。

其次，工匠精神有助于体现社会主义核心价值。工匠精神属于高层次文化形态之一，是社会主义核心价值观外化的体现。习近平总书记曾经提出"一切劳动者，只要肯学肯干肯钻研，练就一身真本领，掌握一手好技术，就能立足岗位成长成才，就能在劳动中发现广阔的天地，在劳动中体现价值、展现风采、感受快乐"。工匠精神，始终注重的是在工作中的专注以及一丝不苟的职业理念，具体体现了社会主义核心价值观的"敬业"理念，也是在劳动过程中其体现的对于简单劳动的尊重、对于复杂劳动价值取向的重视。工匠精神也非常注重耐心以及细节，有效契合了社会主义核心价值观的"诚信"理念，对于广大劳动者工作热情也具有有效的激发作用，可以引导广大劳动者通过劳动实现自己的理想，在此过程中体现劳动者的人生价值，在社会范围形成良好的劳动风气。工匠精神不但有助于体现个体方面关于产品精益求精的精神，同时也能够体现出国家和社会在发展中形成的生存理念以及价值观念，蕴含着丰富的中华传统文化。

再次，弘扬工匠精神，是适应国际竞争、推动中国制造走出去的需要。近年来，许多国家提出了各种具有前瞻性的发展措施,我们必须加快经济发展方式转型和产业结构升级,才能在激烈的国际竞争中站稳脚跟,才能推动我国企业走出去。因此,大力弘扬工匠精神,培育大批大国工匠,全面提升职工素质,已成为当务之急。

最后,弘扬工匠精神,是满足个性化、定制化生产的需要。当前,我国正经历从工业化向信息化的转变。飞速发展的互联网、大数据、物联网、人工智能技术,正改变着人们的生产方式和生活方式。与工业化生产不同的是,如何满足消费者个性化和定制化需求,已经成为企业竞争的新蓝海。因此,随着信息时代的到来,弘扬工匠精神,也就具有了某种历史必然性,有助于个性化、定制化的职业追求以及人生理想的实现。工匠精神追求行业中的"精"和"专","精"是在行业中精益求精,追求极致,以能够在原有技术基础上实施创新和发展;"专"是在工作过程中专心致志、脚踏实地。所以,弘扬工匠精神不仅是对工艺精益求精的追求,同时也属一种行为和举止,在本职工作中的精雕细琢。

二、争做匠心报国的大国工匠

时代需要大国工匠,大国工匠需要工匠精神的力量滋养。对于职业院校学生而言,工匠精神又是人生观、价值观、职业观的集中体现,是知、情、意、行的统一。因此,我们应立足于自己的职业选择,知行合一,通过对自身的思想认识、行为习惯、意志情感的锻炼,在职业认知、工匠精神价值认同、激发职业兴趣的基础上,牢固树立新时代的工匠精神,培养社会责任意识、使命意识,让工匠精神在我们身上养成和升华。

(一)建立科学的职业认知

正确认知自己从事的职业,坚定将职业转化为毕生事业的理想。有什么样的思想就有什么样的行为。干一行,首先必须要爱一行,只有对自己将来所从事的职业真正了解、热爱,才能长期坚持和精益求精。对职业的认知,不应视之为谋生的工具,而应视之为自己终生奋斗的事业。理想的高度决定人生的高度,如果职业理想只是为了谋生,为金钱而劳动,那么是不可能具备工匠精神的。工匠不是普通的从业者,能被称为"工匠"的从业者必须具有高超技艺、精湛技能且有敬业奉献的可贵品质。高超技艺、精湛技能来自日复一日的反复磨炼和刻苦钻研,没有正确的职业观是难以坚持的。那些成长为大国工匠的劳动者没有一个人是为了金钱或待遇而工作的,如南仁东、贾立波、高凤林、胡双钱、王伟等。大学生首先要了解专业,主动了解将来所从事的职业及岗位工作内容,客观分析自身兴趣和特长,择己所爱,确定自己毕生奋斗的职业目标,有了这样的思想认识,才能沉下心进行专业知识和技能的学习,才能在精湛技艺的积累中守得住初心、耐得住寂寞。

（二）提升对工匠精神的情感认同

痴于其中，则技艺必精。积极的情感是行为的重要驱动力，首先要做到情感上热爱专注执着、热爱精益求精，要摒弃对匠人的鄙视，将工匠精神融入敬业、文明的社会主义核心价值观之中。要意识到当代社会工匠精神的价值，当代社会消费升级，对产品要求质量至上。要做到同类产品（服务）中使用寿命最长、故障发生率最少，这就要求劳动者严谨细致、技能精湛、技术高超。正如《大国工匠》第一集的解说词所言：" 工匠的工作看似平淡无奇，但这些工作中都积淀着经年累月淬炼而成的珍重技艺，承担着身家性命和社会民生的重大责任。相当多的工匠岗位是以一身之险而保大业平安，以一人之力而系万民康乐。" 在学习中，要把工匠精神提升到职业道德的层面，将弘扬工匠精神视作责任和使命，在工作和学习中理直气壮地追求卓越，追求极致。

（三）锻炼坚韧不拔的工匠意志

古人云："古之立大事者，不唯有超世之才，亦必有坚韧不拔之志。" 大学生要成长为大国工匠亦如此，不仅要有超出世人的天赋和才华，还必须有坚韧不拔的意志。匠人最引以为傲的是成熟的技艺，而技艺的提高和精湛在于重复的练习和一次次的突破，技艺、技能从掌握到炉火纯青需要经历长时间的反复练习和揣摩，这种枯燥的重复练习也不是一时的兴趣可以维系的，必须具备坚强的意志。同时对于真正的工匠来说，往往还需要技艺的突破、提高和创新，需要无数次的反复实践，在实践的过程中难免会遇到竞争、挫败感、瓶颈期等压力，靠一时的激情也是难以维系的，更需要锻炼顽强的意志品质。因此，大学生在提升职业兴趣的同时，还必须锻炼自己的意志品质，培养吃苦耐劳的精神、不怕挫折的抗打击能力和坚韧不拔的意志力。

（四）注重工匠精神的行为养成

"纸上得来终觉浅，绝知此事要躬行"。工匠精神的培育和养成重在知行合一，贵在持续坚持。敬业乐业、勤勉做事的职业操守，干一行爱一行，钻一行精一行，身边的杰出工匠给我们树立了光辉的榜样，我们需要将工匠精神转化到日常行动中来，将工匠精神转化到行为习惯中来。在我们身边，有学生宿舍保洁做到一尘不染，有同学在自家菜地设计修建高铁模型，有同学在家用泥巴制作 "共和国勋章" 获得者钟南山泥塑而网络蹿红等，说明工匠精神的培育可以就在我们身边进行，可以在不起眼的日常生活中进行。我们在行为习惯中实践工匠精神，在实践中感悟和提升自己的工匠精神。这样，工匠所需要的基本素养就可以进入我们的意识深处，融入我们的思维和劳动习惯中。

拓展阅读

谁说插花只能女生来？

2021年6月20日，2021年全国职业院校技能大赛高职组花艺赛项在山东济南落幕，湖南生物机电职业技术学院学生余佳俊凭借出色表现，获得一等奖第一名。

此次大赛花艺赛项由教育部等36家单位主办，来自全国各省的32支代表队的数十名优秀选手和领队教师参加了大赛。赛项包括中国传统插花作品创作与现代花艺作品创作两项内容，综合考核插花艺术风格、花型结构、造型设计、色彩配置、花材整理与加工、花材保鲜等知识与技能。参赛选手要在规定的时间内完成6个必赛模块和3个选考模块的参赛作品，最终角逐出三个一等奖。

余佳俊竞赛现场

获得一等奖第一名的余佳俊是一名男生。"很多人会认为插花只能女生来，堂堂男子汉摆弄花草算什么。"余佳俊说，面对这些成见，他坚信有兴趣就能做好。"谁说插花只能女生来，我喜欢花艺，所以我就是要把它做好"。余佳俊2020年就参加了国赛，但以0.01分的差距与一等奖失之交臂，情绪一度十分低落。在老师的鼓励下，他重振士气，2021年再度参加国赛。备赛期间，学校指导团队每天都会早上探讨一个方案，然后执行，晚上再做总结，最终设计适合学生的作品。余佳俊也非常刻苦，从没有休过周末和节假日，每天从早到晚都在训练，每一个作品都力求精益求精。

"漫长的训练时间里，如果没有老师和同学们的陪伴，可能很难坚持下来。如今得偿所愿，非常开心。"余佳俊说，相比获奖，自己更获得了技能的提升，磨炼了意志，锤炼了工匠精神。

资料来源：三湘都市报，2021年6月20日。

三、弘扬新时代工匠精神

工匠精神体现了工匠对自己的产品独具匠心、精雕细琢、精益求精、尽善尽美的坚持和追求，蕴涵着严谨、执着、敬业、创新等可贵品质，已经渗透到各行各业的各个环节，具有很强的普适性、针对性和拓展性。

当今世界的发达国家，无一不是高度重视工匠精神的，其经济强国的地位都和其产业工人的工匠精神密不可分。工匠精神不仅是劳动者的职业准则，更是政府、企业的金色名片，是一个地方经济发展保持长盛不衰的源源动力。

工匠精神的发扬光大不可能一蹴而就，除了推动企业家追求卓越、生产者耐心坚守、深化职业教育改革和培育职业精神之外，还需要改善社会文化环境，用规则制度引导人们的行为，需要我们每个人身体力行。

学习思考

1. 什么是真正的工匠精神？新时代工匠精神的内涵是什么？请从国家层面、社会层面和个人层面进行解读。
2. 在很多人想成为网红、明星的"一夜暴富"时代，工匠精神的再度爆红，反映出了怎样的社会变革和客观生产需要？
3. 对于处在新时代的青年学子，应该怎样将工匠精神更好地传承和发扬下去？
4. 请结合身边例子，谈谈你对工匠精神的理解和运用。

实践活动

"工匠精神伴我成长"主题活动

学习、弘扬、践行工匠精神，是对每个肩负中华民族伟大复兴任务的职业从业者的要求。作为国家未来的高素质技能人才，更应为营造劳动光荣的社会风尚和精益求精的敬业风气而努力，为成为知识型、技能型、创新型劳动者大军中的一员而奋斗，自觉传承、践行工匠精神。

作为新时代的一名大学生，围绕大国工匠或你喜欢的匠心故事，结合自己学习的专业，写一篇主题作文，讲述匠人奋斗故事，感受匠心力量，传承工匠精神。

过程记录

选定人物：

故事脉络：

我的写作思路：

心得体会：

结果评价

教师可参考表4-1对小组的"工匠精神伴我成长"主题活动进行评价。

表4-1 "工匠精神伴我成长"主题活动评价表

评价标准	评价细则	分值	分数小计	教师评价
作文完整	顺利完成并上交主题作文	20		
注重事实	用事实材料阐明观点	15		
	引出符合客观实际的结论	15		
结构逻辑	有叙有议，叙议结合	15		
	逻辑清晰，观点鲜明	15		
语言简洁	语言流畅，不拖泥带水	10		
	善用比喻，可读性强	10		

第五章　劳动法律与劳动安全

情境导入

某职业技术学院的一年级学生小何在网上看到了一家大型的贸易公司招聘临时销售人员，待遇优厚，工作地点却在某偏远县。经过电话联系，对方确认小何符合该公司的兼职条件，并且提供了相当优越的培训条件。小何收拾行李坐上了去该县城的大巴。谁料到约定地方之后，就被关进8人宿舍，小何这才知道自己被骗进了传销组织。对方要求小何与其他人一起去"培训"，小何拒绝，并提出要离开。这时对方终于露出来真面目，不但扣押了他的证件、手机等个人物品，还将他关在宿舍内，由数人轮番"教育""劝导"。小何趁看守他的人午睡之机，找了一张卡片写下求救信息，丢到楼下，被路过的居民捡到后并报警，小何最终被成功解救。

评析

当我们告别了高中时期沉重的课业压力而步入大学的校门时，一段崭新而又新鲜的历程便拉开了序幕。大学校园提供了更为丰富的视野和更广阔的平台，大学生既能够学习专业知识，又可以培养自身素质修养。但由于大学教育侧重于知识的传授及学科特定的逻辑思维训练，大学生在面对毕业求职时会呈现出茫然无措的状态，而校外实习的经历对大学生顺利步入社会有着重要的作用。

第一节 劳动法律

情境导入

小高成功聘任为A企业人力资源管理专员,A企业拟订了劳动合同如下。

期限:2年(试用期6个月);工资:5000元(试用期3000元);合同期内员工不许辞职,辞职需要向A企业支付20000元违约金;A企业有权根据经营的需要解除劳动合同,并不需要向员工支付经济补偿等内容。

小高觉得这个劳动合同好像有点问题,但是他迫于找工作压力就与用人单位签了劳动合同。在合同签订并履行3个月之后,企业在未告知小高任何理由的情况下,与他解除了劳动合同。小高不满意企业的解除行为,决定向人民法院提起诉讼,但是法院告诉小高劳动争议必须先仲裁才能起诉,所以法院裁定不予受理。

随着就业形势越发严峻,大学生面临空前的就业压力。在这种情况下,依法维护自己的合法权益,似乎退居其次。侵害大学毕业生合法权益的案例频频发生,但不少即将走上工作岗位或者已经走上工作岗位的大学生,对劳动和社会保障方面的法律知识却知之甚少。无论是实习,还是就业,积累一定的法律知识是必不可少的。

一、试用期与见习期/实习期

当今时代,大学生在校期间与用人单位建立劳动关系的现象越来越多,在校生在建立劳动关系的同时,应了解一些关于劳动关系的法律知识。

(一)试用期与见习期/实习期的区别

有的毕业生经常询问试用期与见习期/实习期有何不同,有的在实习期间与单位发生纠纷,常常是因为不理解这两个概念的含义。

所谓"试用期",是企业跟个人签订劳动合同后,员工在一定时间内考量该工作形式是否符合自己的预期要求,而且企业也会在该时间内对员工的业绩进行评估的双向观察方式。有无试用期和试用期的长短,由用人单位和劳动者商议。毕业生若签了就业协议,会在就业协议中进行约定。

所谓"见习期/实习期",并非法律上的概念,一般是专指尚未毕业的学生到用人单位进行的社会实践活动。根据我国有关法律规定，学生在用人单位见习/实习期间，与用人单位还不是劳动关系，因此，二者之间问题的解决依据尚不能援引《中华人民共和国劳动法》。

关于"见习期/实习期"，它与在法律上明确规定的"试用期"不同，它并不是一个法律层面的概念。见习期/实习期一般是指行政、事业单位在人事制度的框架下对应届毕业生进行业务适应及考核的一种制度。从性质上看，见习期/实习期也是一种试用期，只不过它并不是劳动法意义上的企业与员工之间的"试用期"。比较宽容的单位将未毕业应聘者的实习期算进试用期，这样一旦毕业就可以直接转正，从某种方面来说能够令新进员工产生对公司的信任。现在一些用人单位会和毕业生签订实习协议，对实习期间双方的权利义务进行规定。若需要学校签署意见的，也可以到学校签章确认。实习协议具有法律效力。就业协议是用人单位与求职人员之间签订的关于未来劳动聘用关系及劳动合同主要内容的书面文件。

（二）先签合同后试用

有的毕业生报到后和用人单位之间不签合同，用人单位只是先试用着毕业生，实际上试用期应该包含在劳动合同之内。《中华人民共和国劳动法》第十六条规定"建立劳动关系应当订立劳动合同"，就是说无论是在劳动合同中约定试用期，还是劳动合同是无固定期限的，或是以完成一定工作为期限的，企业应当最迟在员工开始为企业工作时就与员工签订劳动合同，而不是在试用期满后签订劳动合同。

签订劳动合同对于员工最大的意义就是使员工在提请劳动争议仲裁或者诉讼时有证据证明双方存在劳动关系和双方约定的工资待遇、劳动岗位和职责、劳动条件等内容，有利于明了和维护员工和企业的权益。相当一部分企业利用劳动者的弱势和劳动者劳动法律知识欠缺，以"试用期"为由不与员工签订劳动合同，以达到随时解聘员工和在发生劳动争议时使员工手无"凭据"这两个目的。

案例

陈某与某电脑公司签订了劳动合同期限为6个月，如果该电脑公司与陈某约定的试用期是6个月，试用期内的月工资为900元，试用期满后的月工资为2000元，如果陈某在该单位按照合同约定完成了6个月的试用期工作，而且该公司按照合同规定支付了试用期的全部工资，那么该公司与陈某约定的试用期期限是否合法？如果违法，电脑公司与陈某最多可以约定试用期的期限为多长？该公司应当支付的试用期工资是多少？

> **评析**
>
> 该公司与陈某约定的试用期限不合法，因为劳动合同期限大于3个月小于1年的，试用期应该小于等于1个月。电脑公司与陈某最多可以约定试用期限为1个月。试用期的工资不得低于劳动合同约定的百分之八十，所以不得低于1600元。

二、解读劳动相关法律法规

《中华人民共和国劳动法》（以下简称《劳动法》）是国家为了保护劳动者的合法权益，调整劳动关系，建立和维护适应社会主义市场经济的劳动制度，促进经济发展和社会进步，根据宪法而制定颁布的法律。从狭义上讲，我国《劳动法》是指1994年7月5日第八届全国人民代表大会常务委员会第八次会议通过，1995年1月1日起施行的《劳动法》；从广义上讲，《劳动法》是调整劳动关系的法律法规，以及调整与劳动关系密切联系的其他社会关系的法律规范的总称。

各国劳动法的表现形式不同，但大都包括以下基本内容：劳动就业法、劳动合同法、工作时间和休息时间制度、劳动报酬、劳动安全与卫生、女工与未成年工的特殊保护制度、劳动纪律与奖惩制度、社会保险与劳动保险制度、职工培训制度、工会和职工参加民主管理制度、劳动争议处理程序以及对执行劳动法的监督和检查制度等。

（一）劳动者权利

1. 平等就业的权利

《劳动法》规定，凡具有劳动能力的公民，都有平等就业的权利，即劳动者拥有劳动就业权。劳动就业权是有劳动能力的公民获得参加社会劳动的切实保证按劳取酬的权利。公民的劳动就业权是公民享有其他各项权利的基础。如果公民的劳动就业权不能实现，其他一切权利也就失去了基础。

2. 选择职业的权利

《劳动法》规定，劳动者有权根据自己的意愿、自身的素质、能力、志趣和爱好，以及市场信息等选择适合自己才能、爱好的职业，即劳动者拥有自由选择职业的权利。选择职业的权利有利于劳动者充分发挥自己的特长，促进社会生产力的发展。这既是劳动者劳动权利的体现，也是社会进步的标志。

3. 取得劳动薪酬的权利

《劳动法》规定，劳动者有权依照劳动合同及国家有关法律取得劳动薪酬。获取劳动薪酬的权利是劳动者持续行使劳动权不可少的物质保证。

4. 获得劳动安全卫生保护的权利

《劳动法》规定，劳动者有获得劳动安全卫生保护的权利。这是对劳动者在劳动中的生命安全和身体健康以及享受劳动权利的最直接的保护。

5. 享有休息的权利

我国宪法规定，劳动者有休息的权利。为此，国家规定了职工的工作时间和休假制度，并发展劳动者休息和休养的设施。

6. 享有社会保险和福利的权利

为了给劳动者患疾病时和年老时提供保障，我国《劳动法》规定，劳动者享有社会保险和福利的权利，即劳动者享有包括养老保险、医疗保险、工伤保险、失业保险、生育保险等在内的劳动保险和福利。社会保险和福利是劳动力再生产的一种客观需要。

7. 接受职业技能培训的权利

我国宪法规定，公民有受教育的权利和义务。所谓受教育既包括受普通教育，也包括受职业教育。接受职业技能培训的权利是劳动者实现劳动权的基础条件，因为劳动者要实现自己的劳动权，必须拥有一定的职业技能，而要获得这些职业技能，就必须获得专门的职业培训。

8. 提请劳动争议处理的权利

《劳动法》规定，当劳动者与用人单位发生劳动争议时，劳动者享有提请劳动争议处理的权利，即劳动者享有依法向劳动争议调解委员会、劳动仲裁委员会和法院申请调解、仲裁、提起诉讼的权利。其中，劳动争议调解委员会由用人单位、工会和职工代表组成，劳动仲裁委员会由劳动行政部门的代表、同级工会、用人单位代表组成。

9. 法律规定的其他权利

法律规定的其他权利包括：依法参加和组织工会的权利，依法享有参与民主管理的权利，依法享有参加社会义务劳动的权利，依法享有从事科学研究、技术革新、发明创造的权利，依法解除劳动合同的权利，对用人单位管理人员违章指挥、强令冒险作业有拒绝执行的权利，对危害生命安全和身体健康的行为有权提出批评、举报和控告的权利，对违反劳动法的行为进行监督的权利等。

劳动争议

（二）用人单位权利

1. 依法建立和完善规章制度的权利

依法建立和完善规章制度的权利源于用人单位享有的生产指挥权，既然用人单位享有生产指挥权，所以用人单位有权根据本单位的实际情况，在符合国家法律、法规的前提下制定各项规章制度，要求劳动者遵守。

2．根据实际情况制定合理劳动定额的权利

用人单位与劳动者签订劳动合同后，就获得了一定范围劳动者的劳动使用权，并有权根据实际情况给劳动者制定合理的劳动定额。对于用人单位规定的合理的劳动定额，在没有出现特殊情况时，劳动者应当予以完成。

3．对劳动者进行职业技能考核的权利

用人单位有权对劳动者进行职业技能考核，并根据劳动者劳动技能的考核结果安排其适合的工作岗位和奖金薪酬。

4．制定劳动安全操作规程的权利

用人单位有权根据劳动法中的劳动安全卫生标准，制定本单位的劳动保护制度，要求劳动者在劳动过程中必须严格遵守操作规程。

5．制定合法作息时间的权利

用人单位享有根据本单位具体情况和对员工工作时间的要求，合法安排劳动者作息时间的权利。

6．制定劳动纪律和职业道德标准的权利

为了保证劳动得以正常有序进行，用人单位有权制定劳动纪律和职业道德标准。劳动纪律是用人单位制定的劳动者在劳动过程中必须遵守的规章制度，这是组织社会劳动的基础和必要条件。职业道德标准是劳动者在劳动实践中形成的共同的行为准则，也是劳动者的职业要求。当然，制定劳动纪律和职业道德标准必须符合法律规范。

7．其他权利

包括提请劳动争议处理的权利、平等签订劳动合同的权利等。

三、劳动合同的订立与解除

劳动合同订立是指劳动者和用人单位经过相互选择和平等协商，就劳动合同条款达成协议，从而确立劳动关系和明确相互权利义务的法律行为，也是国家强制要求必须订立的，以此来保障劳动者的合法权益。一份劳动合同应当具备的基本内容：用人单位的名称、住所和法定代表人或者主要负责人；劳动者的姓名、住址和居民身份证或者其他有效身份证件号码；劳动合同期限；工作内容和工作地点；工作时间和休息休假；劳动报酬；社会保险；其他事项。

（一）劳动合同订立的主体

劳动合同订立的主体是签订劳动合同的用人单位和劳动者。根据《劳动法》的规定，劳动合同的当事人必须具有合法的主体资格。作为用人单位必须是依法成立的企业、个体经济组织、国家机关、事业组织和社会团体，只有这样的用人单位才有权签订劳动合同。另一方当事人劳动者也必须具备一定的资格、条件，最重要的就是达到法定的就业年龄，必须是年满16周岁，国家严禁用人单位招用未满16周岁的未成年人。

（二）劳动合同期限

根据《劳动合同法》第十九条：劳动合同期限三个月以上不满一年的，试用期不得超过一个月；劳动合同期限一年以上不满三年的，试用期不得超过二个月；三年以上固定期限和无固定期限的劳动合同，试用期不得超过六个月。同一用人单位与同一劳动者只能约定一次试用期。以完成一定工作任务为期限的劳动合同或者劳动合同期限不满三个月的，不得约定试用期。试用期包含在劳动合同期限内。劳动合同仅约定试用期的，试用期不成立，该期限为劳动合同期限。

《劳动合同法》规定："已建立劳动关系，未同时订立书面劳动合同的，应当自用工之日起一个月内订立书面劳动合同。"上述条款强制性地规定：单位在建立劳动关系之日起最迟应在"一个月"内订立书面劳动合同。如果用人单位自用工之日起超过一个月不满一年未与劳动者订立书面劳动合同的，则应当向劳动者每月支付二倍的工资（《劳动合同法》第八十二条）。这是对用人单位在自用工之日一个月内未订立书面劳动合同的处罚措施。

（三）劳动合同订立时的注意事项

（1）签订合同时，劳动者首先要弄清单位的基本情况，要判断是否是合法企业，它的法人代表姓名、单位地址、电话要知道，这些信息可以通过上网查询工商登记信息获取，同时，要求将这些内容明确写在合同中。

（2）劳动者要弄清自己的具体工作，并在合同中标明工作的内容和具体地点。

（3）劳动报酬要定清楚，避免口头约定。如标准工资是多少？有没有奖金？奖金是根据什么标准发放的？这些信息一定要在合同中体现，不要轻信老板的口头承诺。

（4）关于试用期的问题要特别注意。法律规定试用期最长不得超过六个月，仅约定试用期的合同是无效的，试用期结束就要求劳动者走人是耍赖；在试用期间，用人单位不得无理由解除劳动关系；除非劳动者不符合招聘条件，才能走人。

（5）劳动报酬的支付方式与支付时间要明确，是现金还是通过银行支付到账户中。有的单位采取扣发员工一个月工资的方式拴住劳动者，这种行为不具有法律效力。如果劳动合同终止后，用人单位拒绝提供被扣发的劳动报酬，劳动者可以通过劳动仲裁解决问题。

（6）劳动者工作时间与工作条件要明确，有的劳动者为多挣钱，默认了企业要求严重超时的加班加点，这是违反《劳动法》的，现在越来越多的工资争议案就是因此而起。

（7）社会保险约定。有的企业以"不办社保可以多领工资"的说法，来误导劳动者主动选择放弃社保。

（8）不要签空白合同。空白合同是指企业为应付检查，拿出空白合同，先让劳动者签名、按手印，走一个过场，劳动者也不拿合同当回事，有的合同甚至没有盖章。

（9）劳动合同盖章后，劳动者本人和用人单位要各保管一份。劳动合同是发生劳动争议时，劳资双方可出具的最直接、最有效的法律凭证。

（四）劳动合同的解除

劳动合同的解除，是指劳动合同订立后，尚未全部履行以前，由于某种原因导致劳动合同一方或双方当事人提前消灭劳动关系的法律行为。《劳动合同法》规定，劳动者提前三十日以书面形式通知用人单位，可以解除劳动合同。劳动者在试用期内提前三日通知用人单位，可以解除劳动合同。

劳动合同

用人单位为劳动者提供专项培训费用，对其进行专业技术培训的，可以与该劳动者订立协议，约定服务期。劳动者违反服务期约定的，应当按照约定向用人单位支付违约金。违约金的数额不得超过用人单位提供的培训费用。

用人单位提前三十日以书面形式通知劳动者本人或者额外支付劳动者一个月工资后，可以解除劳动合同。

（五）劳动争议处理程序

劳动争议是员工与公司之间的争议，针对的是关于劳动关系以及工资等之间引起的纠纷，对于劳动争议的处理，劳动法有相应的法律规定。

1. 协商程序

协商是指劳动者与用人单位就争议的问题直接进行协商，寻找纠纷解决的具体方案。劳动争议的当事人一方为单位，一方为单位职工，双方发生纠纷后最好先协商，通过自愿达成协议来消除隔阂。但是，协商程序不是处理劳动争议的必经程序，完全出于自愿，任何人都不能强迫。

2. 申请调解

调解程序是指劳动纠纷的一方当事人就已经发生的劳动纠纷向劳动争议调解委员会申请调解的程序。在用人单位内，可以设立劳动争议调解委员会负责调解本单位的劳动争议。调解委员会委员由单位代表、职工代表和工会代表组成。调解程序由当事人自愿选择，且调解协议也不具有强制执行力。

3. 仲裁程序

仲裁程序是劳动纠纷的一方当事人将纠纷提交劳动争议仲裁委员会进行处理的程序。劳动争议仲裁委员会是国家授权、依法独立处理劳动争议案件的专门机构。申请劳动仲裁是提起诉讼的前置程序，即如果想提起诉讼打劳动官司，必须要经过仲裁程序，不能直接向人民法院起诉。

4. 诉讼程序

根据《劳动法》第八十三条规定："劳动争议当事人对仲裁裁决不服的，可以自收到仲裁裁决书之日起十五日内向人民法院提起诉讼。一方当事人在法定期限内不起诉，又不履行仲裁裁决的，另一方当事人可以申请人民法院强制执行。"诉讼程序具有较强的法律性、程序性，作出的判决也具有强制执行力。

> **案例**
>
> 离职报告多写3个字，赔公司2.9万元
>
> 现实中，劳动者因为离职文书与用人单位发生劳动争议的情况不在少数。看似"差不多"的文书内容，在维权时却会带来"差很多"的结果。
>
> 2021年3月，彭晨宇因企业5年未涨工资决定离职。他提前30天向人力资源部门提交了纸质辞职报告，辞职报告是他根据从网上下载的模板改写的，文末有"请批示"字样。当年4月23日，彭晨宇打包办公用品离开企业。让他意想不到的是，在5月20日，他收到了法院传票：企业状告他旷工，并要求赔偿经济损失2.9万元。
>
> 经审理，大连市金州区人民法院认为，彭晨宇提交的辞职报告上有"请批示"字样，属于协商解除劳动关系，不符合《劳动法》第三十七条规定的"劳动者提前三十日以书面形式通知用人单位，可以解除劳动合同"的情形，而是适用《劳动法》第三十六条规定的"用人单位与劳动者协商一致，可以解除劳动合同"的情形。因此，在双方未协商一致的情况下，彭晨宇的行为属于旷工，应赔偿用人单位的经济损失。
>
> 资料来源：工人日报。

案例

某同学参加某理工大学科技园人员招聘会，一单位录用了他，合同约定试用期为3个月。试用期快结束时，公司决定再延长试用期1个月。该同学不太乐意，但对方说同意就留下，否则就走人。他舍不得这份工作，但如果答应又担心太大风险，他该怎么办？

评析

《劳动法》规定：建立劳动关系应当订立劳动合同，劳动合同可以约定试用期。显然，订立劳动合同是约定试用期的前提条件，试用期限应视为劳动合同期限的一部分。所以，单独约定的试用期无效。根据《劳动法》有关规定："用人单位对工作岗位没有发生变化的同一劳动者只能试用一次。"据此，职工改变工种的，需要重新订立试用期，不改变工种的，不再规定试用期。面对这一违法行为，求职者怎么办？我们认为有两种选择：第一，向其主管部门反映，要求其纠正不法之举；第二，向劳动部门举报，请劳动监察部门予以查处。

第二节 社会保障

情境导入

即将大学毕业的小明已经收到多个用人单位的入职邀请。一方面，有的老牌企业看重其名校出身的教育背景，愿意为其提供"五险一金"和企业年金、补充医疗保险等补充保障，但起薪并不突出；另一方面，一个创业团队认为其大学期间的经历表现出较高的创新潜力，有意邀请他加入，给出了较高薪资，但在新公司成立前，暂时无法为其提供"五险一金"。为此，他征询了身边亲戚朋友的意见。对刚毕业的大学生而言，该如何看待"五险一金"的价值呢？

评析

为职工缴纳五险一金是我国法律的硬性要求，根据《劳动法》第七十二条规定：社会保险基金按照保险类型确定资金来源，逐步实行社会统筹。用人单位和劳动者必须依法参加社会保险，缴纳社会保险费。如果公司不缴纳五险一金，这种做法已经触犯法律。

社会保障是以国家或政府为主体，依据法律，通过国民收入的再分配，对公民在暂时或永久丧失劳动能力以及由于各种原因而导致生活困难时给予物质帮助，以保障其基本生活的制度。

社会保障作为一种国民收入再分配形式是通过一定的制度实现的。由法律规定的、按照某种确定规则经常实施的社会保障政策和措施体系称之为社会保障制度。由于各国的国情和历史条件不同，在不同的国家和不同的历史时期，社会保障制度的具体内容不尽一致。但有一点是共同的，那就是为满足社会成员的多层次需要，相应安排多层次的保障项目。

一般来说，社会保障由社会保险、社会救济、社会福利、优抚安置等组成。其中，社会保险是社会保障的核心内容。全球的社会保障模式，大致可分为国家福利、国家保险、社会共济和积累储蓄四种。中国在建的社会保障制度，属于社会共济模式，即由国家、单位（企业）、个人三方共同为社会保障计划融资，而且这是未来相当长一段时期的改革趋势。个人责任的强化已经成为全球社会保障制度改革的共识。社会保障是现代工业文明的产物,是经济发展的"推进器",是维护百姓切身利益的"托底机制",是维护社会安全的"稳定器"。社会保障是现代国家一项基本的社会经济制度,是社会安定的重要保障,也是社会文明进步的重要标志。

党的十九届四中全会提出坚持和完善统筹城乡的民生保障制度,包括七个方面:"幼有所育、学有所教、劳有所得、病有所医、老有所养、住有所居、弱有所扶",与社会保障各个项目都有着密不可分的关系。注重加强普惠性、基础性、兜底性民生建设,保障群众基本生活,满足人民多层次多样化需求,使改革发展成果更多更公平惠及全体人民。

一、社会保障的功能

(1)社会保障是劳动力再生产的保护器。社会保障的功能之一就是在劳动力再生产遇到障碍时给予劳动者及其家属以基本生活、生命的必要保障,以维系劳动力再生产的需要,从而保证社会再生产的正常进行。

(2)社会保障是社会发展的稳定器。通过社会保障对社会财富进行再分配,适当缩小各阶层社会成员之间的收入差距,避免贫富悬殊,使社会成员的基本生活得到保障,能协调社会关系,维护社会稳定。

(3)社会保障是经济发展的调节器。社会保障对经济发展的调节作用主要体现在对社会总需求的自动调节作用。在经济萧条时期,一方面由于失业增加、收入减少,用于社会保障的货币积累相应减少;另一方面,因失业或收入减少而需要社会救济的人数增加,社会用于失业救济和其他社会福利方面的社会保障支出也相应增加。这使社会保障的同期支出大于收入,从而刺激了消费需求和社会总需求。在经济繁荣时期,其作用则正好相反。

(4)社会保障具有促进发展的功能。社会保障制度在产生初期或许主要体现出稳定和调节功能,但发展到已经明显地具备了促进发展的功能,主要表现在以下几个方面:一是能够促进社会成员之间及其与整个社会的协调发展,使社会生活实现良性循环;二是能够加快遭受特殊事件的社会成员重新认识发展变化中的社会环境,适应社会生活的变化;三是能够促进社会成员的物质与精神生活水平提高;四是能够促进政府有关社会政策的实施;五是能够促进社会文明的发展。另外,在经济领域,社会保障通过营造稳定的社会环境促进着经济的发展,同时透过社会保障基金的运营直接促进着某些产业的发展。

(5)社会保障具有互助的功能。社会保障实质上体现了互惠互助以及在互惠互助中的他助与自助。社会保障采用责任分担机制，所以是一种以互助为基石并在互助中使风险得到化解。

除以上几大功能外，社会保障还具有防控风险、资本积累等功能。此外，社会保障可以解除劳动力流动的后顾之忧，使劳动力流动渠道通畅，有利于调节和实现人力资源的高效配置。

社会保障

二、基本养老保险

基本养老保险是国家和社会根据一定的法律和法规，为解决劳动者在达到国家的解除劳动义务的劳动年龄界限，或因年老丧失劳动能力退出劳动岗位后的基本生活而建立的一种社会保险制度。基本养老保险以保障离退休人员的基本生活为原则。它具有强制性、互济性和社会性。它的强制性体现在由国家立法并强制实行，企业和个人都必须参加而不得违背；互济性体现在养老保险费用来源，一般由国家、企业和个人三方共同负担，统一使用、支付，使企业职工得到生活保障并实现广泛的社会互济；社会性体现在养老保险影响很大，享受人多且时间较长，费用支出庞大。

案例

小军准备从现在的单位跳槽到另一个单位工作，在办理离职手续时，他发现单位一直以每月基本工资3000元作为其养老保险缴费基数，而他还有每月绩效工资、津贴等约5000元。他要求单位人力资源部为其补缴，但人力资源部负责人却认为，社保经办机构并未对单位每月申报的工资数提出异议，因此这一缴费方式没有问题。

分析

根据《中华人民共和国社会保险法》第十二条的规定，用人单位应当按照国家规定的本单位职工工资总额的比例缴纳基本养老保险费，计入基本养老保险统筹基金。根据国家统计局《关于工资总额组成的规定》第四条规定，工资总额由下列六个部分组成，包括：计时工资、计件工资、奖金、津贴和补贴、加班加点工资以及特殊情况下支付的工资。案例中的用人单位将绩效工资、津贴排除在缴费基数之外，是不符合规定的。此外，用人单位应当承担保证缴费基数真实性的责任。

基本养老保险通常分为职工基本养老保险和城乡居民基本养老保险，参保人员不一样，缴纳标准不一样，领取养老金也不一样。具体情况见表5-1。

表5-1　基本养老保险的主要内容

项目	职工基本养老保险	城乡居民基本养老保险
参保人员	城镇各类企业职工、个体工商业者和其他灵活就业人员（失业、辞职、自由职业等）	年满16周岁（不含在校学生），非国家机关和事业单位工作人员及不属于职工基本养老保险制度覆盖范围的城乡居民，可以在户籍地参加城乡居民养老保险
参保方式	用人单位及其从业人员必须依法参加社会保险。未在用人单位参加基本养老保险的非全日制从业人员以及其他灵活就业人员自愿参保	自愿参保
缴费标准	社保费用由用人单位和职工共同承担，按月缴费，单位的缴费费率为核定缴费基数×16%，划入统筹账户；个人缴费费率为核定缴费基数×8%，划入个人账户 以灵活就业方式参保的人员由个人缴纳养老保险费，缴费基数在每年度本市社保缴费基数的上下限之间进行选择，按照选定缴费基数24%的比例缴纳养老保险费	城乡居民养老保险基金由个人缴费、政府补贴、集体补助构成。个人缴费：目前分为每年100元、200元、300元、400元、500元、600元、700元、800元、900元、1000元、1500元、2000元、3000元13个档次 政府补贴：根据个人缴费分档补贴，最低40元/年
退休年龄	到法定退休年龄可申请领取养老金，正常为男60周岁，女55周岁，缴费年限满15年	男、女都需要年满60周岁且缴费年限满15年，可以按月领取养老金
退休待遇	根据缴费基数、缴费年限（含视同缴费年限）、个人账户累积及退休时当地上年度职工月平均工资等计算	根据个人账户总额、缴费年限等因素计算

如果你在多个城市工作过，并都交过社保，那么只需在退休前办理好养老保险转移合并。参加城镇企业职工基本养老保险的所有人员，其基本养老保险关系可跨省跨地区转移合并。在转移个人账户储存额的同时，还转移部分单位缴费。参保人员在各地的缴费年限合并计算，个人账户储存额累计计算。

社会保障卡

三、医疗保险

基本医疗保险是为补偿劳动者因疾病风险造成的经济损失而建立的一项社会保险制度。我国现阶段建立了城镇职工基本医疗保险制度、新型农村合作医疗制度和城镇居民基本医疗保险制度。其中，城镇职工基本医疗保险由用人单位和职工按照国家规定共同缴纳基本医疗保险费，建立医疗保险基金，参保人员患病就诊发生医疗费用后，由医疗保险经办机构给予一定的经济补偿，以避免或减轻劳动者因患病、治疗等所带来的经济风险。新型农村合作医疗和城镇居民基本医疗保险实行个人缴费和政府补贴相结合，待遇标准按照国家规定执行。

> **案例**
>
> 小红参加工作后得了一场重病，在某三级医院住院治疗中共花费4万元。单位的人力资源部的同事小张告诉她，医疗保险基金可以为她报销部分医疗费用，让她不要过于担心。
>
> 根据当地规定，该医院的起付线为900元，年度最高支付限额为20万元，报销比例为88%。目前，她自己的医保个人账户中有800元。假定小红此次治疗所发生的医疗费用全部符合报销标准，请问经过职工基本医疗保险报销后，她还需要支付多少元？
>
> 城镇所有用人单位都要参加基本医疗保险，城镇职工基本医疗保险费由用人单位和个人共同缴纳，用人单位缴费率控制在职工工资总额的6%左右，具体比例由各地确定，职工缴费率一般为本人工资收入的2%，在职职工个人缴费计入本人个人账户，单位缴费全部计入统筹基金。长沙市规定长沙地区用人单位按全部职工工资总额的8%缴纳基本医疗保险费，职工个人按本人月工

资的2%缴纳基本医疗保险费。职工本人月工资低于上年度全省在岗职工月平均工资60%的，按60%核定个人缴费基数；超过300%的，按300%核定个人缴费基数。以灵活就业人员身份参加职工基本医疗保险的，由个人按上年度全省在岗职工月平均工资的60%为缴费基数，按统筹地区用人单位费率的70%缴纳基本医疗保险费。

个人账户主要用于支付参保人员在医保政策范围内的自付费用，可以用于支付参保人员本人及其配偶、父母、子女在定点医疗机构就医发生的由个人负担的医疗费用，以及在定点零售药店购买药品、医疗器械、医用耗材发生的由个人负担的费用。统筹基金主要用于住院治疗的医疗费用和特殊病种门诊医疗费用，起付标准以下（含本数）由个人账户支付或个人自付，起付标准以上的部分按比例进行报销。长沙职工住院报销起付线金额根据医院类型来区分，一类医院、二类医院、三类医院起付标准分别为900元，600元和300元，一类医院、二类医院、三类医院治疗费用在起付标准以上0～1万元的，报销比例为88%、91%、95%，治疗费用在起付标准以上1万～20万元的报销比例为92%、95%、96%。

四、生育保险

> **案例**
>
> 小明毕业后进入职场，与女朋友结婚后，不久就传来小明即将当爸爸的消息。小明在喜上眉梢的同时，也担心自己的妻子没有参加工作，也没有缴纳生育保险，肯定没有办法报销生育相关花费了。面对即将进行的产检、医疗费，小明顿感压力。
>
> 人力资源部的同事小张在午餐时间与小明聊到这个话题，小张说："你已经入职并参保满3年，有些费用是可以报销的。"到底什么是生育保险？未就业配偶可享受哪些待遇？

生育保险是国家通过立法，在怀孕和分娩的妇女劳动者暂时中断劳动时，由国家和社会提供医疗服务、生育津贴和产假的一种社会保险制度，国家或社会对生育的职工给予必要的经济补偿和医疗保健的社会保险制度。我国生育保险待遇主要包括两项：一是生育津贴；二是生育医疗待遇。凡是与用人单位建立了劳动关系的职工，包括男职工，都应当参加生育保险。

2019年3月，国务院办公厅印发的《关于全面推进生育保险和职工基本医疗保险合并实施的意见》，实现生育保险和职工基本医疗保险合并实施。参加职工基本医疗保险的在职职工同步参加生育保险。生育保险基金并入职工基本医疗保险基金，统一征缴，统筹层次一致。按照用人单位参加生育保险和职工基本医疗保险的缴费比例之和确定新的用人单位职工基本医疗保险费率，个人不缴纳生育保险费。用人单位已经缴纳生育保险的，其职工享受生育保险待遇；职工未就业配偶按照国家规定享受生育医疗费用待遇。所需资金从生育保险基金中支付。

（一）生育保险待遇的享受条件

用人单位已经缴纳生育保险费并达到最低时限，各地政策不同，如北京市要求连续缴纳社保9个月，广州市要求累计缴纳社保1年，上海市要求生产当月在缴纳社保即可，并且符合国家和省、市人口与计划生育政策规定。

（二）生育保险的待遇

职工（含未就业配偶的）生育医疗费用包括女职工因怀孕、生育发生的检查费、接生费、手术费、住院费、药费和计划生育手术费等。女职工依法享受产假期间的生育津贴，按本企业上年度职工月平均工资计发，由生育保险基金支付。

五、工伤保险

案例

王某在下班结束返家途中，因前方有辆车正在开车门，不慎被车门撞伤。经交警部门认定，王某承担事故次要责任。王某向当地人力社保部门申请工伤，经调查审核后，王某被认定为工伤。但是需要指出的是，并非所有上下班途中发生的交通意外都可以被认定为工伤事故。

工伤保险，是指劳动者在工作中或在规定的特殊情况下，遭受意外伤害或患职业病导致暂时或永久丧失劳动能力以及死亡时，劳动者或其遗属从国家和社会获得物质帮助的一种社会保险制度。

工伤保险实行无过错责任原则。无论工伤事故的责任归于用人单位还是职工个人或第三者，用人单位均应承担保险责任。工伤保险待遇有医疗康复待遇、停工留薪期待遇、伤残待遇和工亡待遇。

工伤保险不同于养老保险等险种，劳动者不缴纳保险费，全部费用由用人单位负担，即工伤保险的投保人为用人单位。工伤保险基金的征集比例应根据各行业工伤风险类别和工伤事故及职业病的发生频率实行行业差别费率和浮动费率，按用人单位工资总额的一定比例征集，标准为工资总额的0.3%至2.5%。

（一）认定为工伤的7种情形

（1）在工作时间和工作场所内，因工作原因受到事故伤害的。

（2）工作时间前后在工作场所内，从事与工作有关的预备性或者收尾性工作受到事故伤害的。

（3）工作时间和工作场所内，因履行工作职责受到暴力等意外伤害等。

（4）患职业病的。

（5）因工外出期间，由于工作原因受到伤害或者发生事故下落不明的。

（6）在上下班途中，受到非本人主要责任的交通事故或者城市轨道交通、客运轮渡、火车事故伤害的。

（7）法律、行政法规规定应当认定为工伤的其他情形。

（二）视同工伤的3种情形

（1）在工作时间和工作岗位，突发疾病死亡或者在48小时之内经抢救无效死亡的。

（2）在抢险救灾等维护国家利益、公共利益活动中受到伤害的。

（3）职工原在军队服役，因战、因公负伤致残，已取得革命伤残军人证，到用人单位后旧伤复发的。

（三）不得认定为工伤或视同工伤的3种情形

（1）故意犯罪的。

（2）醉酒或者吸毒的。

（3）自残或者自杀的。

六、失业保险

失业保险是指国家通过立法强制实行的，由社会集中建立基金，对因失业而暂时中断生活来源的劳动者提供物质帮助进而保障失业人员失业期间的基本生活，促进其再就业的制度。

在我国，失业人员在满足：非因本人意愿中断就业；已办理失业登记，并有求职要求；按照规定参加失业保险，所在单位和本人已按照规定履行缴费义务满一年三个条件后，方可享受失业保险待遇。

根据《失业保险条例》对失业保险费缴纳的规定，城镇企业事业单位应按照本单位工资总额的1%~1.5%缴纳失业保险费。单位职工按照本人工资的0.5%缴纳失业保险费。城镇企业事业单位招用的农民合同制工人本人不缴纳失业保险费。

失业人员失业前用人单位和本人累计缴费满一年不足五年的，领取失业保险金的期限最长为十二个月；累计缴费满五年不足十年的，领取失业保险金的期限最长为十八个月；累计缴费十年以上的，领取失业保险金的期限最长为二十四个月。重新就业后，再次失业的，缴费时间重新计算，领取失业保险金的期限与前次失业应当领取而尚未领取的失业保险金的期限合并计算，最长不超过二十四个月。在实务中，各地可根据失业者缴费时间的长短，在同一档次内适当拉开失业保险金的领取期限。

第三节　劳动安全

情境导入

2020年10月1日13时许，山西省太原市迎泽区小山沟村台骀山景区冰雕馆发生一起重大火灾事故，造成13人死亡、15人受伤。发生原因是，当日景区10千伏供电系统故障维修结束恢复供电后，景区电工在将自备发电机供电切换至市电供电时，进行了违章带负荷快速拉、合隔离开关操作，在照明线路上形成的冲击过电压击穿装饰灯具的电子元件造成短路；火灾通道内照明电气线路设计、安装不规范，采用的无漏电保护功能大容量空气开关无法在短路发生后及时跳闸切除故障，持续的短路电流造成电子元件装置起火，引燃线路绝缘层及聚氨酯保温材料，进而引燃聚苯乙烯泡沫夹芯板隔墙及冰雕馆内的聚氨酯保温材料。

评析

发生事故的主要原因是企业在游乐场馆建设中没有使用正规的设计、施工、监理、验收单位进行建设，致使电气线路敷设、接地短路保护和逃生通道、安全出口的设置等不符合安全要求，甚至人为封堵冰雕馆安全出口；企业违规在人员密集场所使用聚

安全生产

氨酯、聚苯乙烯等易燃可燃保温材料；企业负责人安全意识淡薄，未建立安全生产管理机构、配备专兼职安全管理人员、健全全员安全生产责任制，安全隐患排查、整治、整改走过场，安全管理流于形式。

近年来，我国经济高速增长取得了举世瞩目的成就，但是在经济快速增长的背后却付出了巨大的社会成本，如生态环境恶化、自然资源枯竭等问题，其中也包括越来越严重的劳动安全问题。

党的十九大以来，党和国家进一步健全完善了安全生产方针政策和法律法规，并从体制、机制、规划、投入等方面，采取一系列举措加强安全生产；各级党委政府高度重视，加强领导、落实责任；各重点企业和广大生产经营单位依法依规、履行职责；社会各界关注支持、参与监督。经过努力，安全生产的理论、法律、政策体系得到建立和形成，安全监管体制机制不断健全完善，安全生产状况趋于稳定好转形势。

安全生产是安全与生产的统一，其宗旨是安全促进生产，生产必须安全。搞好安全工作，改善劳动条件，可以调动职工的生产积极性；减少职工伤亡，可以减少劳动力的损失；减少财产损失，可以增加企业效益，无疑会促进生产的发展；而生产必须安全，则是因为安全是生产的前提条件，没有安全就无法生产。

人类要生存、要发展，就需要认识自然、改造自然，通过生产活动和科学研究，掌握自然变化规律。科学技术的不断进步，生产力的不断发展，使人类生活越来越丰富，但也产生了威胁人类安全与健康的安全问题。

安全是一个永恒的话题，与我们的生命财产息息相关。为了减少事故的发生，学习劳动与安全意义重大。

一、危险与危险源

安全是指客观事物的危险性程度能够为人们普遍接受的状态。某一客观事物是否安全，是人们对这一事物的主观评价，当人们均衡利害关系，认为该事物的危险程度可以接受时，则这种事物的状态是安全的，否则就是危险的。

万事万物都普遍存在着危险因素，不存在危险因素的事物几乎是没有的。就连人走路都存在使人摔跤的危险因素。只不过危险因素有大有小，有轻有重而已。有的危险因素导致事故的可能性很小，有的则很大，有的引发事故后果非常严重，有的则可以忽略。因此，我们从事任何活动都有不同的危险程度。

危险源由三个要素构成：潜在危险性、存在条件和触发因素。危险源的潜在危险性是指一旦触发事故，可能带来的危害程度或损失大小，或者说危险源可能释放的能量强度或危险物质量的大小。危险源的存在条件是指危险源所处的物理、化学状态和约束条件状态。例如，物质的压力、温度、化学稳定性，盛装压力容器的坚固性，周围环境障碍物等情况。触发因素虽然不属于危险源的固有属性，但它是危险源转化为事故的外因，而且每一类型的危险源都有相应的敏感触发因素。如易燃、易爆物质，热能是其敏感触发因素，又如压力容器，压力升高是其敏感触发因素。因此，一定的危险源总是与相应的触发因素相关联。在触发因素的作用下，危险源转化为危险状态，继而转化为事故。

危险源是可能导致伤害或疾病、财产损失、作业环境破坏或这些情况组合的根源或状态。事故隐患是指生产经营活动中存在可能导致事故发生的物的危险状态、人的不安全行为和管理上的缺陷。

从定义中可以看出，"危险源"和"事故隐患"内涵是不尽相同的。应该说，"危险源"是客观存在的，但它的存在并非一定会发生事故，它仅是事故的载体，除非有人的误操作或不安全行为，才可能形成事故隐患或导致事故发生。不同的危险源往往决定了事故类型及事故后果严重性不同而已。而"事故隐患"则是决定事故发生的可能性，它是潜藏着的祸患，是最终导致事故发生的直接因素。因此我们可以说，事故隐患一定是危险源，而危险源不一定是事故隐患。此外，"重大危险源一定是事故隐患"和"重大事故隐患一定是重大危险源"的提法都是错误的。

案例

某啤酒厂招聘一女工，面试合格后，让班组长给她进行使用洗瓶机安全培训。首先把啤酒瓶子摆到设备上，合上电闸，启动设备，15分钟之后停车。培训结束后女工去领工作服。本应该穿165厘米的工作服，结果错拿了一套180厘米的工作服。第2天上岗的时候，穿上工作服。前一天维修工在维修过程中发现设备的6角螺栓丢失了，他用8号铅丝代替了六角螺栓，留下了一个隐患。女工在操作过程中，刀具旋转，正好把她的衣角缠住，女工顺手推设备，设备一转，女工倒立，帽子脱落，自然下垂的头发进入设备的内部，瞬间现场工作台上的啤酒瓶子被女工的鲜血染红。

二、海因里希法则

海因里希法则是1941年美国的海因里希从统计许多灾害开始得出的。当时，海因里希统计了55万件机械事故，其中死亡、重伤事故1666件，轻伤48334件，其余则为无伤害事故，从而得出一个重要结论，即在机械事故中，死亡或重伤、轻伤或故障以及无伤害事故的比例为1∶29∶300，国际上把这一法则叫事故法则。这个法则说明，在机械生产过程中，每发生330起意外事件，有300件未产生人员伤害，29件造成人员轻伤，1件导致重伤或死亡。

对于不同的生产过程，不同类型的事故，上述比例关系不一定完全相同，但这个统计规律说明了在进行同一项活动中，无数次意外事件，必然导致重大伤亡事故的发生。要防止重大事故的发生必须减少和消除无伤害事故，要重视事故的苗头和未遂事故，否则终会酿成大祸。

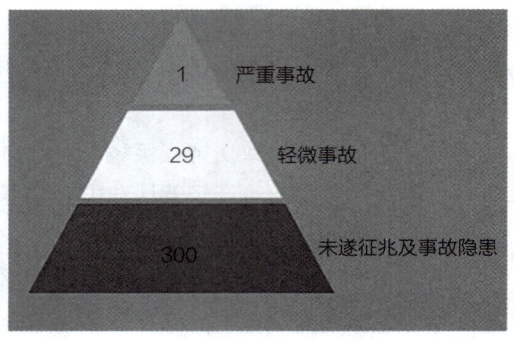

海因里希法则

例如，某机械师企图用手把皮带挂到正在旋转的皮带轮上，因未使用拨皮带的杆，且站在摇晃的梯板上，又穿了一件宽大长袖的工作服，结果被皮带轮绞入碾死。事故调查结果表明，他这种上皮带的方法使用已有数年之久。查阅四年病志（急救上药记录），发现他有33次手臂擦伤后的治疗处理记录，他手下工人均佩服他手段高明，结果还是导致死亡。这一事例说明，重伤和死亡事故虽有偶然性，但是不安全因素或动作在事故发生之前已暴露过许多次，如果在事故发生之前，抓住时机，及时消除不安全因素，许多重大伤亡事故是完全可以避免的。

海因里希法则是安全管理的基本法则，它揭示了安全管理的两个共性规律：

第一，安全事故的发生会经历多个环节，环环相扣，任何一个中间环节起到了预防作用，事故就能避免。

第二，只有重视消除轻微事故，才能防止轻伤和重伤事故，否则大的事故发生只是时间问题。

海因里希法则是安全管理的基本法则，它告诉我们任何事故都不是凭空产生的，都有一个渐进的过程。在这个过程中，若每一位职工都能时刻提高警惕，超前思考，严格按制度办事，规范执行各个操作程序，及时消除安全隐患，就能最大限度避免事故的发生。反之，必然会造成严重的后果，造成重大的损失。因此，安全管理工作要重视各个环节，不因细小而不为，防微杜渐是安全管理的根本。

案例

2013年10月11日，某市喜隆多商场麦当劳餐厅甜品操作间内的一个电动自行车蓄电池在充电过程中发生电气故障，出现火情，不到2分钟，整个餐厅就被浓烟笼罩。麦当劳餐厅店长和员工自顾逃命，消防中控室值班人员两次对警报消音后继续玩游戏。导致大火持续了8个小时，过火面积共计3800余平方米，火灾导致直接财产损失估算值为人民币1308.42万元，2名消防警官牺牲。

2008年11月14日，4名女生从上海商学院徐汇校区6楼宿舍阳台跳下逃生，经120急救中心确认身亡。上海商学院晚上11时至次日清晨6时断电。据知情者介绍，事发前一晚，602室女生曾用"热得快"烧水，晚上11时宿舍断电6人均忘记将插头拔掉。次日清晨6时恢复供电后，"热得快"开始自行加热，10分钟后，高温引发了电器故障，迸发出的火星落在了女生们凉挂的衣物上，最终酿成事故。

三、事故类别

依据国家标准《企业职工伤亡事故分类》（GB 6441-1986），按致害原因事故类别主要有以下20种：

（1）物体打击，指由失控物体的惯性力造成的人身伤亡事故。

（2）车辆伤害，指企业内由机动车辆引起的机械伤害事故。

（3）机械伤害，指机械设备与工具引起的绞、碾、碰、割、戳、切等伤害。

（4）起重伤害，指从事起重作业时引起的机械伤害事故。

（5）触电，指电流流经人体，造成生理伤害的事故。

（6）淹溺，指大量的水经口、鼻进入人体肺部，造成呼吸道阻塞或发生急性缺氧而窒息死亡的事故。

（7）灼烫，指火焰烧伤、高温物体烫伤、化学灼伤（酸、碱、盐、有机物引起的体内外灼伤）、物理灼伤（光、放射性物质引起的体内外灼伤），不包括电灼伤和火灾引起的烧伤。

（8）火灾，指在时间和空间上失去控制的燃烧所造成的灾害。

（9）高处坠落，指因人体所具有的危险重力势能引起的伤害事故。

（10）坍塌，指建筑物、构筑物、堆置物倒塌以及土石塌方引起的事故。

（11）冒顶片帮，片帮指矿井作业面、巷道侧壁在矿山压力作用下变形，破坏而脱落的现象。

（12）透水，指矿山、地下开采或其他坑道作业时，意外水源带来的伤亡事故。

（13）放炮，指施工时，放炮作业造成的伤亡事故。

（14）火药爆炸，指火药与炸药生产过程中，如配料、运输、贮藏等发生的爆炸事故。

（15）瓦斯爆炸，指可燃气体瓦斯、煤尘与空气混合形成了浓度达到爆炸极限的混合物，接触明火时，引起化学爆炸事故。

（16）锅炉爆炸，指锅炉发生的物理爆炸事故。

（17）容器爆炸，指压力容器超压而发生的爆炸。

（18）其他爆炸，指凡不属于火药爆炸、瓦斯爆炸、锅炉爆炸、容器爆炸的爆炸事故。

（19）中毒和窒息，指在生产条件下，有毒物进入人体引起危及生命的急性中毒以及在缺氧条件下发生的窒息事故。

（20）其他伤害，指凡不属于前面各项的伤亡事故均列为其他伤害，如扭伤、跌伤、冻伤、动物咬伤、钉子扎伤脚等。

各种安全标识

四、职业健康

职业健康与工作环境的职业危害密切相关，职业健康风险正比于作业时间与暴露程度。职业健康要贯彻执行"预防为主"的方针，为此，人们往往重视职业危害源头的预防。源头预防的有效办法之一是对作业现场的有毒有害因素进行监测，采取工程技术措施对作业危害因素进行控制；譬如用有毒有害物质替代、变更工艺、隔离、通风等。同时加强个体防护，减少人们暴露于职业健康危害的程度。随着科学技术的进步和研究的深入，会有新的职业危害和职业病显露出来。因此，任何作业环境所谓"安全与健康"的状况都是相对而言的，只要作业人员暴露于作业环境中，就有接触职业健康危害的可能性。

（一）职业病及其危害因素分类

职业病是指企业、事业单位和个体经济组织等用人单位的劳动者在职业活动中，因接触粉尘、放射性物质和其他有毒有害物质等因素引起的疾病。

职业病的危害因素是指在生产过程中、劳动过程中、作业环境中存在的危害劳动者健康，可能导致职业病的各种因素，有以下几种：

（1）粉尘，劳动者工作过程中长时间接触粉尘可能会引起尘肺病。

（2）噪声，噪声可能会引发听力下降，引起噪声聋。工业上的噪声一般在85分贝以下，最高不超过115分贝。

（3）振动，劳动者使用手持电动工具，如操作挖掘机、空气锤等设备，对手臂产生的振动引发的手臂振动病属于法定的职业病。一旦患有手臂振动病，人的手臂会不停颤抖，失去功能。

（4）中暑，劳动者在高温环境下作业，可能引发中暑。中暑属于法定的职业病。

（5）辐射，包括电离辐射和非电离辐射。一般人们经常提到的红外线、紫外线、微波和激光均属于非电离辐射；X射线、γ射线属于电离辐射。

（6）中毒，职业性化学中毒属于职业病，包括铅中毒、苯中毒、氯气中毒、氨中毒、汽油中毒、甲醛中毒和一氧化碳中毒等。

案例

开胸验肺事件

张海超2004年8月至2007年10月在郑州振东耐磨有限公司打工，做过杂工、破碎工，其间接触到大量粉尘。他被多家医院诊断为尘肺，但企业拒绝为其提供相关资料，在向上级主管部门多次投诉后他得以被鉴定，郑州职业病防治所却为其作出了"肺结核"的诊断。为寻求真相，这位28岁的年轻人只好跑到郑州大学第一附属医院，不顾医生劝阻铁心"开胸验肺"，以此悲壮之举揭穿了谎言。

某市某公司从事工艺包装盒、塑料制品加工，使用的胶水黏合剂中存在苯、甲苯、二甲苯等职业病危害因素，该公司未按规定为其员工配备符合职业病防护要求的个人防护用品，仅提供了普通的纱布口罩。检测发现该公司生产车间空气中苯、甲苯等物质的浓度不符合国家职业卫生标准，医院诊断，多名职工因此患白血病。

2020年全国共报告各类职业病新病例17064例。职业性尘肺病及其他呼吸系统疾病14408例（其中职业性尘肺病14367例），职业性耳鼻喉口腔疾病1310例，职业性传染病488例，职业性化学中毒486例，物理因素所致职业病217例，职业性皮肤病63例，职业性肿瘤48例，职业性眼病24例，职业性放射性疾病10例，其他职业病10例，因尘肺病死亡6668例。

（二）职业健康保护

劳动者是自己健康的第一责任人，应倡导职业健康工作方式，树立职业健康意识，争做职业健康达人，可通过以下方式积极预防职业病：上岗前劳动者要做到与用人单位签订劳动合同；遵守用人单位的职业卫生岗位操作规程或其他安全规程；作业时坚持正确使用职业病防护用品，如防尘口罩、防噪声耳塞等；及时参加用人单位组织的职业健康检查，按体检机构要求及时复查相关职业异常项目；发现身体出现可能与职业有关的疾病或异常，请及时到专业机构进行检查或咨询；积极参加用人单位开展的职业病防治知识培训，或通过媒体、网络搜索职业病知识，提高自我保护的意识。

用人单位应注意劳动保护，关爱职工健康，采取以下行动保护职工劳动健康：为劳动者提供卫生、环保、舒适和人性化的工作环境；建立健全职业健康制度；加强建设项目职业病防护设施"三同时"管理；加强职业病防治日常管理；建立职业病防治和健康管理责任制；建立职业健康监护制度；依法签订劳动合同，为劳动者缴纳工伤保险费；实施职业健康保护。

案例

一家公司登报招聘工人，员工前往应聘熟料冷却工岗位，并签订了3年期的劳动合同，但公司没有告知员工该工种的职业危害，劳动合同中也没有写明。员工上班后发现要接触煤矽尘、高温等职业危害因素，于是便以身体状况不适合为由要求换岗，但被拒绝。请问，员工若解除合同可以主张哪些权益？

《劳动法》第八条规定，用人单位招用劳动者时，应当如实告知劳动者工作内容、职业危害等事项。《职业病防治法》第三十四条规定：用人单位与劳动者订立劳动合同时，应当将工作过程中可能产生的职业病危害及其后果、职业病防护措施和待遇等如实告知劳动者，并在劳动合同中写明，不得隐瞒或者欺骗；用人单位违反前述规定的，劳动者有权拒绝从事存在职业病危害的作业，用人单位不得因此解除与劳动者所订立的劳动合同。案例中的员工工作所接触的煤矽尘等已被列入《职业病危害因素分类目录》，公司未告知，也未在劳动合同中写明，显然违反了法律的强制性规定。

根据上述规定，员工可以申请劳动争议仲裁机构确认该劳动合同无效，并要求公司赔偿员工因参加应聘和前往上班所发生的差旅费等损失。之后，员工可以依法解除该劳动合同，并要求公司依法向员工支付经济补偿金。

（三）规避劳动禁忌

1. 体力劳动禁忌

（1）长期保持一个姿势。在工作时长期保持一个姿势，会导致个别身体器官或生物系统过度紧张而引起疾患。例如，长期从事站姿作业或坐姿作业，特别是站立负重作业，容易导致腰肌劳损；长期站立或行走作业，容易导致下肢静脉曲张；长期从事手指、手掌快速运动或前臂用力的工作，容易引发腱鞘炎；长期从事程序设计、精密仪器加工、焊接等工作，容易造成视觉疲劳、视力下降等。

（2）不良劳动环境条件。高温、寒冷、潮湿、光线不足、空间狭窄等，会增加劳动者的劳动负荷、提高劳动强度，容易产生疲劳和造成损伤。

（3）劳动组织和劳动制度安排不合理。劳动时间过长，劳动强度过大，休息时间不够，轮班制度不合理等，也容易形成过度疲劳，造成劳动者身体损伤。

2. 脑力劳动禁忌

过度脑力劳动会产生疲劳感，这种疲劳感表现为对工作的抵触。疲劳信号告诉人们，身体需要休息了，需要进行调整和恢复，应该停止工作。如果继续强迫大脑工作，则会进一步加重心理疲劳，造成脑细胞的损伤，或使脑功能发生障碍。在一般情况下，过度脑力劳动会对人体的身心健康造成较大的危害，主要包括以下两个方面。

（1）生理健康失常。长期过度脑力劳动，会使大脑缺血、缺氧、神经衰弱，从而导致注意力不集中，记忆力下降，思维欠敏捷，反应迟钝；睡眠规律不正常，白天瞌睡，大脑昏昏沉沉，夜晚卧床后大脑却兴奋起来，难以入眠；醒后大脑疲劳不缓解，精神不振。

（2）心理健康失常。上述生理功能的失衡，会造成心理活动失衡，出现忧虑、紧张、抑郁、烦躁、消极、敏感、多疑、易怒、自卑、自责等不良情绪，表面上强打精神，内心充满困惑、痛苦，继而对工作、学习丧失兴趣，产生厌倦感，甚至产生轻生念头。

拓展阅读

白波：一位劳模消防队员的一天

清晨6点，天刚蒙蒙亮。尖锐的起床哨就回荡在川化股份公司消防队驻地，队员们掀开被子，穿上战斗服，开始了一天的生活。7点，警铃突然响起，某分厂生产设备出现了氨泄漏险情，刚刚归来的白波顾不上洗去脸上的汗水，就立即跑到操场集合，在检查完着装和装备后，登上消防车驶出大门……

这一系列动作对于白波来说已是轻车熟路。今年29岁的他，已是一名有11年工作经验的老消防队员。5分钟不到，白波和同事们赶到了险情地，凭借娴熟的业务知识，他们迅速判断出险情原因，果断采取喷淋洗消措施，配合相关人员切断了氨气管道，成功将险情控制在最小危害程度。

回到驻地后吃过早饭，稍事休息，白波又生龙活虎地出现在训练场上，器械训练、甩水带、模拟火场实战……11年里，这样的场景重复了千万次，如今的白波早已褪去了当初的紧张和笨拙，凭借刻苦操练出了一身的过硬本领。他曾连续三年获得成都市专职消防业务竞赛百米消防障碍项目的好名次，先后三次获得成都市专职消防队"先进个人"称号。因为突出的成绩，2010年四川省总工会授予白波"五一劳动奖章"。"安全无小事，对于我们消防人员来说，责任重于泰山，自己在工作上一点细微的失误都有可能给公司和社会造成重大损失，在平时训练中，没有最好，只有更好。"对于曾经取得的成就，白波并没有丝毫骄傲。

中午，白波并没有休息，他来到消防车前，将早晨使用过的装备再次仔细地检查了一遍，回到宿舍后，队友们已经响起了轻微的鼾声。白波轻手轻脚地打开了书本，钻研起了最新的业务知识。

下午3点，辖区一住户打来电话求助消防队员取掉自家门口的马蜂窝，赶到现场后，白波穿上防护服，在同事的协助下，成功将蜂窝取下，为群众消除了一个安全隐患。归来的路上，指挥中心又通知他们前往一水管爆裂的小区救援。"这样的事儿经常有，一切服从命令。"白波和同事们笑着说。

看似平淡、枯燥的一天就这样匆匆过去，白波与他的同事们时刻准备着，奔向下一个事故现场。

资料来源：中工网。

学习思考

1. 在什么情况下，我们可以寻求法律援助？
2. 你碰到过法律纠纷吗？你知道法律途径解决问题的流程吗？
3. 学习了劳动安全的相关知识，如何在以后的生活中保护自己？
4. 如何正确地保证安全生产和单位财产安全？
5. 安全生产的重要性人人皆知，但是实际生活中却很难完全落实，这是为什么呢？

实践活动

"生命至上　安全发展"宣传活动

围绕"生命至上 安全发展"主题，以相关法律法规、防灾减灾、消防安全知识、技能、应急知识为基础，结合单位专业行业特点，凝练特色，制作一期安全宣传展板，通过实物展板或微信公众号展示。

过程记录

选定主题：

宣传内容：

宣传形式：

心得体会：

结果评价

教师可参考表5-1对小组的"生命至上 安全发展"宣传展板进行评价。

表5-1 "生命至上 安全发展"宣传展板评价表

评价标准	评价细则	分值	分数小计	教师评价
板报主题	主题清晰，切合实际	20		
刊头设计	刊头新颖，突出主题	20		
书写绘画	板书整洁，插图美观	20		
版面设计	美观大方，创意新颖	20		
内容充实	内容新鲜，紧扣主题	20		

第六章　家务劳动

情境导入

情境一　东汉时期，有一少年名为陈蕃，此人自命不凡，一心只想干大事业。一天，他父亲的好友薛勤来访，见其独居的院内脏乱不堪，便问他："孺子何不洒扫以待宾客？"他答道："大丈夫处世，当扫天下，安室一屋？"，薛勤当即反问道："一屋不扫，何以扫天下？"陈蕃无言以对。从此他从身边的小事做起，最终成为一代名臣。

情境二　慧慧是某校的中职生，在新型冠状病毒感染期间，她为父母分担家务，在劳动中收获了成长。慧慧的爸爸妈妈因工作经常很晚回家，她就承担了做饭的任务，有时候煮一锅浓浓的小米粥，做几个小菜；有时给家人煎鸡蛋，蒸馒头。她说："做家务是最基本的劳动，即使是做饭洗碗，我觉得自己在其中也有很多收获。与学习一样，要提前做好规划，才不至于手足无措。"

评析

很多学生与陈蕃的观点一致，不愿意做家务劳动这些琐事，认为它太简单。慧慧通过亲身实践，发现即使是小事，只要认真做，也会有大收获。家务劳动是家庭成员在家庭生活中的无报酬的劳动，是每个家庭成员的家庭责任，干好家务劳动能增强责任感，提高动手能力，同时获得解决问题的思考模式和实践方式，受用一生。

第一节　正衣冠

千里之行，始于足下，从小事做起，扣好人生第一粒扣子，树立好新时代的劳动价值观。学生应该从最基本的洗衣、熨烫、针线活、叠衣服等方面学起，在日常生活中养成好的劳动习惯，不要让"不会""我有更重要的事情要做"成为拒绝家务劳动的借口，"不会"应该是学习、践行家务劳动的动力。

一、洗衣

（一）洗衣必备常识

1. 区分衣物，衣物要分类洗涤

洗衣服时，不仅要按颜色分类，还要看衣服的材质、种类。衣物按颜色可分为纯白色、浅色（包括带白色条纹的衣物）、深色（黑、蓝、褐等）、艳色（红、黄、橙等）四类进行清洗；材质方面，要将毛绒多的衣物（毛巾、毛衣、灯芯绒衣物等）和容易起球的衣服分开洗，防止把衣服洗坏；贴身衣物与外衣要分开，内裤、秋衣裤等要单独洗涤。另外，成人与儿童的衣物要分开，病人和健康人的衣物要分开。

2. 辨别衣物面料

常见衣物面料包括纺织纤维和皮革两种。纺织纤维包括天然纤维和化学纤维，其中天然纤维包括植物纤维，如棉、麻等和动物纤维，如羊毛、兔毛等，化学纤维包括人造纤维和合成纤维。皮革由天然皮革、再生革和人造革组成。不同的面料具有不同的特点，应采用不同的洗涤方法。皮革通常用皮革专用油来保养，不能洗涤。对于需洗涤的纺织纤维类衣物，应掌握其面料的辨别方法。

3. 检查衣服表面及口袋

检查衣服表面是否有特殊污垢，如有发现，应在洗涤前处理。检查衣服口袋是否有纸币、钱包、手机等物品，如有，洗涤前要及时拿出，然后抖尽口袋里的灰尘、碎屑等。

4. 选择洗涤方式

查看衣物的洗涤标识，衣物的洗涤标识通常由文字和图形两部分组成，也有的衣物采用中文和外文两种洗涤标识。文字尽管有差异，但图形相对一致，可以通过图形来判断所洗衣物适合哪种洗涤方式。

5. 选配洗涤用品

不同面料的衣物由于其性能的差异，与不同的洗涤用品相混会产生不同的效果。洗涤用品种类繁多，成分、性能各异，必须多加了解，正确选用，才能取得理想的洗涤效果。

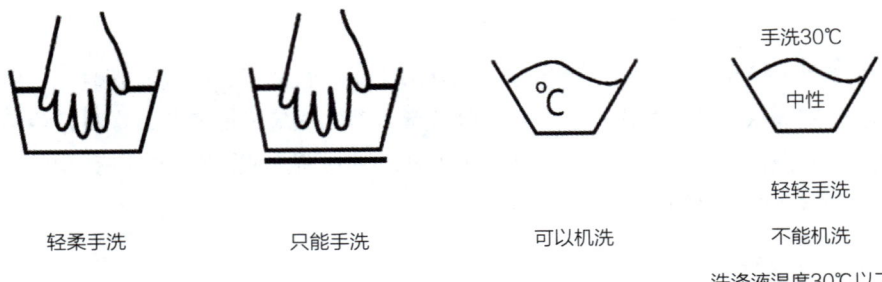

水洗标识

案例

  小菲（化名）就读某外地高校，才开学突然说要退学，这一切是因为她发现妈妈不在身边照顾，她连袜子都洗不好，更不会照顾自己。她害怕了，想再考本地的高校。在妈妈回避后，也开始讲述自己的委屈。刚出生时父母工作忙，她是奶奶带大的，上小学后才回到家里，可能是父母觉得对她愧疚，回家后使劲地补偿她，吃完饭连洗碗都不舍得叫她，倒开水也会被制止，"我知道爸妈疼我，尤其是我妈，把我照顾得无微不至。"上了初中，妈妈对她的照顾更周到了，每天和小菲一起睡，但会比她早起一小时做营养餐给她吃。晚上小菲不想学习了，妈妈就连打带闹把她弄精神，对此小菲觉得妈妈很烦。父母想让她报考沈阳本地的高校，可小菲拒绝了，她当时的想法是摆脱父母的控制，于是报考了外地的学校。8月初，通知书到了，一家人都很高兴，可当天下午小菲的奶奶突然病了，爸爸、妈妈都赶到了医院。当天晚上小菲一个人在家，在楼下买了饭吃完就把碗筷放在水池里，想洗碗却把碗打碎了，"收拾碗的时候把手指划破了，那一刻我突然想到我连袜子都洗不好，离开妈妈我怎么生活啊，要是生病了怎么办？"小菲说着又哭了，她说她不知道怎么和同寝室的人相处，也不会照顾自己，所以她后悔了，不想去外地上学了。

评析

近年学生类似的问题越来越多,很多都和抚养人特别溺爱孩子有关。小菲这不是身体疾病,而是出现了不敢面对客观世界的心理问题。在现实生活中,很多学生都会面临和小菲类似的问题,这时心情应该平静下来,之后尽快学着做一些简单的家务,只有这样,以后在自己独立的生活中才会更好。出现类似问题的孩子,是在家中被保护惯了,尤其是习惯了作为独生子女的衣来伸手饭来张口的生活,当孩子自己独立面对客观世界时觉得无法应付,所以出现一连串的问题。

(二)洗涤方法

洗涤方法要根据衣物的面料、质地和洗涤标识而定。一般来说,可水洗的衣物在洗涤前要稍加浸泡,这样更易洗涤干净。洗涤的方法包括手洗和机洗两种。

1. 手洗

(1)手洗衣物的范围及洗涤用品的选择。毛料衣物、丝麻织品、人造棉、人造毛、人造丝、羽绒制品等适宜手洗。另外,对于可机洗的衣物,若领口、袖口等部位污垢严重,可先用手洗再机洗。洗涤棉麻、合成纤维类衣物时,可选择使用高泡洗衣粉、碱性液体洗涤剂或肥皂;洗涤丝毛类衣物时,可选择中性液体洗涤剂或皂片。

(2)手洗衣物的要求。要勤洗勤换,对领口、袖口等容易脏的地方可先用洗衣液涂抹;根据衣物的面料合理浸泡,但不可浸泡时间过长,洗完后要注意冲洗干净。

(3)手洗衣物的基本方法。常见的衣物手洗方法有搓洗、刷洗、拎洗、揉洗四种。

(4)不同面料衣物的洗涤要求。

①毛料衣服的洗涤要求。纯毛衣服的面料一般是羊毛纤维,具有缩溶性、可塑性。洗涤时要注意水温控制在30~40℃,使用弱碱性或中性洗涤剂,不能直接用肥皂或洗衣粉搓洗。洗涤时间不宜过长,否则会导致羊毛织物缩水变形。洗好后的衣物要将其反面向外放在阴凉通风处自然晾干,不能在阳光下暴晒。

②丝绸制品的洗涤要求。丝绸制品最好用冷水洗涤,且在冷水中浸泡的时间不宜过长,应随浸随洗。洗涤时要轻轻揉洗,不能使用搓衣板搓洗,也不能用力过猛,切忌拧绞。洗好后要置于阴凉通风干燥处晾干,切勿在太阳下暴晒。高级丝绸制品最好干洗。

③亚麻类衣物的洗涤要求。洗涤亚麻类衣物水温在40℃以下为宜。洗涤时,动作要轻柔,选用优质洗涤液,采用"拎洗"或"揉洗"的方式洗涤,忌在搓衣板上揉搓,也不能用硬毛刷刷洗。漂洗时要先用温水漂洗两次,再用冷水漂洗一次,然后甩干和及时晾干。

④人造纤维类衣物的洗涤要求。洗涤人造毛、人造棉、人造丝等人造纤维类衣物时水温应控制在30~40℃。人造棉和人造丝类衣物可用手轻轻搓洗或揉洗,人造毛类衣物适合刷洗。

⑤羽绒服的洗涤要求。先将羽绒服放在冷水中浸泡15分钟左右,将中性洗涤剂倒入

温水中搅匀,将浸泡过的羽绒服取出平压去除水分后放入兑好的洗涤液中再次浸泡10分钟。10分钟后,将羽绒服取出,平铺于干净的平板上,用软毛刷蘸取洗涤液轻轻洗刷,先刷干净的地方后刷脏的地方,越脏的地方越要最后刷。刷洗干净后,将衣服放在原洗涤液中上下拎涮几下,然后用30℃的温水漂洗两次,再放入冷水中漂洗三次。洗涤时切勿揉搓,以免羽绒堆积。将漂洗干净的羽绒服轻轻压干水分,放在日光下晾晒或在通风干燥处晾干。晾晒时要勤翻动,干后用光滑的小木棒或衣架轻轻拍打羽绒服正反面,使羽绒恢复蓬松柔软。

2. 机洗

用全自动洗衣机时,可按洗涤菜单进行操作,根据不同的衣物选择合适的洗涤程序即可。洗完后进行晾晒。

用洗衣机洗衣物时,要注意洗衣机不能塞太满,这样不但容易洗不干净,还会缩短洗衣机的使用寿命。所洗衣物体积最多只占洗衣机滚筒体积的2/3。

拓展阅读

专业洗衣修护,倾注匠心服务——陈爱华

入行21年,身为"70后"的陈爱华是洗衣行业内屈指可数的双工种高级技师,被誉为上海最年轻的洗衣技能大师,在陈爱华的一双妙手之下,有成百上千的衣物"重获新生"。让一件旧衣焕然一新,仿佛已经变成一种刻印在她骨血之中与生俱来的超能力。她带领的十几名徒弟参加全国技能大赛均获得金、银、铜奖,晋升至技师和高级技师,4人获全国技术能手称号;她提出的干洗冷凝水循环节能法为企业节省资源并在行业内推广。"洗衣和中医一样,讲究望闻问切。"陈爱华的修衣技巧,正是从这四个字中得到真传。她的工作室里堆满了来自各处"患有""疑难杂症"的衣物,凭借着多年丰富的经验,近百种高超技巧,陈爱华将它们一一修护。对于这个高阶技能大师,修包、补衣的工作已经不算高难度挑战,她还曾修补过某文物单位所珍藏的古壁挂毯,"分类去污""技能保色""平整画面"三招妙手回春,将挂毯上的污渍、渗色、破绒修复一新,令外国友人啧啧称奇。

从不轻易说"不"是陈爱华身体力行的工匠精神,面对落后技术,她研究出干洗冷凝水循环节能法为企业节省成本。面对现实困难,她所发明的40多种针对特殊面料去渍节污的洗涤溶剂,打造了"中国洗涤"响亮的名牌。每一件衣物在她手中都是宝贵的艺术品,将工作做出艺术品般的精致与精彩,也是陈爱华作为优秀工匠一片最动人的匠心。

资料来源:搜狐网。

二、熨烫

（一）熨烫必备常识

1. 识料准确，标准清楚

识料准确是要识别熨烫衣物的面料，面料属于什么种类的纤维，织物结构如何，要心中有数。再以此为基础，合理选择熨烫的温度、时间。

标准清楚是对所要熨烫的衣物需要整烫成何种形状造型、从什么部位入手操作有明确的概念。

2. 定位恰当，运行合理

熨烫时要求运用推、归、拔熨烫工艺塑型的服装部位准确，推、归、拔三位一体，有机地结合。熨斗在面料上运行的线路合理，不重复，不遗漏，既提高工作效率又降低劳动强度，使各部位塑造出的形状符合人体要求。

3. 衣物表里如一，无缺陷

面料和里衬要平服无皱，整形平直，挺括饱满，对称美观，无"极光"和污渍，面料无损伤。

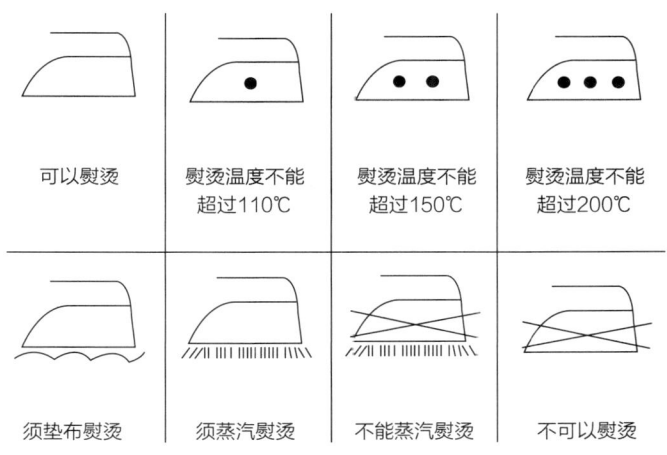

熨烫标识

（二）熨烫实用技能

1. 熨烫步骤

（1）熨烫机内注水。注水时应往熨烫机内灌注冷开水，以减少水垢的产生，避免喷气孔堵塞。

（2）选择温度。熨烫机上一般会有调节温度的旋钮，使用时可根据衣物的材质选用不同的温度，也可根据衣物上的熨烫标识选用合适的温度。

（3）熨烫。熨烫过程中应保持衣物平整，以免熨烫过后衣物再次留下褶皱。同时，应在水温达到所调温度后再开始熨烫,因为在温度条件不够时,无法形成水蒸气。

(4)熨烫完的衣服不要马上挂入衣柜,而应先挂在通风处,待衣服完全干透之后再挂进衣柜,以免衣物发霉。

2. 不同布料衣物的熨烫方法

(1)棉麻衣物的熨烫方法。

熨烫温度:160~200℃。

熨烫手法:①动作敏捷,但不能过快;②往返不宜过多;③用力不宜过猛;④熨烫淡色棉麻织品时应保持匀速,以免衣料发黄。

(2)丝质衣物的熨烫方法。

熨烫温度:110~120℃。丝质衣物需低温熨烫,过高的温度容易导致衣物褪色、收缩、软化、变形,严重时还会损坏衣物。

熨烫手法:①垫布熨烫,或熨烫衣物反面;②熨烫时熨烫机要不断移动位置,不能在一个地方停留时间过久,以免产生烙印水渍,影响衣物的美观。

(3)皮衣的熨烫方法。

熨烫温度:80℃以下。

熨烫手法:①垫干燥的薄棉布进行熨烫;②熨烫时用力要轻,以防烫损皮革。

(4)毛织衣物的熨烫方法。

熨烫温度:薄款150℃以下,厚款200℃以下。

熨烫手法,①先将湿布盖在布料上,再熨烫;②熨烫时,熨烫机应平稳地在衣物上移动,不宜移动过快。

(5)合成纤维衣物的熨烫方法。合成纤维种类繁多,不同的合成纤维衣物的耐热程度各不相同。初次熨烫前可先找衣物里面不明显的部位试熨,在掌握了适合的熨烫温度后再进行大面积熨烫。

三、衣物折叠收纳

(一)折叠操作指南

(1)折叠衬衣(T恤衫)。系上纽扣→前身朝下后背朝上抚平对正→以纽扣为中心,等距离将衣身两边向中间对折抚平→袖子折叠回来向下转,使袖子和刚刚折叠的部分对齐→下摆向上折翻过来使衬衣正面朝上→整理抚平。

(2)折叠西裤。拉上拉链、扣上扣子→从裤脚处将四条裤缝对齐→两条中线对齐→用手抚平,从裤脚至裤腰对折再对折。

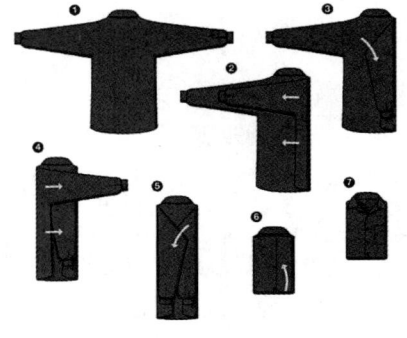

衬衣的折叠方法

（3）折叠无中缝的休闲裤。拉上拉链、扣上扣子→从裤裆处将两条裤腿对折抚平→从裤腿到裤腰依次对折两次。

（4）折叠秋衣裤。折叠各类睡衣、背心、内衣裤的方法可参照衬衣、裤子的折叠方法。

（5）折叠羽绒服。拉上拉链、扣上扣子→平摊、抚平→左右衣袖平行交叠于胸前→从下方将衣身向上折叠至所需要的大小→双手慢慢挤压出羽绒服内的空气。

（6）折叠棉被、毛毯。将棉被、毛毯沿长度上下对折三次，然后从一端卷向另一端。卷时要用力，避免松散。

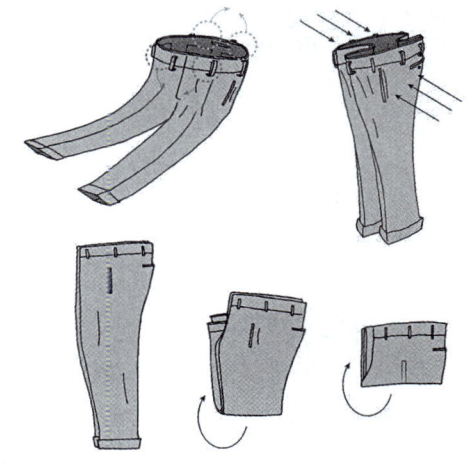

裤子的折叠方法

（二）收纳操作指南

各式各样的衣服随意堆放在衣柜里，既不美观也不便于拿取。那么，应如何合理使用衣柜空间收纳衣服呢？

1. 清空

将衣柜里的衣服全部清空，堆放在一起。

2. 选择

把自己完全不喜欢的或者不能再穿的衣服挑拣出来，放至一边，通过丢弃或者捐赠的方式流通出去，剩下的就是喜欢的、需要的衣服。

3. 分类

把留下的衣服按照外衣（外套、裤子）、卫衣、T恤、内衣、内裤、袜子进行分类折叠好，并按季节进行分类。

4. 收纳

属于当季的衣服，可放于衣柜中易于拿取的位置；属于其他季节的衣服，可放于衣柜顶层或收纳盒、收纳袋中。另外，内衣裤、袜子等小衣物可放于抽屉中收纳。

为使衣物穿着时美观，不同的衣物也要有不同的摆放方式，如西服、毛呢、毛料衣物应挂放，以免肩部变形、出现褶皱；针织类衣物适宜折叠后摆放而不宜挂放；其余衣物可折叠后放入衣柜，放入樟脑球，以免发霉生虫。

?想一想 母亲节马上要到了，小菲想帮妈妈整理一下衣柜，她应该怎么做？

拓展阅读

爱做家务的大学生更有创业热情，动手能力更强

创业和家务有关联吗？这个问题也许很多人都没想过。一则《上海大学生创业现状调研报告》显示，上海大学生的创业热衷程度和参与家务的主动性有显著关联。

研究发现，造成这种关联的主要因素是主动参与家务的大学生往往更有责任感，并且经常做家务劳动的大学生动手能力更强，而这两种能力是创业者必须具备的关键能力。同时，在家务劳动的过程中，大学生获得了解决问题的思考模式和实践方法，这种思考模式和实践方法将使他们受用一生。

第二节　烹佳肴

"民以食为天",一日三餐不仅是保持良好体魄的关键,也是大学生能独立生活的技能基础。做饭这样的"小事",对于即将迈入社会的大学生,也是考验独立生活能力的"大事"。从"家常菜"到"营养均衡、色香味俱佳的佳肴",做饭这一项生活技能,能让我们享受烹饪的乐趣,用美食调剂生活。

一、中国饮食文化介绍

学做饭,首先要了解我国源远流长的饮食文化。我国地大物博,在饮食上总体呈现出风味多样、讲究美感、食医结合等特点。

(一)风味多样

我国幅员辽阔,物产丰富,各地区由于气候、物产、习俗、生活环境等的不同,发展出以川菜、鲁菜、粤菜、闽菜、苏菜、浙菜、湘菜和徽菜八大菜系最为著名的各式各样具有地方风味和特色的菜系。各个菜系在原料选用、烹调技艺、口味等方面特点鲜明。

(二)讲究美感

我国菜品多样,追求色、香、味俱全。"色"即菜肴的造型创作和色彩配合,食物不再仅仅是饱腹之物,而是运用各种食材、配料和烹调方法,使菜肴拥有丰富的色彩,让人赏心悦目。"香"是闻香,指肴馔散发出来的刺激食欲的气味。所谓不见其形,先闻其香,是在人类记忆中保存最久的感觉。"味",指味道,是烹饪艺术的核心。菜肴是供人食用的,是通过舌头的味觉而使人得到美的享受。味不美,即使形态、色调再美也算不得是佳肴,算不得精妙的艺术品。

色香味俱全的中国菜

(三) 食医结合

我国烹饪讲究食医结合，认为食物与医疗保健有着密切的联系，在几千年前就有"医食同源""药膳同功"的说法。许多食物原料都具有药用价值，例如，绿豆具有清热解暑、止渴利尿的功效，苦瓜具有清热解暑、明目解毒的功效，胡萝卜具有补肝明目、清热解毒的功效等。利用这些原料做成的美味佳肴，不仅美味，还能达到预防疾病的目的。

拓展阅读

全国劳动模范刘波平：三尺厨房成就百味人生

"烟火之处，情味人间，三尺厨房，百味人生，一食一餐有故事，一厨一味暖人间。"这是刘波平对自己35年厨师生涯的一个总结。51岁的刘波平将川菜烹饪艺术发扬至全国乃至全世界而因此获评2020年全国劳动模范。

在刘波平看来，烹饪是一门科学，厨师不光要有绝佳的手艺，还要有文化。他一直坚持科学烹饪实践，收各家之长，集名厨之大成，还曾远赴日本、法国吸取西餐营养，了解烹调技艺，在扩增川菜菜谱上，实现了对286个菜品的改良和创新，使之更适合现代人的口味，并出版过《面塑与菜肴》等专著，把自己多年的实践经验理论化。

坚持用心学习，精心打磨美食。正是这份坚持，最终让他成为中国厨艺高级技能研修讲师、上海FHC国际烹饪大赛裁判、中餐世界锦标赛裁判。

资料来源：工人日报，2020年11月27日。

二、烹饪技术

中餐的烹饪方法有26种，下面介绍最常见的7种烹饪技法。

(一) 炒

炒是中式烹饪最经典的方法，炒的特点是快捷方便、美味可口。炒又有生炒、熟炒、生熟炒、水炒、滑炒等技法。炒所用的锅具为炒锅，运用炒时先提前准备好所有的配料，然后开火热锅，锅热后倒入适量的食用油，油热后将要烹饪的食材倒入锅内快速搅动至半熟，加入调味料，直至全熟盛出。

炒菜一般用急、旺火烹制，保持原料特有的水分，烹调时必须动作快，时间短，防止出汤，最大限度保存营养成分。

（二）炸

炸用于生产酥脆的食物，需要用到深锅或深油炸锅和长筷子。在油炸食物时，锅里可放少许盐防止油外溅。当油温升至70~80℃时，将食材顺锅边放入锅中，想外脆里嫩可先用低温炸熟，再用高温油炸至外皮酥脆。食材炸至成熟后用长筷子夹出，放置在过滤网上滤掉多余的油后即可食用。

依据食材的不同可以裹不同的糊，裹蛋泡糊可软炸，如软炸蘑菇、软炸小黄鱼；裹生糊或粉主要是脆，如松鼠鳜鱼；生熟糊一般可用于需外焦里嫩的食物，如熘肉片、糖醋里脊等。

（三）蒸

蒸是使用蒸汽烹饪的一种方法。蒸汽可保留食物中的各种营养成分，同时使口感清新可口。

所用器具为蒸笼或蒸锅。烹饪时，需要在锅底部放充足的水，将水缓慢煮沸。若有多种菜肴，需要多堆叠几个蒸笼，需要最多烹饪时间的放在最底层，而需要最少时间的放在顶层。在食物完全熟之前，应一直保持水沸状态。

（四）炖

炖是一种独特的中国烹饪技术，食物在低火下非常缓慢地烹饪。所需锅具为炖锅、慢炖锅等，主要用于烹饪各种肉类。烹饪时热锅凉油，放入葱姜，爆锅后倒入食材翻炒至食材变色，加入酱油、糖、料酒、五香粉等调味料，炒香后加入开水或高汤。小火慢炖直至软烂即可食用。

（五）煮

煮被认为是所有中式烹饪技术里最简单的，这种方法比其他技术快，且保留了食物的颜色、质地、形状和营养。大家喜爱的火锅就是一种典型的煮食。

煮对锅具没有要求，一般适用于小型或软质食材。煮的时候先要洗涤并切割食材，然后将其浸入沸水或肉汤中。煮熟后，将它们滤干，与调味料搅拌后食用。

（六）烤

烤所用厨具为烤箱或烤架。许多中国食物如鸡、鸭、整只羊、整只猪都可以这样烹饪。北京烤鸭、烤乳猪、烤全羊是典型的烤制美食。

烤制之前，需将肉清洁后放入调味料、食用油腌制1小时左右。将腌制好的肉放于烤箱内或烤架上，注意火候不要烤糊，要勤翻动。肉烤好后，将其切碎，放于盘子上食用，蘸干碟蘸料味道更佳。

（七）焖

中国最著名的红焖菜肴包括红焖鸡肉蘑菇和红焖排骨。使用这种技术，通过长时间的焖制，味道完全渗透到食材中，口感浓郁，老少皆宜。

红焖可使用炒锅、平底锅或炖锅，烹饪时，将食材、香料、调味料和少量水加入锅中，大火煮沸，小火慢炖1小时即可。

拓展阅读

传统湘菜剁椒鱼头的烹饪方法

剁椒鱼头是湖南省的传统名菜，通常以鳙鱼鱼头、剁椒为主料，配以豉油、姜、葱、蒜等辅料蒸制而成，其成品色泽红亮、味浓、肉质细嫩，以鱼头的"味鲜"和剁辣椒的"辣"为一体。火辣辣的红剁椒，覆盖着白嫩嫩的鱼头肉，冒着热腾腾清香四溢的香气，入口肉质细嫩晶莹、鲜辣适口，风味独具一

湘菜剁椒鱼头

格。剁椒鱼头于2018年9月10日被评为"中国菜"湖南十大经典名菜。

据传，其起源和清代文人黄宗宪有关。清朝雍正年间，黄宗宪为了躲避文字狱，逃到湖南一个小村子，借住农户家。这家人很穷，买不起菜，幸好晚上吃饭前，农户的儿子捞了一条河鱼回家。于是，女主人就在鱼肉里面放盐煮汤，再将辣椒剁碎后与鱼头同蒸。黄宗宪觉得非常鲜美，从此对鱼头情有独钟。避难结束后，他让家里厨师加以改良，就成了今天的湖南名菜剁椒鱼头。

【材料】

主料：鳙鱼头1个（约1000克）。

配料：香葱1根、姜3片。

调料：剁椒230克、盐1/2茶匙、料酒1茶匙（10毫升）、植物油50毫升、香油1汤匙（15毫升）。

【做法】

（1）鱼头洗净后，从鱼身的部位下刀，对半切成鱼皮相连的两部分，用厨房纸巾擦干鱼头内外表面的水；撒（洒）少许盐和料酒，均匀涂抹在鱼头的内外表面。

（2）放入切好的葱段和姜片，腌制10分钟。锅中加入植物油，烧热后放入葱段和姜片。炸出香味后，将葱油滤出备用。

（3）捞出腌鱼的葱段和姜片，铺在盘中，将腌好的鱼头，鱼皮朝上放入

盘中，均匀铺上一层剁椒，放入已经上汽的蒸锅，大火蒸8分钟左右，关火焖2分钟。将蒸好的鱼头取出，沥掉盘中多余水分，烧热葱油，趁热浇上。

（4）再淋上少许香油，撒上葱花即可。

三、烹饪安全

（一）用火安全

在利用燃气灶等明火烹饪食物时，应注意以下四点：

（1）烹饪过程中不要远离厨房，以防汤水溢出浇灭燃气灶火苗造成燃气泄漏事故。

（2）厨房内禁止存放酒精、汽油等易燃危险物品，以免引起意外失火。

（3）保持燃气灶周围空气流通。

（4）若闻到煤气味，怀疑燃气泄漏，应立即关闭燃气阀门和附近的火源，同时打开门窗进行通风，注意不要开关任何电器，包括手机。若煤气味强烈，则应立即外出打电话报警，并通知邻居疏散。

（二）用电安全

在用电饭煲、电磁炉等电器烹饪食物时，应注意以下两点：

（1）湿手不得接触电器及电器装置，以防触电。

（2）电器用完后应关掉开关并拔下插头，防止电器因长时间通电而损坏。

（三）烹饪工具使用安全

在使用烹饪工具的过程中，应注意以下三点：

（1）玻璃器皿、瓷器不能摆放在台面边缘，以免摔破伤人。

（2）在使用刀具前，应检查其是否存在裂纹、松柄、锈蚀等现象，避免在使用过程中发生意外。

（3）刀具在使用完后应插入刀套或刀架内，不得放在操作台边缘及过高处，以免坠落伤人。

（四）其他注意事项

除上述注意事项外，在烹饪时，还应注意以下三点：

（1）烧制饭菜时，锅内的液体不宜过多，以免溢出引发意外。

（2）在拿刚蒸好或烤好的食物时，应戴隔热手套。没有隔热手套的，可用干毛巾代替。

（3）为减少烹饪过程中高温油飞溅，应提前滤干食材的水分。

想一想 你家乡最著名的菜肴是什么？是采用什么烹饪方法制作的？

第三节　熟家政

一、家居清洁

（一）家具清洁

对家具进行清洁保养时，一定要先确定所用的抹布是否干净。当清洁或拭去灰尘后，一定要翻面或换一块干净的抹布再使用。此外，要选对护理剂才能维持家具原有的亮度，一般选用家具护理喷蜡和清洁保养剂两种保养品。抹布使用完后，切记要洗干净。对于带有布料材质的家具，如布艺沙发、休闲靠垫等，可使用清洁地毯的清洁保养剂。使用时，先用吸尘器将灰尘吸除，再将湿布上喷洒少量地毯清洁剂擦拭。

（二）常用家电清洁

1. 电视

液晶屏是清洁液晶电视的重点部分。使用柔软的布蘸少许玻璃清洁剂轻轻地擦拭，擦拭时力度要轻，否则屏幕会因此而短路损坏，不要使用酒精一类的化学溶液，不要用硬质毛巾擦洗屏幕表面，以免将屏幕表面擦起毛而影响显示效果，也不能用粗糙的布或是纸类物品，因为这类物质易产生刮痕。不要用指尖或尖物在屏幕上滑动，以免划伤表面。

2. 电冰箱

清洁冰箱前，先切断电源，将冰箱内的食物拿出，然后将冰箱冷藏室内的搁架、果蔬盒、瓶框取出，取放时要小心。可以用抹布蘸着混有洗洁精的水擦拭附件，清洗完毕后用抹布擦干或者放在通风干爽的地方，让它们自然风干。冰箱门的橡胶密封条、冷藏室的排水孔等是非常容易被忽视的位置，冰箱内消散不去的异味通常来自这些地方。排水孔可用清水或者专业清洁剂反复清洁，冰箱门橡胶密封条中的凹槽如果有黑色的污垢和斑点，可能会导致冰箱门闭合不严，影响到冰箱的运行效果，一定要注意清洁干净。可以用牙刷蘸上洗洁精进行刷洗，随后用干布擦干。

3. 洗衣机

洗衣机每三个月需用专用清洁剂清洗1次。清洁洗衣机时，可先往一条干毛巾上倒200毫升的米醋，然后把蘸满米醋的毛巾放到洗衣机里，盖上洗衣机的盖子，按下电源键，调到甩干模式，再按下启动键，让米醋均匀沾上桶的内部，保留1小时，这样可以软化污垢。倒半袋小苏打，洗衣机加满水，泡2个小时，2个小时后盖上洗衣机漂洗两次。平时不用洗衣机的时候，要打开洗衣机的盖子，让洗衣机内部保持干燥状态。

4. 饮水机

清除饮水机机身里的水垢，可以先排尽余水，然后打开冷热水开关放水，取下饮水机内接触矿泉水桶的部分。用酒精棉仔细擦拭饮水机内胆和盖子的内外侧，为下一步消毒做准备，按照去污泡腾片或消毒剂的说明书，兑好消毒水倒入饮水机，使消毒水充盈整个腔体流至10~15分钟，但更建议从进水口倒入少许白醋或鲜榨柠檬汁，再将里面加满水流至2小时，这样不用担心清洁剂残留对人体造成危害。

5．抽油烟机

（1）抽油烟机表面清洗。用抹布将水溶液涂于灶台、油烟机、柜、墙瓷砖等表面，再用清水抹布擦净即可。

（2）抽油烟机扇叶清洗。可以利用高压锅蒸汽冲洗的方法清洗。高压锅内放半锅冷水，然后烧开，等到锅内有蒸汽不断排出的时候，取下限压阀，翻开油烟机，将蒸汽水柱对准旋转着的扇叶，因为高热水蒸气不断冲淋扇叶，油污水就会循着排油槽流入废油盒里。也可以用洗洁精与食醋混合浸泡法。将扇叶拆下，浸泡在洗洁精和食醋（比例为1：25）的混合热水中，大约浸泡15分钟后，再用干净的抹布进行擦拭。

（3）抽油烟机滤网清洗。取下扇叶，浸泡在加有专用清洁剂的温水中，静置约10分钟；用抹布擦拭，将油污轻轻擦去；若仍有顽固的焦油黏附，可用牙刷蘸取一点强油污清洁剂再轻轻刷洗，并以清水清洗干净。

（4）抽油烟机储油盒清洗。若发现集油杯中已有六分满，便要着手清除；将积存的废油倒掉；将集油杯浸泡在温水及清洁剂中3分钟后，用抹布便可轻松抹净。

（5）建议每4个月进行深度清洗一次，如果日常喜欢大火猛炒、口味较重，则建议每2个月深度清洗一次。深度清洗需由专业人员上门处理。

6．空调

空调有蒸发器、过滤网等部件，在使用一段时间之后很容易积尘，滋生细菌，因此在使用一段时间后，须拆开空调外壳清理一下内部的过滤网等装置。

空调过滤网清洗

（1）关闭空调室机的电源插座。在清洗前最好拔下插座，以免发生触电、漏电的意外。

（2）轻轻地拨开空调机的外壳的两端，如果手开不了，可以适当用螺丝刀帮忙，需要掌握技巧，不然容易损坏外壳。

（3）拨开外壳，然后可以抬起外壳于空调上方，能自动卡住固定，不用担心掉下来。

（4）可以看到内部有塑料材质的两个网框，左右各一个。这个纤维过滤网是空调的空气过滤网，也是需要清洁的地方。轻轻地用手往上一推，每个框有两个地方固定，需要两边都向上推动。取下过滤网。

（5）用清水直接冲洗过滤网，配合毛刷和洗衣粉反复刷洗几遍，然后用干净的抹布吸干水分。

（6）最后按上面的方法，反过来，下推，卡住，最后关闭好空调外壳就完成了。

（三）居家日常清洁

（1）清洁墙面。掸去墙面浮尘。

（2）清洁窗框。先湿抹，再铲除多余物，最后用干净的清洁剂擦拭干净。如果窗户玻璃较脏，可以顺势初步擦拭干净。

（3）清洁窗户玻璃。清洁窗户玻璃一般使用以下方法：擦窗器法；水刮法；搓纸法。

（4）清洁窗槽和窗台。首先用吸尘器吸出窗槽污垢，不易吸出的污垢用铲刀或平口工具配合湿润的清洁布进行处理。窗槽清理完毕，将窗台收拾擦净。

（5）清洁纱窗。可用水冲洗纱网，再擦净纱窗窗框，晾干后安装。

（6）清洁卧室、客厅、餐厅、书房、阳台的开关、插座、供暖设施、柜体、家具类表面等。

（7）清洁厨房。依次为顶面、墙面、附属设施、橱柜内部、橱柜外部、台面、地面。

（8）清洁卫生间顶面、附属设施、墙面、台面、洁具。

（9）清洁踢脚线。踢脚线上沿吸尘后，然后擦净。

（10）清洁门体。依次是门头、门套、门框、门扇、门锁。

（11）清场。清洁完毕后，将工具、材料、用品等集中分类放到合适的位置，垃圾清扫后倒进垃圾桶。

二、房间整理

整理房间这件看似简单的事情，其实也是思维清晰的体现，更是审美与生活态度的体现。

整理房间的技巧及方法很多，根据房屋的大小、物品的种类不同，整理收纳的方法也不同，下面介绍5种方法，帮助大家养成整洁的生活习惯。

（一）收纳原则

1. 以我为中心

判断一个物品是否需要舍弃，要看这个物品是否在用而不是是否还可以用。例如，家里有个眼镜，"这个眼镜可以用，可以留着"就是以物品为中心，"这个眼镜我是不是在用"就是以我为中心，如果没有用，就要"舍"，将之丢弃。

2. 时间轴放在当下

只挑选现在对我而言必要的东西。先从怎么看都要扔的东西下手，再对剩下的物品进行筛选，慢慢再从需不需要变成合不合适、舒不舒服。

3. 三分法

把物品分成三类，不仅限于桌面，物品进橱柜、抽屉里保管时也都分三类，不设置严格死板的规则，均以"三分法"这种宽松的思路执行。

4. 七五一收纳原则

看不见的收纳空间只放满七成，看得见的收纳空间只放五成，装饰用的收纳空间只放一成。例如，利用这种收纳原则，在收拾看得见的收纳空间时只选择最喜欢的5样东西，通过这个过程，练习精挑细选。

5. 一个动作原则

不要过分收纳，要使物品可以简单的一个动作就能收起来和取出来。

（二）收纳技巧

（1）按照使用频率分类收纳物品，即常用的物品放在显眼处，不常用的物品收纳在柜子内。例如，厨房内台面上放置油、盐、酱、醋等常用物品，备用油、盐等放在橱柜中；将每天使用的拖鞋置于易拿取处，换季的鞋子放在不易拿取处；将每天出门需要换的衣服、帽子等挂在随手可拿的地方，换季的衣服放在柜子里或收纳箱中。

（2）借助收纳盒。厨房的抽屉内，可配置大小合适的收纳盒，将筷子、勺子等分别置于其中；书桌的抽屉内，可以借助不同的小盒子划分区域，使小物件井然有序。

（3）垂直收纳，即利用家或寝室内空着的墙面收纳物品。例如，在书桌的上方放置两层或者三层的隔板架，在厨房墙面悬挂收纳篮等。

（4）利用好角落空间。沙发、餐厅、卧室等地的角落是很好的收纳空间，好好利用这些角落空间（如放置移动的收纳架），不仅不会使我们的住处显得拥挤，还会营造出一种特别的美感。

三、家居日常维修技能

家用电器、家具等常常会随着使用频率、使用时间的增加而出现这样那样的问题，对于其中的一些小问题，我们完全可以自行修理解决，不必找专门的维修工人上门维修。

（一）冰箱不制冷

冰箱出现不制冷的情况时，应首先检查冰箱的电源插头是否牢固，若电源插头没问题，则可能是冰箱的内出水口堵塞或冰冻造成了冰箱不制冷。此时，可以使用一根有一定硬度的细棍疏通冷藏室的后壁出水口。

（二）实木家具出现裂缝

实木家具如因热胀冷缩出现裂缝，可采用以下补救措施：①将旧棉布或破麻袋烧成灰，然后与生桐油搅拌成糊状，嵌补到木器的裂缝中，阴干后即可补平裂缝；②将撕碎的报纸加些明矾和清水煮成稠糊状，冷却后涂于木器的裂缝中即可将其补平。

（三）家用燃气灶打不着火

家用燃气灶打不着火很可能是火盖、火孔被堵塞或燃气灶电池没电造成的。遇到燃气灶打不着火的情况时，可以先用牙签、抹布等清理火盖和火孔，清理完仍打不着火，可尝试更换燃气灶的电池。

实践活动 1

争做家务小能手

做家务似乎只是简单的重复性动作，是一件"小事"，但其实好处很多。通过做家务可以分担父母的压力，还可以锻炼自己的动手能力，为以后的独立生活做好铺垫。

请根据自己家庭的具体情况制订家务劳动计划，并严格执行计划。要求用PPT或短视频的形式记录劳动过程，并在班级内展示、比拼。

过程记录

具体计划：

计划实施情况：

计划实施难点及解决方案：

心得体会：

结果评价

教师可参考表6-1对学生制订的家务劳动计划及实施情况进行评价。

表6-1 "争做家务小能手"家务劳动计划及实施情况评价表

评价标准	分值	分数小计	教师评价
计划切实可行	10		
计划有层次，目标有阶梯	10		
积极主动，能够按计划做家务劳动	25		
做家务时认真细致	25		
家务完成出色	30		

实践活动 2

为家人做一顿美味营养餐

中国饮食文化博大精深、源远流长。做饭既是一种基本生活需求，又是一门学问、一种艺术。一道色香味俱佳的菜肴，不仅令人赏心悦目，还能让人胃口大增，提升生活的幸福感。

请以"为家人做一顿美味营养餐"为主题开展一次实践活动。学生可以根据某一家人或朋友的喜好，为他/她准备一顿美味营养餐。要求用PPT或短视频的形式记录过程。

过程记录

拟制菜单：

获取菜谱：

实施难点及解决方案：

心得体会：

结果评价

教师可参考表6-2对学生制作的美味营养餐进行评价。

表6-2 "为家人做一顿美味营养餐"活动评价表

评价标准	分值	分数小计	教师评价
菜肴营养、健康	20		
搭配均衡	20		
菜式好看、色泽明亮	20		
美味可口	20		
PPT制作精美/视频剪辑精美	20		

实践活动3

好习惯养成记

俗话说："播种一种行为，收获一种习惯；播种一种习惯，收获一种性格；播种一种性格，收获一种命运。"习惯会对人产生很大的影响，一个人要想成功，就要先养成好的习惯。有了好的习惯，才能以更好的精力和状态去面对人生的挑战。

请列举你认为值得养成的好习惯和对应的习惯养成计划,并按计划坚持21天。以PPT或短视频的形式记录自己养成习惯的过程,总结因为坚持这些习惯所发生的变化。

过程记录

好习惯列举:

习惯养成计划:

总结发生的变化:

结果评价

教师可参考表6-3对学生的"好习惯养成记"活动进行评价。

表6-3 "好习惯养成记"活动评价表

评价标准	分值	分数小计	教师评价
计划合理	10		
每天坚持"打卡"	30		
自身精神状态变化显著	30		
总结"走心"	15		
PPT制作精美/视频剪辑精美	15		

第七章　校园劳动

情境导入

情境一　为加强新时代劳动教育，让广大青年学子切切实实地感受、体悟到最光荣、最崇高、最伟大、最美丽的劳动价值，进而尊重劳动、热爱劳动、崇尚劳动，在劳动中接受锻炼、磨炼意志、强化责任担当，贵州中医药大学积极开展"劳动最光荣"系列主题活动。药学院中药学专业同学在学校种植药材。一同学发表感想说："亲手捧着湿润的土壤，种下我们最熟悉的药用植物，每天观察、记录、测量，定期浇水、除杂草，这个过程不复杂，但持之以恒，我不仅了解了中草药的特性，还从中体会到劳动的不易。"

情境二　湖南生物机电职业技术学院结合党史学习教育、文明校园创建等工作，深入开展学生劳动教育宣传周活动，广泛宣传劳动教育，营造劳动光荣、创造伟大的良好氛围。组织学生对实训楼、食堂、绿化带进行清扫。学生们迅速响应，纷纷拿起抹布、扫帚、拖把等劳动工具，或收纳整理，或清洁卫生死角，或打扫室内卫生。劳动的间歇，同学们不时通过手机"直播"劳动过程，"晒出"劳动成果。同学们纷纷表示，事后看到自己的劳动成果，十分自豪，也体会到校园清洁的不易，今后要努力呵护校园环境。

评析

上述两学校通过开展劳动实践活动，同学们纠正了"看不起劳动"，鄙视劳动尤其是体力劳动的思想，体会到劳动的不易。劳动可以树德、可以增智、可以强体、可以育美。大学生在学习文化知识之外，还应积极参加校园劳动，动手实践、出力流汗，接受锻炼、磨炼意志，培养良好的劳动品质。

第一节　做绿化环保践行者

生态环境保护是功在当代、利在千秋的事业。我们要清醒认识保护生态环境的紧迫性和艰巨性，清醒认识加强生态文明建设的重要性和必要性，做绿化环保的践行者。

一、绿水青山就是金山银山

习近平总书记指出："我们既要绿水青山，也要金山银山。宁要绿水青山，不要金山银山。""绿水青山就是金山银山"这一论断深刻地体现了习近平总书记把保护生态放在首位的鲜明态度和坚定决心。

地球是人类唯一的家园，在茫茫的宇宙中，除了地球之外，目前尚未发现其他适合人类生存的星球。在这个家园里，除了人之外，还有各种各样人类所赖以生存的生命和物质：花草树木、虫鱼鸟兽、空气、水等。这些生命和物质与人类一起构成了整个和谐的地球。

地球给了所有生命一个适合生存的系统环境，包括水、空气、光、热及各种能源等。如果生态系统遭到破坏，包括人类在内所有生物的生存环境会遭到不同程度的影响。所以，只有保护环境，保护我们赖以生存的地球，才能保护人类自己，才能使人类的文明发展得更远，让人类的生活环境更舒适。

？想一想　你对环境保护有哪些认识？

二、绿化环保行动

保护环境，人人有责。让中华大地天更蓝、山更绿、水更清、环境更优美，需要动员全社会力量推进生态文明建设，需要我们把保护环境化为自觉行动。

（一）形成绿色价值取向

什么是绿色价值取向？习近平总书记关于"绿水青山"与"金山银山"关系的三个言简意赅的重要论断，对此作了生动阐释和系统说明。

"绿水青山就是金山银山"，强调优美的生态环境就是生产力、就是社会财富，凸显了生态环境在经济社会发展中的重要价值。"既要金山银山，又要绿水青山"，强调生态环境和经济社会发展相辅相成、不可偏废，要把生态优美和经济增长"双赢"作为科学发展的重要价值标准。"宁要绿水青山，不要金山银山"，强调绿水青山是比金山银山更基础、更宝贵的财富,当生态环境保护与经济社会发展产生冲突时,必须把保护生态环境作为优先选择。

坚持绿色发展,需要我们形成绿色价值取向,正确处理经济发展同生态环境保护的关系,牢固树立保护生态环境就是保护生产力、改善生态环境就是发展生产力的理念,更加自觉地推动绿色发展、低碳发展、循环发展,绝不以牺牲生态环境为代价换取一时的经济增长。

(二)形成绿色生活方式

绿色生活方式与每个人的生活息息相关,体现了人们对绿色发展理念的认同度、践行力。形成绿色生活方式对绿色发展和生态文明的最终实现具有基础意义、关键作用。

保护环境,人人有责;绿色发展,人人应为。这个"应为",就是倡导和践行勤俭节约、绿色低碳、文明健康的生活方式与消费模式。

推动形成绿色生活方式,需要我们坚持节约优先,强化集约意识,在衣、食、住、行、游等方面形成节约集约的行动自觉;倡导环境友好型消费,推广绿色服装、提倡绿色饮食、鼓励绿色居住、普及绿色出行、发展绿色旅游,抵制和反对各种形式的奢侈浪费、不合理消费。

促进生活方式绿色化,时时可做、处处可为。大到购买节能与新能源汽车、高能效家电、节水型器具等节能环保产品,小到减少塑料购物袋、餐盒等一次性用品的使用,乃至随手关灯、拧紧水龙头,都是在践行绿色生活方式和消费理念,都是在为绿色发展做贡献。

绿色发展是理念,更是实践;需要坐而谋,更需起而行。只要我们坚持知行合一、从我做起,坚持步步为营、久久为功,就一定能换来蓝天常在、青山常在、绿水常在,就一定能开创社会主义生态文明新时代,赢得中华民族永续发展的美好未来。

拓展阅读

绿水青山就是金山银山

在浙江安吉县天荒坪镇余村村口,矗立着一块大石碑。石碑重88吨,露出水面部分高8.15米。几乎每一辆开进余村的旅游车,都会在这里停下来,熙熙攘攘的游客在石碑前驻足,拍照留念。碑上几个红色的大字"绿水青山就是金山银山"和四周层叠的田园风光相映生辉。

"绿水青山就是金山银山"的发源地——浙江省安吉余村

20世纪八九十年代，余村人靠挖矿山、建水泥厂，生活富裕了起来。可是好景不长，环境污染问题日益突出。"因为开山采石，山体被大面积破坏，满目疮痍。水泥厂的烟囱天天浓烟滚滚，粉尘漫天，余村河道也受到了污染，整个村子可以说是灰头土脸，几乎找不到一片绿色的叶子。"俞小平回忆道。2003到2005年间，安吉县确定了"生态立县"后，村里关停了矿山和水泥厂，开始封山育林、保护环境。

2005年8月15日，时任浙江省委书记的习近平在余村考察，充分肯定了村里关停矿山、水泥厂的做法，并首次提出"绿水青山就是金山银山"的科学论断，为余村指明了绿色发展之路。通过十几年来不懈的努力，余村在"两山理论"指引下，从一个污染村，慢慢变成了远近闻名的示范村，走出了一条生态美、产业兴、百姓富的可持续发展之路，美丽乡村建设在余村变成了现实。

资料来源：澎湃新闻。

（三）做校园绿化环保实践派

1．节约用水

（1）用盆和桶接水来洗东西比直接用水冲洗更省水。

（2）淘米水可用来洗菜或洗碗，洗完菜的淘米水可用于浇花，残余茶水可用来擦家具。

（3）菜先拣后洗，能够避免浪费水。

（4）改洗洁精洗瓜果蔬菜为盐水浸泡冲洗。

（5）将老式旋转式水龙头换为节水龙头。

（6）洗衣机漂洗的水可作为下一批衣服洗涤用水，最后一次洗涤水可用来拖地、洗拖把或冲厕所。

（7）集中洗涤衣物，少量小件衣物可手洗；使用适量无磷低泡洗衣粉，可减少漂洗次数及降低对水质的污染程度。

2．绿色节电

（1）空调。①根据居住空间实际需要选择空调功率；②使用空调，夏天温度设置在26℃以上。

（2）照明。①使用节能灯（和普通白炽灯相比，节能灯耗电及热辐射减少80%，使用寿命延长8倍）；②随手关灯；③充分利用天然采光，减少室内光源；④尽可能使用可调光。

（3）热水器。①燃气热水器比电热水器更节能、环保；②不使用时，关闭热水器开关；③如条件允许，尽可能采用太阳能热水器。

（4）使用每个插孔有独立开关的节能型插线板，以控制待机能耗，确保用电安全。

（5）电脑、电视及时关机，不待机。

第二节 做垃圾分类倡导者

一、垃圾分类新时尚

实行垃圾分类，关系广大人民群众的生活环境，关系节约使用资源，也是社会文明水平的一个重要体现。习近平总书记在上海市考察时指出"垃圾分类工作就是新时尚"，并勉励大家把这项工作抓实办好。全民参与垃圾分类，具有以下几方面的意义。

（一）减少环境污染

我国现有的垃圾处理方式包括填埋和焚烧。对垃圾进行填埋处理，即使是在远离生活的场所并采用相应的隔离技术，也难以杜绝有害物质渗透。这些有害物质会随着地球水的循环而进入整个生态圈，污染水源和土地，通过植物或动物的富集，最终影响人们的身体健康。另外，垃圾焚烧也会产生大量危害人体健康的有毒气体和灰尘。如果我们能够做好垃圾分类，就能减少垃圾的填埋和焚烧，从而减少环境污染。

（二）节省土地资源

填埋和堆放等垃圾处理方式占用土地资源，且垃圾填埋场属于不可重复使用场所，即填埋场不能够重新作为生活小区使用。此外，生活垃圾中有些物质不易降解，填埋后将使土地受到严重侵蚀。

据统计，垃圾分类可以使人均生活垃圾产生量减少三分之二，从而节省大量土地资源。

（三）促进资源的循环利用

垃圾的产生源于人们没有利用好资源，将自己不用的资源当成垃圾抛弃，这种废弃资源的行为对整个生态系统造成的损失是不可估量的。通过垃圾分类，回收可利用的垃圾，就可以将垃圾变废为宝，促进资源的循环利用，从而保护我们的生态系统。

此外，垃圾分类有利于改善垃圾品质，使焚烧（或填埋）得以更好地无害化处理。例如，分类焚烧可起到减量（减少垃圾处理量）、减排（减少污染排放量）、提质（改善燃烧工况）、提效（提高发电效率）等作用。

（四）提高民众的环保意识

垃圾分类是处理垃圾公害的最佳解决方法和最佳出路。垃圾分类能够让大家学会节约资源、利用资源，养成良好的生活习惯，提高个人的素质素养。一个人如果能够养成良好的垃圾分类习惯，那么他就会关注环境保护问题，在生活中注意资源的珍贵性，养成节约资源的习惯。

拓展阅读

互联网+垃圾分类回收

网上下单，上门取件，足不出户就能处理垃圾；智能垃圾柜遍布各大小区；分类倒垃圾可以扫码积分，兑换日用品……"互联网+垃圾分类回收"已成为时下热点，为公众带来便捷、有趣、环保的垃圾分类新体验。

在北京，多个城区探索建立积分奖励系统、政府购买服务以及垃圾分类与再生资源回收两网融合等方式，让"互联网+垃圾分类回收"走进寻常百姓家。

在上海，"互联网+垃圾回收"已成为创新标杆项目，吸引了长三角地区纷纷效仿。

在广东，广州市、深圳市建立App移动平台，实现垃圾分类信息化管理。

在宁夏，银川市已启动垃圾分类"互联网+资源垃圾"回收方式，开通垃圾分类微信公众号，实现"线上交易+线下物流"。

随着互联网技术的发展，垃圾分类回收早已突破地域限制。2019年年初，支付宝添加了"垃圾分类回收平台"功能，针对低价值的回收品，可按重量兑换"能量"，随后在环保商城里根据累计的"能量"兑换实物或优惠券。

在第20届中国环博会上，展会第一次专门为智能垃圾分类开辟展区，"互联网+垃圾分类回收"不断走上"台面"，引发广泛关注。

资料来源：人民网。

二、垃圾分类标准

住房和城乡建设部发布的新版《生活垃圾分类标志》标准于2019年12月1日起正式实施，与2008年版相比，新标准将生活垃圾类别调整为可回收物、有害垃圾、厨余垃圾和其他垃圾四大类。其中，厨余垃圾和其他垃圾又可分别称为湿垃圾和干垃圾。

（1）可回收物。指适宜回收可循环利用的生活废弃物，包括纸类、塑料、金属、玻璃、织物等。

（2）有害垃圾。指《国家危险废物名录》中的家庭源危险废物，对人体健康或自然环境造成直接或潜在危害的，包括灯管、家用化学品和电池等。

 可回收物 Recyclable   有害垃圾 Hazardous Waste

 厨余垃圾 Food Waste   其他垃圾 Residual Waste

四大生活垃圾标志

（3）厨余垃圾。指易腐烂的、含有有机质的生活垃圾，如食材废料、剩菜剩饭、过期食品、瓜皮果核、花卉绿植、中药药渣等。

（4）其他垃圾。指除可回收物、有害垃圾、厨余垃圾外的其他生活垃圾。

三、垃圾分类操作

（一）分类原则

生活垃圾分类的基本原则是按照性质将生活垃圾分类，并选择适宜且有针对性的方法对各类垃圾进行处理、处置或回收利用，以实现较好的综合效益。具体的分类原则主要包括：可回收物与不可回收物分开；可燃物与不可燃物分开；干垃圾与湿垃圾分开；有毒有害物质与一般物质分开。具体的分类方法要根据当地的生活垃圾处理设施条件进行选择。

? 想一想 香水瓶、电池、牙膏皮分别属于什么垃圾？应该如何投放？

（二）投放要求

1. 可回收物

居民家庭产生的可回收物，如废报纸、旧书本、纸箱、杂志、台历、包装纸、包装盒、卷纸芯、饮料瓶、矿泉水瓶、塑料餐具、泡沫塑料、塑料鞋、牙刷、易拉罐、水壶等，应当放在可回收物收集桶内。具体要求如下：

（1）应尽量保持清洁干燥，避免污染。

（2）立体包装物应清空内容物，清洁后压扁投放。

（3）易破损或有尖锐边角的应包裹后投放。

2. 有害垃圾

居民生活产生的有害垃圾如废旧蓄电池、废旧电池、废旧扣式电池、废节能灯、废置药品、墨盒、硒鼓等，应当打包投放至有害垃圾收集桶内。具体要求如下：

（1）投放时应注意轻放。

（2）易破碎的及废弃药品应连带包装或包裹后投放。

（3）压力罐装容器应排空内容物后投放。

另外，在公共场所产生有害垃圾且未发现对应收集容器时，应携带至有害垃圾投放点妥善投放。

3. 厨余垃圾

居民生活产生的厨余垃圾，如米饭、面食、蔬菜残余、果皮、蛋壳、残羹剩渣、肉类、鱼虾、茶渣、花草、落枝落叶等，应当沥干水分，投放至厨余垃圾收集桶内。具体要求如下：

（1）厨余垃圾应从产生时就与其他品种垃圾分开收集。

（2）投放前尽量沥干水分，有外包装的应去除外包装投放。

另外，在公共场所产生厨余垃圾且未发现对应收集容器时，应携带至厨余垃圾投放点妥善投放。

4. 其他垃圾

居民生活产生的其他垃圾，如受污染的纸类、塑料袋、废旧衣物、废纸巾、烟蒂、碎玻璃、一次性碱性干电池以及难以区分属性的垃圾，应投放至其他垃圾收集桶内，并保持周边环境整洁。

第三节 做寝室美化时尚者

一、寝室布置

（一）原则与要点

物品的规整布置、美化装饰直接影响寝室的美观程度，反映寝室文化。寝室物品整理与装饰应遵循整洁大方、温馨舒适、突出文化气息的原则。同时，大学寝室的整理和布置还需考虑大部分人的特性、喜好、价值观等。在此基础上统筹设计，营造出别具一格的"特色"文化，打造文明、温馨、绿色的特色寝室。在进行寝室布置和物品创意设计时，要注意把握以下要点。

1. 彰显寝室文化

每个寝室都有不同的文化，在美化时要充分考虑自己的寝室文化，做出别出新意的美化设计。

2. 用材节约，变废为宝

低碳、绿色不仅是时下流行的概念，更是新时代大学生应践行的生活方式。具体在装饰寝室时，充分利用牛奶盒、饮料瓶、废纸箱等被忽略的生活垃圾和旧物，做成各种实用的日用品，不仅创意十足，更向周围人传递了一种绿色的生活态度。

3. 彰显个性

寝室是每一位学生的另一个家，由许多小空间组成，在美化时，大家要在兼顾大风格统一的基础上，也要考虑自己的审美偏好和兴趣爱好，打造属于自己的私密空间，彰显自己的个性。

？想一想 你心中别具一格的特色寝室是什么样的？

（二）布置标准

1. 文明寝室

（1）文明寝室的环境总体应达到"三有""三齐""六净""六无"的目标。

"三有"：有寝室长、有值日安排、有寝室公约。

"三齐"：室内物品摆放整齐、床褥衣服叠放整齐、个人物品存放整齐。

"六净"：地面干净、墙面干净、门窗干净、玻璃干净、桌椅干净、洗漱用品干净。

"六无"：无杂物、无垃圾、无违禁电器、无烟蒂、无酒瓶、无异味。

（2）每天应自觉做到"六个一"、自觉遵守"六个不"，维护寝室良好生活环境。

"六个一"：叠一叠被子、扫一扫地面、擦一擦台面、整一整柜子、理一理书架、倒一倒垃圾。

"六个不"：异性寝室不进出、外人来访不留宿、危险物品不能留、违规电器不使用、公共设施不损坏、果皮纸屑不乱扔。

（3）杜绝不文明行为，不在宿舍楼内抽烟，不在门口堆放垃圾，不乱用电吹风等。

2. 特色寝室

要建设特色寝室，要以"三比"（比理想、比学习、比奉献）为核心，以"四互"（互帮、互助、互管、互爱）为主要形式，以"五要求"（安全、干净、整洁、文明、团结）为目标。首先要考虑寝室大部分人的个性、喜好、价值观等，然后再以此为方向营造出别具一格的"特色"文化。如果寝室大多数人都喜欢学习，便可以考虑建设学习型寝室；如果寝室大多数人都喜欢运动，便可以考虑建设运动型寝室；诸如此类，还可以有创业型寝室、自强型寝室、音乐寝室等。

在建设特色寝室时，可参考以下标准：

（1）全体寝室成员共同参与特色寝室建设，共同商议并确定特色建设方向。

（2）按照主题特色布置寝室，呈现出的效果要符合指定特色，传递寝室文化，简单、大方、美观、别具匠心、新颖独特、让人眼前一亮。

（3）有与寝室文化对应的"行为习惯养成计划""寝室团建活动安排"等。

（4）寝室布置含有若干个小设计，以彰显个性，传递寝室文化。

文明宿舍

拓展阅读

学霸宿舍：四个理想青年，一颗逐梦之心

某高校的"最牛男生宿舍"就是典型的学习型寝室。全寝室4名男生，有2人获得哥伦比亚大学等国外知名大学硕士研究生录取通知书，1人保研武汉大学，另外1人被知名企业录取。

该寝室连续三年获"武汉大学文明寝室"、一年"武汉大学文明寝室标兵"荣誉称号。该寝室人员学习、运动、音乐、绘画，全面发展；科研、实践、大创、公益，精益求精；雅思、托福、国奖、专项，从不缺席。他们志同道合，一起朝着理想努力前行。

欲逐梦先筑梦，四个有理想的同学，一颗不断上进的心，一个故乡之外的家，这就是他们梦的基石。

二、寝室美化设计

（一）美化原则

简单、大方：寝室通常面积不大，没有必要摆放过多装饰品，否则会显得杂乱。

温馨、舒适：寝室是放松休息的地方，在美化时要考虑烘托一种温馨、舒适的氛围，让寝室充满家的温暖气息。

营造学习氛围：寝室除了是放松休息的地方，也是学习的场所，在美化时，要从色彩、风格上考虑这个因素，营造一个安静、适宜学习的空间。

（二）美化小窍门

1. 衣柜整理

寝室里的衣柜大多都是直筒式的，几乎没有隔断，在放置衣物时往往浪费了很多空间，衣柜隔板能够在衣柜中划分出合适的区域，充分规整空间。此外，还可以在衣柜中放一些多层收纳挂篮，这样既充分利用了收纳空间，又能将贴身衣物、帽子、包分类收纳。如果寝室的衣柜里没有挂衣杆，可以用伸缩棒代替。

2. 桌面美化

如何让桌子拥有更多收纳空间？网格板收纳：网格板是一种轻便又实用的收纳工具，而且价格便宜。将网格板放置在桌面旁边的墙上，不仅能够收纳桌面的小东西，而且能够很好地装饰空间。桌下挂篮：桌下挂篮能创造隐形的收纳空间，用于放置各种小物件。

3. 床边装饰

床边挂篮和床边挂袋是寝室非常实用的收纳和装饰工具，不仅能够放水杯、纸巾、书籍等，避免了爬上爬下拿东西，还可以保证床铺的整洁。

第四节 做公共区域环境维护者

一、呵护我们的"家"

校园由物质环境和精神环境构成,不仅为我们提供了舒适的学习环境,还是校园文化的重要表现形式,需要每个人合力维护。

(一)物质环境

校园物质环境主要是指经过人们组织、改造而形成的校容校貌和校园学习环境,具体包括校容、校貌、自然物、建筑物及各种设施等。保持校园物质环境的干净、整洁,不仅能为全校师生营造一个舒适的学习环境,还有利于学生形成良好的卫生习惯。

(二)精神环境

校园精神环境是校园的灵魂,是学校师生认同的价值观和个性的反映,具体体现在师生的精神面貌、校风、学风、校园精神、学校形象等方面。积极参与校园精神环境建设有助于改善校园学习风气,并形成一种积极向上的精神文化,影响身处其中的每个人。

二、维护校园环境秩序

(一)维护校园整洁

空气清新、环境整洁、绿树环抱的良好校园环境是实现环境育人的关键,为了创造一个优美整洁的学习生活环境,需要每个人养成讲究卫生的好习惯,增强对校园的环境保护意识,树立"校园是我家、卫生靠大家"的思想意识。我们要做到以下几个方面:
(1)养成良好的卫生习惯。
(2)自觉维护校园环境,不乱扔、乱倒、乱吐、乱画、乱张贴。
(3)爱护教室设施,合理使用教学设备,保持干净整洁的教学环境。
(4)实训室做到定期清洁整理,设备用完摆放整齐。
(5)文明如厕,保持卫生间清洁,爱护其设施。

?想一想 如果你身边有同学有不爱护环境的行为,你会如何劝告他?

(二)维护校园秩序

为维护良好的校园秩序,营造一个文明、健康、高雅的校园环境,建设平安校园、文明校园，我们应遵循以下校园文明行为规范：

（1）着装整洁得体，仪容端庄。

（2）行为举止高雅，谈吐文明。

（3）爱护学校花草树木，节约用水。

（4）乘坐电梯遵守秩序，先下后上，相互礼让。

（5）上课时遵守课堂纪律，候课时不在楼道内大声喧哗。

（6）汽车、电动车、自行车停车入位，摆放有序。

（7）不在教学楼内的教室、办公室、楼道楼梯、卫生间及公共场所吸烟。

（8）观看教学展演展示、视听公共课讲座、参加会议等活动时，主动服从现场管理，遵守秩序，爱护礼堂、会议室等设施。

（9）如遇突发事件发生，服从学校统一指挥，配合应急处置。

（10）遵守网络信息管理的法律法规和有关规定，维护微信群安全和秩序，自觉抵制不良信息，不传播网络谣言。

实践活动

"垃圾分类，势在必行"调研活动

近年来，随着我国经济水平的高速发展，人们的物质消费水平不断提升，相对应的垃圾产生量也在迅速增长，由垃圾产生的问题日益突出，人们的反映越来越强烈，推行垃圾分类势在必行，推行垃圾分类意义重大。

以小组为基本组织单位（每个小组人数应控制在5~8人，必须有辅导员带队，确保活动安全），开展主线分明、方案完备、形式多样、数据客观详尽的寻访调查活动，比如可以设计"家庭垃圾处理情况""分类后垃圾的去向""居民垃圾分类习惯养成情况""垃圾分类基础设施建成和使用现状"等主题，鼓励队员自主设计主题，独立思考完成。根据寻访活动情况，围绕"垃圾分类"主题，撰写社会实践调查报告。调查报告要求结构完整、条理清晰、文字通顺，有相当篇幅体现实际调查活动，反映调查数据、结果，具有对调查活动的实质性分析、体会，字数不少于600字，主要执笔人不多于2人。

过程记录

主题选定：

调查方案：

调查难点及解决方案：

心得体会：

结果评价

教师可参考表7-1对各成员参与"垃圾分类，势在必行"活动的情况进行评价。

表7-1 "垃圾分类，势在必行"调查活动评价表

评价标准	分值	分数小计	教师评价
提前做好调查方案	15		
达到调查目的	15		
分工合理，各成员均积极参与	20		
调查报告结构完整、条理清晰、文字通顺	30		
汇报 PPT 制作精美	20		

第八章　耕读劳动

情境导入

知识+汗水+机遇+灵感=成功

"没什么秘诀，我有八个字，知识、汗水、灵感、机遇。"中国工程院院士袁隆平是享誉世界的"杂交水稻之父"，作为湖南生物机电职业技术学院名誉院长的他，以视频的方式给学院师生"回信"，勉励同学们好好学习、努力奋斗，早日成长为国家栋梁之材。

袁隆平

此前，学校师生给袁隆平院士写信，邀请获得了共和国勋章荣誉的袁老为广大师生作事迹报告，以此引导和激励广大师生不忘初心、牢记使命，见贤思齐、奋发进取。袁隆平院士以视频寄语的形式对学院师生予以鼓励。

2019年10月16日下午，湖南生物机电职业技术学院举行了一场以"不忘初心、牢记使命"为主题的先进典型事迹报告会，吸引了学院400余名师生的热情参与。报告会围绕学院"为时养器、为党育人、为国育才"的初心和使命，共分为"初心、使命、担当和奉献"四个篇章。

报告会"使命篇"为大家讲述了"90后"袁隆平院士的梦想宣言。"知识是基础，比如做水稻育种研究，就需要比较雄厚的遗传学专业知识；汗水伴随着实践，应用科学研究要实干苦干才能实践出真知，书本知识很重要，但只有在试验田里面才能长出所希望的水稻；灵感是思想火花，思想火花来了要把握住，把它记好；机遇宠爱有心人，好的机遇总会有，你不要放过。"视频里，袁隆平还进一步对这八个字进行了解读。这原本是袁隆平给母校西南大学回信中赠予的八个字,是他对自己人生的总结与思考,也是对同学们的肺腑之言,在此也一并送予了湖南生物机电职业技术学院的同学们。

资料来源:湖南生物机电职业技术学院网站。

评析

"没什么秘诀,我有八个字,知识、汗水、灵感、机遇。"这是袁老多年以来艰苦奋斗,实现自己初心使命历程的真实写照。这八字箴言是对广大青年的勉励,给了我们良多启示。生活在新时代下的青年并不缺少理想。越来越多的人开始审视自我,为实现自己的初心梦想不断奋斗。而袁老提出的这八个字虽然简单,却是更好地践行初心使命必不可少的条件,需要每个人认真领悟。

第一节 田间种植劳动

农业是利用动植物的生长发育规律，通过人工培育来获得产品的产业。农业属于第一产业，研究农业的科学是农学。农业的劳动对象是有生命的动植物，获得的产品是动植物本身。农业是提供支撑国民经济建设与发展的基础产业。

一、中国农业与耕读文化

我国作为古老的农业大国，自古以来的社会经济都与农耕文化有着千丝万缕的联系，可以说中华文明是在农耕文化的根基上产生和发展而来的。

关于农业的起源，在中国历史上有着种种传说，有的说农业起源于神农氏，也有的认为是烈山氏或炎帝之子发明了农业，以及周人先祖开创了农业，其中司马迁曾在《史记·五帝本纪》中黄帝篇写到"时播百谷草木，淳化鸟兽虫蛾"，认为农业起源于黄帝。

不过在当代考古学家的研究中表明，农业起源于新石器时代，分为两种类型：一种是以游牧为主的经济类型；另一种是以农业为主的经济类型。农耕文化的发展受环境区域的影响极为明显。社会生产关系因素，气候、水源、土地、土壤、植被以及人口等环境因素，都在一定程度上制约了农耕技术的发展。

农业的起源必定伴随着栽培植物的诞生。因而，居住在黄河中下游地区的中原人民，发明了粟、黍等旱地农作物；而居住在长江中下游地区的南方人民，则发明了水稻。经过不断地发展和演变，逐渐在我国形成了各具特色的三大农耕文化，即以华中华南地区为主的水稻农业；以华北、东北、西北东部地区为主的旱地粟作物农业；而在蒙古草原和青藏高原一带地区则形成了以狩猎、畜牧兼营的农业特色。

? 想一想 你是怎么看待农业劳动的？为什么？

农耕文化自古以来都在中华文明中有着不可撼动的地位。《周书》上有言"神农之时，天雨粟，神农遂耕而种之。"可见，中华民族在伏羲时代，就有了在自然和天地万物之间学习农业的耕种意识。随着农业文明的不断发展，耕读文化在中国传统的农业经济基础上得以建立，形成了以"耕"为手段，"读"为价值核心，为生存而耕，为济世而读的微观教育形态。

耕读作为一种价值观念，在春秋时期已经兴起，管仲将人民划分为"士、农、工、商"四个阶层。孔子又在此基础上进行强化，认为"耕"是农者的事情，而"读"是君子的追求，二者不可兼顾。孟子也进一步弘扬了孔子的思想，认为劳心者治人，劳力者治于人。因此，在春秋时期耕读的观念是相对立的，"万般皆下品，唯有读书高"的价值观念就是在此时形成的。

唐宋以前，中国依旧存在士、农、工、商四个阶层固定的职业和等级划分，士、农之间很难互相融通，但也存在部分半耕半读的人群，他们主要集中于少数的隐士和学生身上，其中较为熟知的有"躬耕于南阳"的诸葛亮，"不为五斗米折腰"的陶渊明等。

朱熹曾言："予闻古之所谓学者非他，耕且养而已矣。"读为主耕为辅，是这一时期耕读文化的主要特点。随着隋唐时期科举制度的实施，以及唐代中后期门阀士族的土崩瓦解，士、农的相互融通成为可能。"朝为田舍郎，暮登天子堂"，平民子弟可以通过科举考试进入仕途；"半为儒者半为农"，而落榜子弟依旧可以回到乡村过着半读半耕的乡居生活。"耕读传家远，诗书继世长"，逐渐成为中国乡土文化的一大特色。

到了宋代时期，耕读文化逐渐走向成熟。耕是生存之本，读是精神之需，两者相辅相成，呈现出全民化的趋势。士大夫阶层也不再以耕作为耻，农民阶层也不再以读书为无用，"世多多才翁，谁识识字农"，士大夫读书之余会去耕作，而农民阶层耕作之余教导子弟读书，耕读文化作为明人伦、正家风的社会风气，受世人所追捧。苏轼就曾自称为识字的耕田夫，陆游的诗中也有言"颓然静对北窗灯，识字农夫有发僧"。

农耕是衣食之源，文明之根。中国的农耕文化以其独特的文化价值和人文价值，向世界展示了中华文明的无穷魅力与风采。农业的发展、开拓、繁荣，是中国开创性的文化之源，继承和弘扬传统农耕文化是中华民族生生不息的源泉。

拓展阅读

耕读教育：从土地和自然中汲取成长的力量

2021年8月23日教育部印发《加强和改进涉农高校耕读教育工作方案》的通知，全面加强涉农高校耕读教育。所谓"耕"，即从事农业生产；"读"，即接受文化教育。耕读教育将农业生产与文化教育相结合，其在我国农耕历史文化

教育部：将耕读教育课程作为涉农专业学生的必修课

中源远流长，无论对于农人还是文人，"以耕养家""以读兴家""耕读传家"都已成为几千年来中国社会盛行的优良文化传统。

传统教育精华在当下的新延续

"中国是个农业大国，是世界上唯一拥有5000年不间断文明的国家。在这5000年间，我认为耕读教育起到了核心作用。"东北农业大学副校长刘

竹青告诉科技日报记者,"从这个意义上说,耕读教育是中国传统教育的精华,或者说是传统文化传承的一个主要方式和途径,推动着中华文明的发展。"

耕读教育从一种读书人的生活方式,逐步演变成一种教育理念、家训家规、治国选材之策,它将物质生产与精神生活融为一体,晴耕雨读、昼耕夜读不仅成为中国古人崇尚的物质与精神自给自足的诗意生活,更成为古人治家治国的秘诀。耕读文化已经在岁月长河中逐渐融入中华民族的血脉中,最终促使中华文明经久不衰、源远流长。

新时代赋予耕读教育新内涵

可能有部分人认为,耕作是强度高、挣钱少的劳动,特别是随着智能机器人的发展,人力将会被大大解放。那么,在此时提出耕读教育,是否还有价值呢?

"其实,现代智能机器人所替代的,是工业化时代对人类有副作用以及异化作用的劳动。"我国农机专家张瑞宏说,在农业机械化的背景下,当人们从满足生计的高强度农耕劳动中解脱出来后,农耕劳动不是没有价值了,恰恰相反,在21世纪人类迈向生态文明的背景下,农耕劳动价值将比任何时候都大。在脱离生计后,农耕劳动所携带的文化价值、精神价值以及生命教育的意义将更加凸显。新时代的耕读教育,要面向青年学生厚植家国情怀和三农情感,汇集起推进乡村全面振兴的强大动能,为农业农村现代化发展贡献智慧力量。

以耕读精神锻造新时代农业人才

把大自然当教室,拿着野生蘑菇讲课,这既是吉林农业大学教授图力古尔的讲课特色,也是吉林农业大学一直以来的传统。"什么是农业人才?就是给你一把锹、一块地、一袋种子、一堆肥,能种出好庄稼才算好。"中国工程院院士李玉告诉记者。

吉林农业大学一直坚持在田间地头搞科研、育人才,把广袤田野作为学生思想政治教育的大课堂,把"耕读精神"教育与思想教育、社会实践、科技创新等结合起来,让学生在"学与读"之外深"耕",大力培养美丽乡村规划、农产品深加工、特色产业发展、现代乡村治理等方面人才,持续为国家粮食安全和乡村振兴战略提供坚实支撑。

资料来源:科技日报。

二、作物的种植方式

1. 单作

单作是指在一片农田中种植某一种固定的作物，比如某一片土地常年种植小麦，而不进行其他作物的种植。该方式作物单一，群体结构单一，全田作物对环境条件要求一致，生育比较一致，便于田间统一管理与机械化作业。

但同时它也存在明显的缺点。单一种植容易造成水土流失，对于很多农作物都需要每年进行种植与收获，这就意味着在一年之中的某些时间，土地中并非长着农作物，例如花生地播种在5月份左右，收获通常在10月份左右，在11月至次年4月份这段时间，土壤很容易流失。同时，单一种植容易产生害虫泛滥，单一种植的体系下，某一种害虫可以长期啃食这一种作物，次年害虫进行繁殖后依然是这一种作物，长此以往，害虫会越来越多。

2. 间作

在同一田地上于同一生长期内，分行或分带相间种植两种或两种以上作物的种植方式。农林间作、林（果）农间作是比较常见的种植方式。间作可以集约利用空间，粮食、经济、园艺、饲料、绿肥作物等农作物，林木、果树、桑树、茶树等木本植物，都可以采取这方式进行种植。

? 想一想 你了解哪些种植方式？你的家乡主要有哪种种植方式？

3. 套作

在前季作物生长后期的株行间播种或移栽后季作物的种植方式。比如，小麦生长后期每隔3～4行小麦播种1行玉米。

套作应选配适当的作物组合，调节好作物田间配置，掌握好套种时间，解决不同作物在套作共生期间互相争夺日光、水分、养分等矛盾，促使后季作物幼苗生长良好。

? 想一想 间作和套作有什么区别？试举例说明。

4. 轮作

在同一田块上有顺序地在季节间和年度间轮换种植不同作物或复种组合。禾谷类轮作、禾豆轮作、粮食和经济作物轮作、水旱轮作、草田轮作是比较常见的种植方式。

比如我们熟悉的：一年一熟的大豆→小麦→玉米三年轮作，这是在年间进行的单一作物的轮作。在一年多熟条件下既有年间的轮作，也有年内的换茬，如南方的水稻→油菜→水稻→小麦→水稻轮作，这种轮作由不同的复种方式组成，又称为复种轮作。

5. 连作

与轮作相反，是在同一田地上一年内或连年种植相同作物。在同一田地上采取同一种复种方式叫复种连作。生产上把轮作中的前作物（前茬）和后作物（后茬）的轮换，称为"换茬"或"倒茬"。因此，连作也叫"重茬"。

同一作物或近缘作物连作以后，即使在正常管理的情况下，也会产生产量降低、品质变劣、生育状况变差的现象。

三、整地做畦

在作物播种前进行整地，能够疏松土壤，改善土壤结构，翻埋残茬和肥料，消灭杂草和病虫害，平整压实土壤，为播种创造良好的土壤条件。粮食作物整地用大型农机具完成，作业效率高。在校内实训基地试验田进行整地做畦，以人工和机械作业相结合方式完成。

（1）材料与工具。检查工具是否能正常使用；确定有机肥质量和数量；在教师或农机驾驶员指导下检查调整旋耕机；到大棚或温室了解地块状况。

（2）施肥。清理田面上的残枝落叶，运到棚外集中处理，将有机肥均匀地撒落在田面上，每平方米施肥5千克，防止施肥过多。

（3）旋耕。在农机驾驶员的指导下，使用小型旋耕机进行旋耕，旋耕深度15厘米，切碎根茬，将有机肥混入耕层中。

（4）做畦整平。做平畦（畦面与田面高度一致），宽1.5米，长20米，畦埂（过道）宽30厘米；使用铁锹、耙子等工具进行人工平整，工具使用方法正确；田面无残渣、杂草和大土块。

（5）机具与现场清理。清理作业现场，在农机驾驶员指导下，对旋耕机进行保养，工具和旋耕机入库保管。

（6）操作安全提醒。旋耕机刀轴转动正常后，再使旋耕刀缓慢入土。旋耕作业时如果出现异常响声，应立即停止检查排除故障。地头转弯时，先减油门，提升旋耕机，切断动力再转弯。

整地做畦

旋耕机

四、水稻种植

我国水稻种植分布区域以南方为主，水稻生产越来越向优势区域集中。近年来，我国水稻生产逐步向长江中下游和黑龙江水稻产区集中。目前南方稻区约占我国水稻播种面积的94%，其中长江流域水稻面积已占全国的65.7%，北方稻作面积约占全国的6%。

（一）水稻环境要求

水稻属于喜高温怕冷作物，对于土壤要求并不严格，水稻适合在水田多湿有水、日照长的地方生长，无水、干旱或者阴冷的地方不适合栽培水稻。水稻在发芽幼苗时最低温度为13℃，最适合生长温度在20~35℃。开花最适温度30℃左右，当温度低于20℃或者高于40℃时会受到严重影响。当日均温度连续低于12℃三天时，容易感染绵腐病，出现烂秧、死苗等。在夏季温度高于40℃时稻秧苗会灼伤，气温低于15℃时稻秧分蘖停止，造成稻秧苗不发，所以在播种前一定要根据当地环境气温进行。

（二）种植时间

水稻在我国南方有的地方每年种植2次，有的地方种植3次，每年种植3次的话时间要种植得非常准时，大多数农民都是种植2次。在南方地区种植水稻一般在3月下旬或4月播种，过了清明后插秧，到了7月开始收割。第二次播种在夏季，在6月下旬播种，7月中下旬插秧，到了10中下旬开始收割。

（三）选种催芽

水稻品种很多，可分早、中、晚籼品种，不同的品种采收时间有所差异。水稻每亩需要种子2斤左右，种子挑选要求颗粒饱满，不能有任何的虫蛀、霉变、瘪粒和破损。选好种子后摊开，放在温暖的阳光下晾晒2天，切记不能在高温水泥地面暴晒。将晾晒过的种子用清水冲洗一次，使用5克强氯精药液兑水4千克，将种子放入消毒清水中浸泡12小时，取出种子用清水冲洗一次，使种子表面的药物残留清洗干净后，立即把种子装进布袋里催芽。春季催芽由于气温低，可以在种子周围放一层稻草，使温度控制在20℃左右，1~2天水稻就会发芽，立即播种育苗。

（四）播种育苗

水稻可以在水田或者旱地育苗，育苗要求无细菌、无病虫害的营养土，最好是经过暴晒过的泥土。选择一块5平方米左右的地块进行育苗，播种前先撒入一些腐熟农家肥，泥土和腐熟肥比例1∶1。将肥与泥土翻拌均匀，再把催好芽的水稻种子均匀撒播在土表面，然后撒上一层草木灰，最后撒上1厘米厚的细幼土，浇足水分。如果是在水田采用淤泥育苗的话不需再浇水。由于春季水稻育苗气温比较低，一般播种后都要覆盖一个拱形的地膜保温、保湿，利于秧苗快速生长。育苗期间对水分的管理非常重要，育苗地水分不需要太多，只要保持土壤湿润即可。如果后期温度回升至20℃以上的稳定气温，可以去除地膜。

施肥方面由于水稻苗细小，一般在底肥充足的情况下是不需要施肥的，避免造成肥力过多，导致肥害烧苗。假如幼苗出现叶面发黄的情况，可以适当浇腐熟过的农家肥，草木灰也可以，做到少肥多施，春季苗龄30～40天，夏季由于气温高，苗龄20天就可以插秧了。

（五）整田耙田

水稻田最好是在入冬前深耕翻土暴晒一段时间，经常翻土暴晒的水稻田，能够起到杀病菌、杀虫害的作用。在插秧前一个星期开始耙田，耙田时投入水稻底肥，水田灌入适量的水，整平水田即可插秧。

（六）插秧

在插秧的时候水田水位深度3厘米左右最适合插秧。当水稻秧苗高温生长至20厘米高时，就可以移栽秧苗插秧了，拔秧苗时最好浇一次水，这样拔秧苗比较轻松，最好是连根带土拔出，轻拿轻放。水稻插秧密度，株距15厘米，行距25～30厘米，每两棵秧苗插一个位置，插秧深度要适合，不可过深或过浅，以插秧后吹风不会倒伏为合适标准。为了预防日后杂草在水田里生长，在插秧前先在田里洒入除草剂。插秧一个星期后秧苗生长基本稳定，水田要保持水位深度3～5厘米，不可以过深，过深会影响禾苗分蘖，插秧12天后进入人工技术管理阶段。

（七）技术管理

水稻后期管理分为水肥管理、田间除草、防治病虫害等。

（1）水肥管理。水稻的生长需要足够的水分，当水分供给不足时，植物的生理功能会降低。水稻分蘖期是水稻需水量的高峰期，是绝对不允许缺水的。从移栽至幼穗分化前的施肥叫分蘖肥，分蘖肥在水稻栽后7～10天施用，每亩施用尿素15～20千克。从幼穗分化到抽穗以前的追肥叫穗肥，施好穗肥能保花增粒，增进穗大粒多，亩施尿素3～5千克，并配施磷钾肥及每亩叶面喷施诺普丰70克。抽穗后的追肥叫粒肥或壮籽肥，粒肥能延长功能叶的持绿时间，防止叶片早衰，增加粒重。但要注意的是，苗不黄的不施，阴雨天不施，有病害的田块不施。

（2）田间除草。在管理过程中，除草也是必不可少的，把田里的杂草里里外外都清除掉，避免影响水稻生长。当然也可使用除草剂粉剂，在第一次追肥的时候拌肥料一起撒播入水田，预防杂草生长。

（3）防治病虫害。水稻常见病虫害分为病害和虫害两大类，其中病害主要有水稻白叶枯病、稻恶苗病、稻纹枯病、稻瘟病四种病害；虫害主要有二化螟、三化螟、大螟、稻纵卷叶螟、稻飞虱五种虫害。防治病虫害农药非常之多，在使用农药前最好按照说明书比例去使用,一个星期喷一次,一般病虫害预防3次即可。

(八)采收

水稻品种很多,采收时间有所不同,一般南方地区第一季采收水稻都是在6月下旬到7月采收,第二季属于晚稻,采收时间在10月中下旬。一般都是以水稻谷子饱满,全部转变成金黄色为采收标准。将采收好的稻谷摊开放在强烈阳光下暴晒几天,即可入库贮藏。

拓展阅读

远渡重洋传技术,金秋九月飘稻香

王顺国,湖南生物机电职业技术学院种子生产与经营专业2010届毕业生,毕业后进入隆平高科公司工作,他积极投身隆平高科公司在菲律宾杂交水稻研发中心的工作中,成为一名水稻研究员。20世纪90年代,菲律宾希望引进中国杂交水稻技术,中方派出技术团队参与攻关,共同培育出适应当地热带环境的杂交水稻品种,通过杂交水稻多点示范、技术培训,王顺国和他的同事们让当地农民看到实实在在的产量。据介绍,如今,杂交水稻在菲律宾的种植面积已超过100万公顷,每公顷最高产量达到15吨,是当地传统水稻品种的3倍。在菲律宾的农贸市场和大型超市,都可以买到杂交水稻产出的大米。

菲律宾中菲农技中心农民劳作场景

?想一想 你曾经参加过田间劳作吗?你如何看待工业化社会中的田间劳作?

第二节　居家种植劳动

一、阳台种菜

阳台种菜是指在家里的阳台上种植蔬菜，是现代家庭园艺生活的一部分。农贸市场、超市买的一些蔬菜存在农药和化肥的残留，容易对人们的身体产生危害。阳台种菜一般不会使用农药和肥料（肥料除安全、无残留的有机肥、水溶肥外），是一种健康的生活方式，同时也能激发人的兴趣和陶冶情操。

朝南阳台阳光充足、通风良好，是最理想的种菜阳台。几乎所有蔬菜都是在全日照条件下生长最好，因此一般蔬菜一年四季均可在朝南的阳台上种植，如黄瓜、苦瓜、番茄、菜豆、金针菜、西葫芦、青椒、莴苣、韭菜等。朝东、朝西阳台为半日照，适宜种植喜光耐阴蔬菜，如洋葱、油麦菜、小油菜、韭菜、丝瓜、香菜、萝卜等。

几乎任何类型的容器都可用来种菜，只要它足够坚固、能提供足够的空间和排水通道，如花盆、花槽、塑料盆、提桶等。但无论选用什么容器，都要保证底部有排水孔。避免浇水时泥土流失，可进行"垫盆"，即在排水孔上垫一层纱网或纱布，保护泥土不被冲出去，还可以让排水孔不被堵住。

蔬菜有两种栽植方式：一种是先育苗，再移栽；另一种是直接播种。初学者往往更喜欢在农艺市场直接购买秧苗回到家里移栽，这是个简单快速的方法。豆类、萝卜等不便移苗只能直播，甘蓝、花椰菜、茄子等必须移植。表8-1是家庭常种蔬菜的生长信息，由于蔬菜品种不同、地域不同，表8-1与实际操作可能会有出入，因此仅作为参考，重要的是在操作过程中，灵活掌握，摸清蔬菜规律。

表8-1　家庭常种蔬菜栽培信息

蔬菜	发芽时间/天	最适移苗期/周	容器大小	光照量	收获时间/天
菜豆	5～8	—	中等	全日照	45～65
黄瓜	5～8	3～4	大	全日照	50～70
茄子	8～12	6～8	大	全日照	90～120
油麦菜	6～8	3～4	中	半日照	45～60
洋葱	6～8	6～8	小	半日照	80～100
青椒	10～14	6～8	大	全日照	90～120
萝卜	4～6	—	小	半日照	20～60
南瓜	5～7	3～4	大	全日照	50～70

续表

蔬菜	发芽时间/天	最适移苗期/周	容器大小	光照量	收获时间/天
番茄	7～10	5～6	大	全日照	90～130
韭菜	9～12	6～8	中	半日照	90～120
香菜	5～7	3～4	小	半日照	40～50
小油菜	4～6	3～4	中	半日照	40～50

注意：所有蔬菜均在全日照下生长最好，"半日照"表示该蔬菜在半日照情况下也能生长良好。

阳台种菜

（一）育苗步骤

（1）准备材料。包括种子、育苗土、喷水壶、镊子、育苗盘或小花盆、盆（桶）。

（2）拌土。播种土使用前用水拌匀，将育苗土倒入盆（桶）中，边洒水边搅拌，土的湿度控制在手握的时候不滴水为宜。

（3）装土。把土装入育苗盘，稍压一下，但不要压得太实，种子也是需要呼吸的。

（4）播种。小粒种子直接放在表面，大粒种子可插入土中，注意尖头一般朝下。如果有多个品种，可插上标签，以免混淆。

（5）覆土。一般种子的播种深度为种子直径的2～3倍。不可覆太厚，否则不易出芽。

（6）喷水。一方面，种子发芽需要全面的湿度，播种后喷水以保证土壤的湿度。另一方面，也可以让种子与土自然融合。细小的种子容易被水冲走，所以一般采用喷雾式，不可用淋冲的方式。

（7）保湿。出芽前要保持土壤润湿，不要晒太阳。可覆盖一层保鲜膜，但不可一直闷着，每天需通风。

直播可参考以上育苗步骤，把育苗土换成有机蔬菜土，育苗盘换成要种植的盆器。

（二）发芽后注意事项

（1）发芽后需要接受太阳光照，光照不足易长高脚苗。但刚发芽时不能一下子就晒大太阳，可以先接受散光，然后慢慢移出去晒太阳。

（2）种子刚冒出的白色小芽往往是根，不要认错了，如果朝上长了，要纠正过来。

（3）小苗浇水要用喷壶，水流大会冲到苗。

（三）浇好定根水

移栽（换盆）后第一次浇水称为定根水。定根水必须浇足浇透。一般栽种后要连续浇灌两次，头一次浇完水落干，并见水从盆底孔流出后，再重浇一次，这样才能保证土壤充分吸收，并与根系很好密接。

夏季蔬菜呼吸作用旺盛，要求盆土透气性良好，故盆土不干时一般不要浇水，以免水过多影响透气，但干后应立即浇水且必须浇透。判断盆土是否缺水不是看表层土，而是要看表层以下的土。如果盆土因过干而出现龟裂，浇水不能一次完成，否则水顺缝隙直漏盆底，而大部分盆土仍很干。应在第一次浇水后稍等片刻，待土壤裂缝闭合后再浇一次。假如多日忘记浇水，导致蔬菜干旱萎蔫，千万不要急浇大水，应先将蔬菜移至阴凉通风处，用喷壶给叶片喷水2、3次，待叶片缓过来后，再少量浇水，等根系恢复吸水功能后，再彻底浇透。

（四）移栽

秧苗到达一定大小，必须及时移到其他容器栽植。如番茄、茄子等，一般有4~5片真叶时，瓜类不超过2~3片真叶，甘蓝类、白菜类在4~6片真叶时移植。移植时注意不要损伤秧苗幼嫩的根系。可在掘取菜苗前给土壤或基质充分浇水，使根部多带土壤或基质，不仅能减小对根部的损伤，而且能增加根部吸水力，移栽后成活快。一般叶菜类栽植深度以不使最低的叶片埋没为宜，否则易引起腐烂。

（五）采收

采收的时候要注意通过蔬菜的色泽、质地和硬度等特征来辨别蔬菜是否成熟，到了最佳采摘时刻。一些蔬菜如西红柿、辣椒和水果等要在果实达到一定的硬度时采收，过熟就发软了；而黄瓜、菜豆等应在幼嫩时采收，口味更佳。最好在傍晚采收蔬菜，因为傍晚的时候蔬菜内的硝态氮含量最低。采收韭菜等，可摘其叶吃，而无须整株拔起，过一段时间，又会有幼嫩的叶子长出。葱在收割时，留两三根在泥土里，不必整株拔起，这样才会继续分芽、生长。

（六）常见病虫害的诊断与防治

容器中栽植的蔬菜与大地栽培的蔬菜一样，也可能遭受各种病害和虫害的攻击，应注意观察蔬菜的叶、茎等器官是否生长良好以及是否出现害虫。一旦发现问题，首先要区别是不是水分、光照、温度等环境条件问题或基质肥力问题。排除这些因素后，再确定是病害还是虫害。容器种菜常见问题及其防治措施如表8-2所示。

表8-2　容器种菜常见问题及其防治措施

症状	病因	措施
植株徒长，细长，不结果	光照不足	将容器搬到光照充足的地方
	氮素过量	降低营养液中的养分含量
植株从底部开始发黄、缺乏活力、颜色黯淡	浇水过多	减少浇水次数，检查容器排水是否良好
	肥力不足	增加营养液中的养分含量
尽管浇水充分植株仍然萎蔫	排水和通风不良	增加容器的排水孔，提高栽培基质中的有机物含量
菜叶焦边	基质含盐量高	定期用自来水清洗容器
植株生长缓慢，抵抗力弱，略显紫色	低温	将容器放到较暖和的地方
	低磷酸盐	增加营养液中的磷酸盐含量
叶子扭曲或有缺刻	虫害	喷洒环保的杀虫剂
叶上有黄斑、枯斑、粉斑或锈斑	病害	除掉患病部位，喷洒环保的杀菌剂

二、番茄无土栽培

无土栽培是近几十年来发展起来的一种作物栽培的新技术。作物不是栽培在土壤中，而是种植在溶有矿物质的水溶液（营养液）里；或在某种栽培基质中，用营养液进行作物栽培。只要有一定的栽培设备和有一定的管理措施，作物就能正常生长，并获得高产。由于不使用天然土壤，而用营养液浇灌来栽培作物，故被称为无土栽培。

无土栽培的核心是用营养液代替土壤提供植物生长所需的矿物营养元素，因此在无土栽培技术中，能否为植物提供一种比例协调、浓度适量的营养液，是栽培成功的关键。营养液作为无土栽培中植物根系营养的唯一来源，其中应包含作物生长必需的所有矿物质营养元素，即氮（N）、磷（P）、钾（K）等大量元素和铁（Fe）、锰（Mn）、硼（B）

等微量元素。不同的作物和品种，同一作物不同的生育阶段，对各种营养元素的实际需要有很大的差异。无土栽培脱离了土壤的限制，极大地扩展了农业生产的空间，使得作物可在不毛之地上进行生产，发展前景非常广阔。几乎所有的植物工厂均采用无土栽培模式。

番茄作为一种常见的蔬菜，在我国的种植面积是非常大的。现在我国的科技发展越来越成熟，番茄的种植模式也非常多，而无土栽培便是其中一种，同学们可以在学生宿舍，家庭阳台或者校内实训基地尝试番茄无土栽培。

（一）育苗与定植

（1）浸种催芽。用50℃温水浸种10～15分钟，对番茄种子进行消毒，清洗干净后放入清水中浸种3～6小时，用纱布包好置入25～30℃的恒温培养箱中，保湿催芽2～3天后，即可发芽。

（2）播种。发芽之后即将种子播种在盛装基质的营养钵中，或将种子直接播种在盛装固定物（小石子或陶粒）的定植杯中，每钵（杯）2～3粒种子，上盖薄薄一层基质，覆盖遮阳网，淋清水。

（3）苗期管理。齐苗后开始间苗，每钵（杯）留1株健壮幼苗并及时浇营养液。

（4）准备好基质及栽培槽。将粉碎的秸秆+锯末（40%）、有机肥（40%）与炉渣（20%）混合，每100克加0.5千克无土栽培番茄专用肥，用塑料薄膜覆盖杀菌消毒，半个月后移入栽培槽中。

（5）定植。当幼苗长至6～7片叶时定植到栽培槽中。

（二）整枝和授粉

在番茄植株生长到一定高度时，就应及时用绳子一头系在番茄植株的茎基部，一头系在阳台上方固定，让植株绕在其上向上生长。无限生长型番茄采用单杆整枝，自封顶类型应采用双杆整枝。整枝应在晴天进行，利于伤口愈合。中果型番茄一般第一托果留4个，第二托、第三托果留5个，大果型品种留3个，这样可保证植株本身生长及上部果实的发育，同时去掉畸形果很重要。

（三）采收

当番茄果实顶部开始转为橙黄色时即可采收。

番茄无土栽培

拓展阅读

长年在田间和群众面对面

王海燕，菏泽市农业技术推广站高级农艺师、菏泽市第十五届政协委员。2018年度国务院特殊津贴获得者，2019年菏泽市"三八红旗手""五一劳动奖章"获得者。

她围绕"藏粮于地、藏粮于技"粮食发展的战略方针，先后示范推广了小麦"宽幅精播及规范化播种"、玉米"一增四改"、花生"单粒精播节本增效高产栽培"等十余项节本增效栽培示范实用技术，为菏泽小麦、玉米、大豆、花生最高单产稳居山东省前列做出了应有贡献。2010年被农业部授予"全国粮食生产先进工作者"，2014年被菏泽市政府表彰为"全市高产创建工作先进个人"。

近年来，承担过省部级和市级多项科研任务，先后获得省科技进步奖三等奖1项，全国农牧渔业丰收奖三等奖1项，山东省农牧渔丰收奖二等奖2项、三等奖1项，菏泽市科技进步奖5项。拥有国家实用新型专利2项，在国家级和省级学术期刊上发表论文9篇。

她积极参与培训新型农民，提高农民素质和生产科技含量。她经常性地参加科技三下乡活动，长年在地头和田间与群众面对面、手把手，讲解农业科技知识，耐心解答群众咨询的问题，让农业科技普及推广，有效地提高了农民素质和科学种田水平，引导群众学科学、用科学，做依靠科学致富的技术型新农民。

资料来源：人民网。

想一想 你认为王海燕能够取得如此成就的原因是什么？对你有什么启发？

第三节　园林植物整形修剪

人需要美容，植物也需要美容，而且植物经过美容整枝后，不但会更美丽，还会更健康。园林植物整形与修剪是专业性极强的工作。对园林植物进行正确的整形修剪工作是一项很重要的养护管理技术。它可以调节植物的生长与发育，创造和保持合理的植株形态，构成有一定特色的园林景观。

一、整形修剪的作用

通过整形修剪促进和抑制园林植物的生长发育，改变植株形态。例如：榆树种植后可长成高大的乔木，但经过修剪成绿篱，则成为矮小的灌木。

利用整形修剪调整树体结构，促进枝干布局合理，树形美观。例如：云杉球为常绿剪型树，其树冠整齐，外形美观，多用于花坛中心栽植和点缀绿地。

整形修剪可以调节养分和水分的运输，平衡树势，可以改变营养生长与生殖生长之间的关系，促进开花结果。如在花卉栽培上常采用多次摘心办法，促使万寿菊多抽生侧枝，增加开花数量。

经整形修剪，除去枯枝、病虫枝、密生枝改善树冠通风透光条件，植物生长健壮，病虫害减少，树冠外形美观，绿化效果增强。

二、整形修剪方式

修剪是指对植株的某些器官，如茎、枝、叶、花、果、芽、根等部位进行剪截或去除的措施。一般的修剪方式包括截短修剪和疏枝修剪，特殊的修剪方式包括摘心、摘芽、摘蕾、摘花、剪根、拉枝、更新修剪等。

整形是指对植株施行一定的修剪措施而形成某种树体结构形态。常用的整形方法有短剪、疏剪、缩剪，用以处理主干或枝条；在造型过程中也常用曲、盘、拉、吊、札、压等办法限制生长，改变树形，培植出各种姿态优美的树木、花草和盆景。

在生产实践中，整形方式和修剪方式是多种多样的，以树冠外形来说，常见的有圆头形、圆锥形、卵圆形、倒卵圆形、杯状形等。花卉栽培上常见有单杆式、双杆式、丛生式、悬崖式等，盆景的造型更是千姿百态。

整形修剪

三、修剪时间

(1) 休眠期修剪（冬季修剪）。秋冬季植物生长停止期，通常可进行较大规模的强剪，尤其是落叶性植物，但仍不宜超过全株枝叶量的三分之一。

(2) 生长期修剪（夏季修剪）。在植物生长期只适合小幅度修剪，可避免枝条浪费性消耗生长，如摘心、摘芽、摘蔓、去除抽长枝等。

(3) 日常性修剪。病虫枝、枯枝及枯叶可随时给予修剪。

四、修剪方法

不同的植物种类在修剪的频率、修剪的时节、修剪的内容方面都有不同的要求，此外植物修剪整形还具有不同的修剪目的。修剪时应该全面考虑对植物的双重作用，是以促进为主还是以抑制为主，应根据具体的植株而定。因此在修剪开始之前要掌握足够的植物修剪知识，才能成功辨别植物种类，确定修剪目的和修剪的顺序与内容。辨识完植物种类之后，就要按操作规则和质量要求进行修剪。

观果或果树植物种类避免在花芽形成的季节大量修剪，以免来年不开花结果，影响观赏或采收。在修剪时，要注意枝条芽点的位置，从而保留芽点。注意保留部分叶片进行光合作用，不要一次性把叶片剪光。

在修剪树木大小不同的枝条时，为了避免创面细菌感染，促进植株创面愈合，需要采取一定的保护措施处理伤口。针对室内小型植物，可采取如下保护措施：

第一步，在伤口涂抹适量的草木灰或用水稀释的多菌灵溶液或3%左右的硫酸铜溶液。

第二步，移至阴凉通风处，促进伤口愈合。

如果修剪的是一棵室外的树，在伤口较小的情况下，可采取如下保护措施：第一步，在伤口处涂抹黏土。第二步，用塑料袋覆盖伤口。如若伤口较大则可以使用适量的树木愈合剂或自己制作保护设备。

修剪完后及时拿走剪下的枝条。处理好剪下的枝条，如烧毁、深埋病虫枝或打捆运走。

? 想一想

1. 在修剪植物的过程中，你碰到过哪些疑惑？又是怎么解决的？
2. 在这里你学到了什么样的劳动方法？是否可以应用于其他的劳动之中？

拓展阅读

曲森先：园林绿化，助力生态

曲森先是中韩街道枯桃社区人。生长在这个远近闻名的百年花村，曲森先从小就对绿植修剪、传统花卉种植、园林绿化有着浓厚的兴趣，而且特别喜欢创新、探索实践新产品、新工艺。如今在青岛园林绿化领域广泛应用的组团球形种植方法，就是曲森先从南方引进试验成功的。

从事园林绿化几十年来，无论是作为普通的绿化工人，还是经营一家拥有上千名职工的园林企业，曲森先始终把专业技能放在首要位置。用他自己的话说，做园林只有真正俯下身子，研究植物的生长习性，研究绿化的内在规律，才能成为一个好的园艺人。

曲森先于2010年成立了生态植物研究中心，致力于花卉新品种、新技术的创新研发和病虫害的防治。成立至今，研究中心已经引进和研发了凤仙、蝴蝶兰、三色堇、观果海棠、八角金盘等数十种花卉和苗木新品种，这些新品种为城市美化、绿化增添了新的色彩，也为"百年花乡"的枯桃居民带来了更多的收益。现在，曲森先将这些新品种、新技术无偿提供给了社区居民，让大家共同走上了致富的道路。

资料来源：崂山新闻。

? 想一想

1. 园林之于生活的意义是什么？给我们的生活带来了什么改变？
2. 我们该如何在自己喜欢的领域尽力做到最好？

第四节　农产品直播带货

情境导入

大学生"直播带货"家乡农产品

"买它！买它！买它！"，来自南京航空航天大学经济与管理学院的学生阿恩克其、高唯凯化身网络主播，带货四川、贵州、新疆、云南等地的优质农产品，助力当地解决农产品滞销问题。直播开始仅半小时，就获得2000余人次的关注，反响热烈。直播结束后，仍有很多观众通过直播平台和微信进行下单，共筹集善款15000余元。

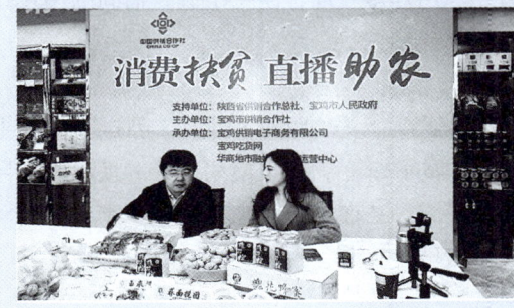

农产品直播形式多样

2020年中国直播电商市场规模超1.2万亿元，年增长率为197.0%，预计2023年直播电商规模将超过4.9万亿元。当下农业产业升级、城乡均衡发展成为大趋势，短视频直播以喜闻乐见的大众化方式呈现出来，"直播带货"正成为扶贫助农新模式。优质的农产品可通过短视频或直播形式出现在大众视野，这种模式不仅能助力精准扶贫，还能帮助破解农产品滞销问题。

一、直播流程

（一）直播带货前

1. 直播脚本

直播脚本就是本场直播的基本流程，对于本场直播产品的安排时间、数量、顺序以及每款产品讲多长时间、怎么讲进行设定。当然并不需要细到每句话说什么、发放频次等，但该有的产品特点一定要准备到位。

2. 直播设备

直播设备一般包括电脑、手机、麦克风等，正式直播之前要检查设备是否能够正常使用，并且在手机上测试直播背景、灯光效果和直播间的整洁度等。

3. 宣传预热

宣传预热是一定要有的，例如提前1~2天发布直播预告视频，在社群、朋友圈海报宣传等，此举能够有效增加直播间的流量。如果是在某些特定的软件直播，也可以适当投入广告费用，借助官方的力量为本场直播引流，达到较为理想的直播效果。

（二）直播带货中

1. 控场

新手主播刚开始是很容易冷场的，但是熟能生巧，播的次数越多，经验越丰富，自然而然就能掌控直播节奏。

2. 转化

想要留人促转化，在直播过程中，就要与用户多互动，跟每个进直播间的用户打招呼、加关注，这是目前直播间用户留存的最有效的方法。

3. 推荐

推荐产品时，尽量控制介绍时长为5~10分钟一个产品。在讲解产品过程中，主播可以采用提问式的方法与用户互动，激发用户的好奇心，并且使用标准的模板去引导粉丝提问，毕竟绝大多数的粉丝对产品都不太了解，从而提高直播间的互动率，在互动过程中了解用户在想什么，顾虑什么，再逐一击破。

4. 留存

对于大多数人来说，购买的产品都是自身需要的，当然也有部分是主播诱导的，很少是为了主播买单的，除非该主播的粉丝量非常大。因此主播就要了解客户的需求，可以选择在颜色、规格、款式等方面下功夫，帮助用户做出决策，以免用户由于摇摆不定而损失订单。中途主播还可以利用直播间抽奖吸引流量，比如常见的截图抽奖、回复关键字、口令红包、告知用户在直播间可以领取优惠等，这些方式主要是吸引粉丝停留和新粉关注。

（三）直播带货后

1. 售后

直播结束后，就要处理售后工作了，具体包含以下内容：直播时间段、时长、最高在线时间和人数、粉丝平均停留时长是多少、累积互动怎么样、累积商品点击多少、粉丝点击占比多少、粉丝回访、新增粉丝有多少、转粉率多少、本场开播前累积粉丝多少、场间掉粉多少、订单笔数多少、转化率等。

2. 复盘

回放自己的直播，做最后的复盘，讨论哪里做得好，哪里没做好，哪里说得不对，对于不好的地方改进。看回放的时候，最好是从消费者的角度去看，毕竟站在别人的角度看问题才能看出问题所在。而对于观众反应热烈，带货效果较好的方法和技巧，要继续保持和发扬。

二、单品脚本撰写

直播促进农产品在线销售，该如何提高农产品直播的转化率呢？写好农产品直播脚本就是其中的一个方面。农产品直播脚本可以分为整场脚本、单品脚本和互动脚本。单品脚本顾名思义就是针对产品的脚本。

农产品直播的单品脚本包括：农产品基础信息、农产品卖点信息、农产品适用人群、农产品体验和农产品的价格优势几个方面。

（1）农产品基础信息可以从农产品品牌、品类/品种、包装规格几个方面进行策划。如果是自有农产品品牌，在直播中一定要报上自有品牌的名称，加强消费者对你的农产品品牌的印象，如：××沙田柚。有的农产品在同一品类中有多个品种，比如苹果就有花牛、红星、荣光、元帅系、红富士等品种，那么在直播过程中一定要讲清楚，现在正在直播的到底是哪个品种。农产品在销售过程中往往有多种包装规格，在直播中也可以加以说明，比如苹果分为5千克装、2.5千克装，5千克装的苹果单果一般有多大多重，一箱里面一般有几个等。

（2）农产品卖点信息可以从地域优势、种植养殖技术、产品营养、功能、产品包装几个方面进行策划。对于地标农产品一定要强调其地域优势，对于非地标农产品则通过强调其生长环境来体现地域优势。在直播的过程中也可以向消费者介绍一下农产品的种植养殖技术或者加工技术，产品包装材质和技术等。

（3）农产品适用人群要做到具体化、具象化和标签化。比如，枸杞的适用人群可以定义为：尤其适合需要滋补的中老年人，可能会存在气血亏虚的年轻女性，经常面对电脑、使用手机的人。

（4）农产品体验可以从农产品色、香、味、品相等方面进行策划。

（5）农产品的价格优势可以从价格提炼、价格拆分和价格对比几个方面进行策划。

价格提炼：产品单次价格，产品多件售卖价格。

价格拆分：平均每天××元，每月只需要花××元就可以吃到最优质的××。

价格对比：之前××元，现在××元。

那么，直播带货脚本谁来写？整场脚本运营写；单品脚本主播写。整场脚本就是一场直播的大概流程，包括运营活动、什么人什么时间点做什么事，由运营统筹掌控。单品脚本是主播去做设计的，因为脚本是给主播看的。主播用脚本，至少要知道它里边说了些什么，它的核心点是什么，怎样去表达的时候才会更顺畅。

三、直播技巧

直播核心的六个要点：留人—互动—产品介绍—催单—成交—结束，这是完整的一整场直播流程。不管是2小时一场、4小时一场，还是6小时一场的直播，直播脚本都是围绕这些去写的，只不过中间会有一些重复。

（一）如何讲好卖点推荐

卖点推荐包含以下五个因素。

1. 你要讲明这是什么

可以从农产品的色泽、口感、营养成分、生长环境进行讲解，这些内容可以事先写好提示提纲，这样也就不会冷场。

2. 要告诉用户产品在哪里

几号链接可以购买，直播的语言要简单，要直接让粉丝知道你想说什么，这个是很多新手主播都容易漏掉的东西，主播需要在直播间重复地讲下单的方式，并且要直观地演示给观众看，有条件双人直播时，助理就可以拿着手机一步一步教粉丝如何领优惠券、如何下单、如何付款等。

3. 要说清楚产品的适用范围

介绍产品时要讲明白哪些人适合用，介绍产品的使用人群，让粉丝更加了解你的产品与同类产品之间的区别，比如茶叶，有些产品自己吃，如果是送人，可能另外一款产品更加合适，这些要跟用户讲明白，这种推荐技巧称为"减少用户的选择成本"。

4. 要告诉观众为什么要购买

在直播当中要清晰地告诉用户，你为什么需要买这款产品，也就是要讲明白购买的理由，这时候的销售技巧就是介绍产品的卖点和使用方式等。

5. 还要讲清楚具体的价格

在直播当中，告诉观众什么时候有优惠券、如何领取、如何使用最划算、到手价是多少等，这样才能引发观众的购买欲望。

（二）怎么做农产品直播

1. 宣传技巧

观众进入直播间之后，要想让更多的粉丝熟悉了解你，是需要一定的宣传技巧的。比如不时地给直播间和自己打个广告，宣传直播时间时可以说"非常感谢所有还停留在我直播间的宝宝们，我每天的直播时间是晚上8点到10点，风雨不改，无论你来或者不来，我都在这里等你，点个关注想起来时回来看看。"宣传直播内容可以说"忙碌了一天，希望大家在直播间能获得短暂的快乐和实惠，买卖不成情意在，我们的故事、我们的产品将会一直不断出新、为你带来优惠……"，所谓宣传内容，就是尽量透露出直播间能给粉丝带来的价值。

2. 带货方式

通过带货类直播语言的合理运用，可以在无形中拉近主播与消费者的距离，建立彼此的信任感，方便消费者做出购买决策，从而带动产品销售、实现带货变现。带货方式主要有三种：

第一种是展示型销售，是指主播在进行直播带货时，展示农产品的品质和食用方法，能够让粉丝最直观地看到效果。产品展示得好，粉丝下单的概率就会更高。

第二种是信任型销售，直播带货的缺点我们都知道，就是粉丝接触不到产品，只能通过主播的描述来熟悉产品，因此主播需要使用让粉丝对产品建立一定信任感的信任型语言，才能促成粉丝下单。通常，主播会用"我亲自吃过"或者"其他品牌的给我再多钱我也不推"等话术来为产品做担保，打消观众对产品的顾虑。

第三种是专业型销售，主播要能够从专业的角度出发，针对一款产品以及同类其他产品做讲解和比对，并指导粉丝根据自己的情况选择适合的产品。比如主播可以分析不同产地的榴梿口感和价格的区别，甚至是大米品种和口感的区别，适合煮饭还是煮粥等，这些专业讲解的推荐技巧很容易吸引包括理性粉丝在内下单购买。

3. 优惠活动

低价才是粉丝追随主播的最主要动力，直播的优惠活动是影响粉丝在直播间购买产品的最直接因素。比如一个丰收节主题直播。这个时候就重点打造一个应季、尝鲜、低价的场景，这些也是消费者的核心追求，这种主题本来就有着天然的优势，把农民的幸福感、获得感带给观众，从而调动观众的消费欲望。网红主播经常在直播间中使用"低价""买2送1""优惠套餐""全网最低价"等一系列活动推荐语言去刺激粉丝下单，效果一直有效。

4. 引导技巧

一场直播下来，要善于引导粉丝关注，这样可以快速积累主播的人气。那些农产品生长的故事、农村的奇闻趣事都可以达到拉近与观众的距离，同时带动直播间氛围的效果。把内容变成氛围、用氛围打造场景、借场景带动销售，这就是直播虚拟场景打造的思路。也可以在直播中增加自然环境的比重，让消费者直观看到农产品的生长环境，有助于增强消费者的好感度，无形中对产品产生了黏性。

5．催单技巧

要知道消费者"怕失去""怕错过"的优先级，远远高于"有没有用""划不划算"这类的理性思考。在所有情绪中，控制力排前列的就是"恐惧""焦虑"，几乎一切商业行为中都是这样的，什么东西最好卖？学区房、美容产品，这背后的商业逻辑就是"焦虑"和"恐惧"，包括很多稀缺农产品的饥饿营销屡试不爽，就是源于这个原因。因此催单技巧的关键是要调动消费者"抢"的心态，比如限量、限时的推荐技巧等。

6．感谢语

不管是给你送礼物的观众，还是默默观看你直播的观众，哪怕只看了10秒钟就走了的观众，都是曾经陪你走过直播的那个人。因此，主播直播过程中和下播之前，一定要使用感谢语来表达对观众的感谢。感谢的话不需要多华丽，就抒发自己真实的感情即可，语速一定要慢，语气一定要真实而且诚恳。总的来讲，直播带货技巧应该灵活使用，不能照搬，毕竟每个人的风格都不一样。

对农产品直播来说，展示农产品的安全性始终是本质，在此基础上再去考虑形式的多样性。不管是户外还是室内，不管是农产品电商自主打造"网红"还是自成"网红"，事先了解消费者的消费需求，才能更灵活地进行互动，促成农产品的直播销售。

实践活动 1

农产品直播带货

同学们可组建一个直播团队，其中主播3人，直播运营2人。选择当地几款特色农产品，拍摄制作农产品短视频，在各主流直播平台进行预热，并在直播间进行直播销售。

过程记录

直播策划方案：

直播脚本：

活动开展难点及解决方案：

心得体会：

结果评价

教师可参考表8-3对各团队"农产品直播带货"活动进行评价。

表8-3 "农产品直播带货"活动评价表

评价标准	分值	分数小计	教师评价
直播策划方案合理可行	20		
直播脚本撰写清晰、详细、可执行	20		
农产品短视频剪辑精美	20		
人员配合、场景切换流畅	20		
产品展示、主播表现良好	20		

实践活动 2

学农活动——体验劳动之乐

我国是一个农业大国，农业是国民经济的基础。要走向未来，我们就要了解国家的国计民生，如三农问题、精准扶贫问题等。通过学农，可以增强我们对国情的了解、民生的了解、农业的了解，同时体验劳动之乐。

请在校园内或发动校外社会力量开展一次学农活动，体验播种、插秧、除草、施肥、收割、打谷等农活，体验劳动之乐。

过程记录

活动内容：

活动实施情况：

心得体会：

> **结果评价**

教师可参考表8-4对学生的学农活动进行评价。

表8-4 "学农活动——体验劳动之乐"活动评价表

评价标准	分值	分数小计	教师评价
参与活动全过程	30		
积极主动参与劳动	20		
在活动中树立劳动的榜样	20		
能从中体会劳动的乐趣	20		
在活动中带动周围同学进行劳动	10		

第九章　志愿服务

情境导入

2019年年底，新型冠状病毒在武汉暴发后，谢小玉第一时间主动到东湖新城社区担任社区志愿者，成为社区内唯一的大学生志愿者和"00后"志愿者。她与另一名志愿者一起，负责对接东湖新城社区第30栋200多户居民的生活需求，买菜、买药、取快递等，直接服务700余人。2020年3月10日，习近平总书记考察武汉东湖新城社区，谢小玉向总书记汇报了社区志愿服务工作。习近平总书记听完汇报后感慨地说："过去有人说他们是娇滴滴的一代，但现在看，他们成了抗疫一线的主力军，不怕苦、不怕牺牲。抗疫一线比其他地方更能考验人。"受到总书记的肯定，谢小玉备受鼓舞。"抗疫一线也是大学，志愿服务就是课堂。哪怕我能够做的只是像买菜、买药、拿快递这样微小的事情，但只要能给人民的生活带来些许便利，就是有意义的。"谢小玉说。

资料来源：人民网。

评析

爱心、奉献，不求回报，讲求付出，从中收获快乐，这是每一位大学生志愿者共同的理想和心愿。

第一节　志愿服务基础知识

一般认为，志愿者是自愿贡献个人的时间和精力的人，在不计物质报酬的前提下为推动人类发展、社会进步和社会福利事业而提供服务的人员。志愿服务则是任何人自愿贡献时间和精力，在不为物质报酬的前提下为推动人类发展、社会进步和社会福利事业而提供的服务。志愿服务的范围主要包括扶贫开发、社区建设、环境保护、大型赛会、应急救助、海外服务等。

一、志愿工作的特征

志愿工作具有志愿性、无偿性、公益性和组织性四大特征。

（一）志愿性

志愿服务必须是个人自愿参加的。这个自愿是主动的而不是被动的，是自觉的而不是被迫的。相关组织可以通过各种方式动员志愿者，但应该让每个志愿者都在没有任何压力的情况下自愿投入志愿服务。强制参与、强制"奉献"、募集摊派或变相摊派、对志愿者进行单位化管理等，都不符合志愿服务活动的志愿性原则。

可以想象，如果志愿服务不是每个人都自愿参加的，而是在某些组织或个人的强迫和压力下参加的，其社会意义就会大打折扣。被迫参与到志愿服务之中的人员不是真正意义上的志愿者，他们即使参加了志愿服务活动，也很难持续发挥积极的作用。

（二）无偿性

无偿性是指志愿服务属于无偿行为。志愿服务的提供者从事志愿服务行为，不得向志愿服务对象收取或者变相收取报酬，包括金钱、物质交换或礼物馈赠等形式。但是，志愿服务组织为志愿者提供交通补贴和午餐补贴等并不影响志愿服务的无偿性。

（三）公益性

公益性是指志愿服务必须指向公共利益。根据志愿服务的公益性，盈利行为不属于志愿服务，偶发的帮助行为、基于家庭或友谊的帮助行为、仅仅针对特定个人的帮助行为和互益互助的行为也不属于志愿服务。

对服务活动的组织者来说，志愿服务不应该被用来达到公益服务以外的目标，如经济目标，否则就会损害志愿服务者的动机。

对志愿服务者而言，在提供志愿服务时，应该始终坚持以利他和公益为基本目标，不能私自进行工作计划以外的服务内容。例如，志愿者不得向服务对象做宗教传道的工作，不得在活动时间内宣传与公益活动无关的事物。

（四）组织性

仅凭孤立的热情、爱心、体力，我们往往无法回应复杂的社会需求。志愿服务具有组织性，可以采取社会团体、社会服务机构、基金会等组织形式开展志愿服务，可反映行业诉求，推动行业交流，促进志愿服务事业发展。

志愿服务组织的不断涌现对促进志愿服务活动广泛开展，推进精神文明建设、推动社会治理创新、维护社会和谐稳定发挥了重要作用。志愿服务组织已成为现代社会从事志愿服务最重要的主体。

拓展阅读

20年坚持献血106次　60岁生日这天他完成献血退休

献血106次，献血量41600毫升，对于这组数字，很多人可能没有概念。"相当于救了100多个生命。"湖南生物机电职业技术学院教师薛军说。2019年12月3日是薛军的60岁生日。这天，他来到长沙血液中心完成他最后一次献血，也是他第106次献血。

"别怕，扎针一点感觉都没有，刚刚我还在聊天，没想已经开始了。"看到一旁第一次献血的尹同学有点紧张，薛军便对她说。听到老师的安慰和鼓励，尹同学放松了紧张的情绪，对着同学的镜头开始比"耶"。

献血106次光荣退休

多年来，薛军不仅自己积极参与无偿献血，还用自己的献血经历感染了身边的人。他告诉记者，20年来，在他的发动招募下，湖南生物机电职业技术学院已有16628名捐献志愿者参与献血，献血量超过13吨。"我时常在想我救的是什么人，虽然献血这么多次，没见过接受献血的人，但我也觉得很欣慰，因为拿出自己的一点爱心，就能帮助到一个个鲜活的生命,在我看来,这是最正能量的事。"薛军说道。

资料来源:潇湘晨报,2019年12月4日。

二、志愿服务管理

党的十八大报告就全面提高公民道德素质的举措提出,深化群众性精神文明创建活动,广泛开展志愿服务,要深入开展城乡社会志愿服务活动,大力发展与政府服务、市场服务衔接的社会志愿服务体系。建设一支强有力的志愿服务队伍是构建社会志愿服务体系的重要一环。

共青团中央印发的《中国注册志愿者管理办法》规定:"团组织、志愿者组织根据服务对象的需求,向注册志愿者发布服务信息、提供服务岗位,志愿者按照相关要求开展志愿服务。注册志愿者也可按照相关规定自行开展志愿服务。提倡具有相同服务意向和志趣爱好的注册志愿者在团组织、志愿者组织指导下结成志愿服务团队开展服务。"

2017年6月7日,《志愿服务条例》经国务院第175次常务会议通过,由国务院于2017年8月22日发布,自2017年12月1日起施行。《志愿服务条例》指出,志愿者可以将其身份信息、服务技能、服务时间、联系方式等个人基本信息,通过国务院民政部门指定的志愿服务信息系统自行注册,也可以通过志愿服务组织进行注册。志愿服务组织可以采取社会团体、社会服务机构、基金会等组织形式。志愿服务组织的登记管理按照有关法律、行政法规的规定执行。开展志愿服务,应当遵循自愿、无偿、平等、诚信、合法的原则,不得违背社会公德、损害社会公共利益和他人合法权益,不得危害国家安全。志愿者是指以自己的时间、知识、技能、体力等从事志愿服务的自然人。志愿服务组织是指依法成立,以开展志愿服务为宗旨的非营利性组织。

有些人片面地认为从事志愿工作是慈善为怀、乐善好施的表现,把志愿工作看成一种单方面的施予;认为志愿工作只是为了减轻专职人员的工作负担,把志愿者当作"廉价劳动力";认为只有那些不愁衣食及有大量空余时间的人,才有资格或才会参加志愿工作。其实,每个人都有参与社会事务的权利和促进社会进步的能力,同样,每个人都有促进社会繁荣进步的义务及责任。参与志愿工作是表达这种"权利"及"义务"的积极和有效的形式。在服务他人、服务社会的同时,自身得到提高、完善和发展,精神和心灵得到满足,因此,参与志愿工作既是"助人",亦是"自助";既是"乐人",同时也"乐己"。参与志愿工作,既是在帮助他人、服务社会,同时也是在传递爱心和传播文明。志愿服务个人化、人性化的特征,可以有效地拉近人与人之间的心灵距离,减少疏远感,对缓解社会矛盾、促进社会稳定有一定的积极作用。

但是,作为志愿者要服从组织和社团的安排和协调,不能做违背组织安排和做一些不合法的事项,如不能打着公益集资、自愿募捐等的形式进行非法敛财。

三、志愿服务精神

志愿服务精神概括起来是：奉献、友爱、互助、进步。

"奉献"——原指恭敬地交付、呈献，即不求回报地付出。奉献精神是高尚的，是志愿服务精神的精髓。志愿者在不计报酬、不求名利、不要特权的情况下参与推动人类发展、促进社会的活动，这些都体现着高尚的奉献精神。

志愿者标识

"友爱"——志愿服务精神提倡志愿者欣赏他人、与人为善、有爱无碍、平等尊重，这便是友爱精神。志愿者之爱跨越了国界、职业和贫富差距，是没有文化差异，没有民族之分，没有收入高低的平等之爱，它让社会充满阳光般的温暖。

"互助"——志愿服务包含着深刻的互助精神，它提倡"互相帮助、助人自助"。志愿者凭借自己的双手、头脑、知识、爱心开展各种志愿服务活动，帮助那些处于困难和危机中的人们。志愿者以"互助"精神唤醒了许多人内心的仁爱和慈善，使他们付出所余，持之以恒地真心奉献。

"进步"——进步精神是志愿服务精神的重要组成部分，志愿者通过参与志愿服务，使自己的能力得到提高，同时促进了社会的进步。在志愿活动中无处不体现着"进步"的精神，正是这一精神使人们甘心付出，追求社会和谐之境的实现。

四、志愿服务的类型

志愿服务主要领域包括扶贫济困、助老助残、社区服务、生态建设、大型活动、抢险救灾、社会管理、文化建设、西部开发、海外服务等，具体可以分为以下三大类：

（1）以国家政策为导向的志愿服务，如大学生志愿服务西部计划等。这类志愿服务以项目为周期，时间较长，往往需要参与者具备一定的资格条件。

（2）由政府职能机构、事业单位（如学校）等组织的官方志愿服务，如奥运会、世博会、亚运会等。这类志愿服务主要以活动、会议为载体，涉及面广，持续时间短，参与者多为临时招募。

（3）由民间自发组织开展的志愿服务，如自然之友、地球村、绿色家园志愿者等。这类志愿服务面向不同的群体，专业性较强，参与有一定门槛，持续时间也较长。

第二节　参与志愿服务

志愿者是一个没有国界的名称，指的是在不为任何物质报酬的情况下，为改进社会而提供服务、贡献个人的时间及精神的人。志愿者也叫义工、义务工作者或志工。他们致力于无偿地为社会进步贡献自己的力量。

一、志愿者的基本条件

2013年11月，共青团中央、中国青年志愿者协会颁布新修订的《中国注册志愿者管理办法》。其中，对注册志愿者的基本条件作了如下规定：

（1）年满18周岁或16至18周岁以自己劳动收入为主要生活来源者；14至18周岁者，须经其法定代理人同意；未满18周岁的在校学生申请注册的，按所在学校有关规定办理。
（2）具备参加志愿服务相应的基本能力和身体素质。
（3）遵守国家法律法规和注册机构的相关规定。

拓展阅读

如何在网上注册成为志愿者？

2017年，中国志愿服务网已通过民政部验收正式上线，为实现志愿服务数据信息的互联互通共享使用提供了便捷平台。通过全国志愿服务信息系统，社会公众可以便捷地注册为志愿者参与志愿服务；志愿者可以参与自己感兴趣的志愿团体和项目，记录、转移、接续自己的志愿服务时间；志愿服务组织可以按照规范的流程发布项目、招募管理志愿者、开展服务，实现供需有效对接；党政管理部门可以全面了解志愿服务情况，开展数据决策分析。

二、志愿者的三种动机

为什么要做志愿者？志愿者参与志愿服务活动的动机可以分为三类：第一类是自我取向，参与者看重个人学习与成长，期望获取个人内在的满足感。第二类是人际取向，参与者看重他人和团体的影响，他们的目的是结识朋友，获得他人的肯定。第三类是情境取向，他们参与志愿服务是为了回应社会责任，并获得社会的认可。

?想一想 有的学生为了增加阅历去做一些大型会议和活动的志愿者,有的学生为了提高自身选择去支教,也有大学生为了奖学金评定、出国机会等去做志愿者。你身边的人参加志愿服务活动的动机是什么?动机不同对服务效果有影响吗?为什么?

三、参与志愿服务的途径

如果是在校学生,可以加入学校的志愿者服务团队,利用平时课余时间,参与志愿活动,贡献自己的力量,帮助更多需要帮助的人。一些企业和单位也会有自己组织的志愿团队,如果已经工作的朋友可以通过这些志愿团队参与到志愿者的活动中去。如果是其他社会人士,可以通过一些已认证的志愿网站加入志愿服务中。

可以使用微信加入志愿服务和查询志愿服务的情况,找组织或者加入某一项志愿活动。

①打开微信,打开支付,点击进入城市服务。
②在最上方选择城市,然后在右下方点击办事大厅进入。
③然后点击民政公益,选择志愿服务,进入后点击查找活动。
④点开分类有很多选择,如青少年服务,敬老助残,公共文明,环境保护等。
⑤选择感兴趣的志愿活动后点击"我要报名"。
⑥登录你的志愿者账号就可以等待通知参加活动了。

拓展阅读

公益路上的追梦人——程佳

程佳,中共党员,湖南生物机电职业技术学院人文科学学院2011届毕业生(商务英语专业08311班),在校担任班长、学生会主席。她有着坚定的政治立场,热爱集体、尊敬师长、助人为乐、学习刻苦,坚持"德智体美劳"全方位发展,屡获各种荣誉。在校期间每年被评为"优秀学生""优秀学生干部",获得了学院奖学金、

公益路上的追梦人——程佳

学院"优秀毕业生""省级优秀毕业生""湖南省优秀共产党员"荣誉称号,顺利通过了英语四六级考试。

优秀的她并不满足于自身的发展,还心怀大爱,长期热衷于公益,经常参加公益捐助和助学行动。2010年8月,她于4000多名大学生中脱颖而出参加了中国大学生公益联盟的西部支教活动。在贵州为期20天的支教生涯让她更加热衷于公益,立志要用自己的行动让更多人了解大山深处的贫困,参加到支教行动中来。她于2016年创立长沙"口罩公益",10年来个人资助2名学子完成学业;收养资助1位流浪老爷爷4年;做了23场社会公益活动;个人捐赠数额超20万元、代表公司组织社会捐款近200余万元。

把做公益当成一种人生信条,用爱心做事业,一位"公益路上的追梦人"正在用实际行动,日复一日播撒着爱心的种子,传递着善良的火种,让"公益之花"在广袤的大地上美丽绽放、香飘四溢。

四、参与志愿服务须知

假期期间,不少学生会选择参与社会实践和志愿服务。首先,学生应首选社会和学校认可的志愿服务平台,避免上当受骗。

其次,不同的志愿服务项目对志愿者的要求不同。在选择具体志愿服务项目时,学生应适当结合自己的特长或专业,或选择那些重视志愿者培训工作的志愿组织,做好充足的心理准备和技能准备。

例如,深入农村的志愿者必须参加组织培训与学习,了解农村的相关法律、法规、习俗和农业知识;到边远地区支教的志愿者必须学习教学方法、沟通技巧,掌握除专业之外的广泛的知识和技能;走入社区提供社区服务的志愿者,不能将自己的服务定格在具体的形式和具体的内容上,必须创造出丰富多彩的服务以满足社区不同人员的需求;向社会弱势群体伸出援手的志愿者,必须了解并熟悉当地的孤儿院、敬老院的情况,到伤残人士、生活有困难的人家中去,必须想其所想,运用自己所掌握的服务技能提供最贴心的服务。

最后,在参与志愿服务的过程中,应秉承志愿者精神,全身心投入志愿服务活动,坚守岗位,认真负责,积极主动,热心、细心、耐心地为服务对象提供服务,为社会贡献自己的力量。

拓展阅读

学雷锋"家电义务维修"活动策划书

充满诗情画意的三月里,学习雷锋活动就像一股永不停息的春风,既是对学雷锋活动的延续,更是雷锋精神的发扬和深化。因此,为推动我院学雷锋活动的深入持续开展,弘扬中华民族传统美德,引导我院"家电维修协会"同学积极投身于学校的社会实践,经策划决定举办家电义务维修活动,具体安排如下。

一、活动主题

家电义务维修。

二、活动目的

1. 响应社会的号召,弘扬雷锋精神。
2. 培养学生的奉献精神和社会实践能力。
3. 提高团体协作能力,树立大学生的良好形象,增强我院的社会影响力。
4. 发掘人才,锻炼会员的创造思维,学以致用,培养学生的综合能力。

三、活动地点

××社区。

四、活动时间

××年3月5日。

五、主办单位

学院家电维修协会。

六、维修范围

台灯、插座、热水器、电视机、电吹风、饮水机、电磁炉、洗衣机、电风扇、电烤箱等家用小电器。

七、活动流程

(一)活动之前

1. 活动宣传:通过各种网络平台(QQ群、微博、微信、QQ空间)宣传义务维修活动时间与内容。绘制活动相关海报,并提前三天贴于社区公告栏。提前制作活动相关横幅,并悬挂于活动现场。

2. 从家电维修协会学生中筛选动手能力较强与文化知识过硬的部分同学作为维修队伍的主力。

3. 准备好维修的器具,并仔细列出支出款项及携带的公共物品。

4. 召集队员开主题会议,针对活动现场应该注意的问题及成员应该注意自身的形象等方面作出要求,并制定相关规定办法。

5. 各部门人员早早地就把各种修理工具、桌椅、帐篷、横幅等活动材料送到活动地点,在7:30之前把现场布置好,完成活动成员的签到工作。

6. 活动于8:00准时开始,期间工作人员分为工作组、宣传组、后勤组、统计组,各司其职,并安排轮流班次,保证每个点都有工作人员在场,都有人迎接前来修理的居民。

7. 活动参与人员有良好的态度,精神面貌较好。

(二)活动当天

1. 维修队伍携带维修工具等提前到达维修场地,和场地负责人沟通,安置好活动场地的工作台,拉横幅,做宣传,号召师生参与活动。

2. 各成员需佩戴工作牌,佩戴团队标识。

3. 热情接待居民,用心参与维修,做好维修记录,及时联系居民取回物品。

4. 如有维修不好的物品要仔细向居民说明情况,如果可能可以把物品带回实验室修理并尽快修好归还物主。

(三)活动后期

1. 在活动结束后,打扫维修场地,妥善安置工作器件以及工作台。

2. 准时在活动场地集合,清点人数、工作牌等。有礼貌,安全有序地返回。

3. 活动结束后针对本次活动召开会议,总结本次活动过程中的不足与优点,为今后志愿服务活动开展积累经验。

4. 将活动期间的一些文字记录、拍的一些照片整理好。安排人员做好活动后的宣传工作,如写总结稿,宣传稿等。

八、活动安全

活动开展时的人员安全很重要,同时要保证活动有序进行,所以所有人员必须谨慎小心使用那些电器,避免造成不必要的麻烦,遇到不懂的要及时问学过专业知识的学长,以免给自己造成伤害。

1. 此次参与活动人员不要携带大量现金和贵重物品，以防扒窃偷盗，注意财产安全。

2. 此次活动人员要有集体感、合作意识、时间观念，要严格遵循活动计划流程，服从带队人员指挥，不可擅自离队早退，并要求他们记录下带队人员的手机号码以便联系，要求带队人员保持联系畅通。

3. 要求带队人员有高度的责任感，对突发事件和紧急情况做出冷静判断和及时处理，起到带头作用。

4. 组织志愿者维持好现场秩序，注意电器使用安全。

实践活动

"12·5国际志愿者日"志愿服务活动

联合国大会于1985年通过决议，决定从1986年起，将每年的12月5日设为国际志愿者日，以强调志愿者的重要作用，并鼓励更多的人以志愿者的身份开展活动，促进社会发展。

4~6人一组，以"12·5国际志愿者日"为主题策划一次志愿服务活动，弘扬"奉献、友爱、互助、进步"的志愿者精神，引导和鼓励周围的人积极参与志愿服务。策划时可以灵活选取活动形式，但要注意结合当地实际情况，使活动策划切实可行。

过程记录

策划要点：

策划难点及解决方案：

心得体会：

结果评价

教师可参考表9-1对学生策划"12·5国际志愿者日"志愿服务活动的情况进行评价。

表9-1 "12·5国际志愿者日"志愿服务活动策划评价表

评价标准	分值	分数小计	教师评价
活动策划契合主题	20		
活动策划完整、考虑全面	30		
活动策划合理、可行	20		
活动策划形式新颖、有创意	15		
个人积极参与策划过程	15		

第十章　社会实践

情境导入

来了就能上岗，职校生顶岗实习帮了企业大忙

"企业里面防护措施做得很好，吃住都有保障，工作环境好，还能学到很多书本上学不到的知识和技能。学校也安排了老师进驻企业，给我们鼓励和关怀。"温州市瓯海职业集团学校2017级物流专业的学生刘涛，现在已是森马集团物流中心的熟练工人，助力森马集团复工复产。

据悉，刘涛和同学们已经在森马顶岗实习大半年，于寒假回家。2020年2月24日，他看到森马集团复工复产缺人手的消息，便主动请缨回来复工。刘涛说："我在文成老家，没有交通工具，公司就派了车到文成，专程把我接回瓯海上班。"

"受新型冠状病毒影响，部分外省市员工一时无法返岗，但我们需要大量人手去物流中心帮助协调。"森马集团物流中心行政主管魏婷表示，企业需要充足的员工来提高产能，"我们想到了长期合作伙伴——温州市瓯海职业集团学校，请求学校动员放假在家的学生前来援助。"2020年2月25日以来，该校已有141名学生陆续到岗。

魏婷表示："这些学生有的是物流专业，有的在企业实习过，来了就能上岗。141名实习生就达到了80名正式工人左右的产能，特殊时期帮我们解决了很大的难题。"

资料来源：温州新闻网。

评析

一方面，职业院校以组织顶岗实习为纽带，推进产教融合，提升学校办学水平和社会服务能力；另一方面，职业院校将顶岗实习同就业工作有机结合，引导学生在积极响应企业复工生产的现实需求基础上，树立正确的劳动观念和就业理念，在工作岗位上找到人生出彩的机会。

第一节　假期实习

实习是大学生积累社会经验的重要途径，它能够提高大学生的沟通能力、适应能力及解决问题的能力等。大学生应充分把握在校期间的实习机会，大胆尝试，广泛地接触社会，积累实践经验，以增强自己未来求职的竞争力。

一、假期实习指南

实习是学习与就业之间的一个重要环节，好的实习经历能为在校的学习交出一份满意的答卷，同时也可为将来的就业热身打好"预备战"。

1. 获取实习信息

大学生可以从以下渠道获取实习信息：

学校公示栏。学校附近的企业或者公司通常会把招聘信息以纸质文稿的形式张贴在学校公示栏。希望在学校附近找实习单位的学生可在学校公示栏中获取实习信息，筛选出合适的实习单位。

各地方人社局。各地方人社局每年都会有相应的政策支持学生假期实习。人社局提供的用人实习单位不仅类别丰富，而且十分正规。

各大企业官网。一般来说，各大企业会在寒暑假期间，在其官网发布实习招聘公告。有意向的学生可以多留意各大企业的官网，寻找适合自己的假期实习。

为防止被骗，学生在找实习机会时，应特别注意以下几个方面：

（1）从可靠渠道获取职位信息。

（2）通过多种渠道了解企业背景。

（3）认真确认面试地点。

（4）谨慎签订实习协议。实习协议中应当写明实习薪资、实习期限、终止协议的相关条款。如果用人单位违约或拖欠工资，可以将实习协议作为证据提起劳动仲裁，以维护自身的合法权益。

（5）拒交任何名义的费用。

（6）求职前了解相关法规和劳动政策。

2. 结合自身专业或兴趣选择实习岗位

在选择实习岗位时应尽量选择与自己专业相匹配或者自己感兴趣的岗位，这样不仅可以学以致用，还可以挖掘自身蕴藏的潜力，为将来就业做好铺垫。

在具体做选择时，大学生们要摆正心态，客观分析自己的专业知识、沟通技能、思维能力及自身性格、兴趣等，分析实习机会是否能够提高自身能力和素质，进而选择适合自己的实习岗位。

在实习单位方面，一般成熟的企业会有完备的管理流程和鲜明的企业文化，可以提升实习者的职业素养，而发展中的中小型公司虽然在管理方面不够成熟，但是实习者可以在职业能力上得到较大的提升。对于实习报酬要具体情况具体分析，如果实习机会难得，可考虑不要报酬。

3. 在实习中探索个人职业定位

实习是大学生们探索个人职业定位的好机会。在实习过程中，除了要认真完成分配给自己的任务，大学生们还要主动总结对应岗位的核心能力要求、特性等，观察对应职位的上升空间以及所处行业的发展前景，并以此为参照分析自己是否适合该岗位或行业，判断是否需要调整自己的职业定位。

4. 在实习中提高自身综合能力

进入企业实习后，要尽快完成从学生到工作者的身份转变和思路转变，不断提高自己的综合能力。首先，要清楚工作都是成果导向的。客户需要的是成果，工作评估的也是成果，过程中无论做了多少事，只要没有达成目标、交付成果都不算完成工作。如果没有产出成果，必须主动协调资源，推动问题解决。其次，要分清事情的轻重缓急，对时间进行合理安排。不清楚手里的工作孰轻孰重时，要及时向上级领导反映或请示。再次，对于工作内容切勿眼高手低，要以积极主动的态度认真对待接到的每一个任务，在规定的时间内保质保量地完成工作。最后，还要注意如何进行有效沟通、与同事和谐相处等问题。

拓展阅读

大学生选择实习 有人看平台，有人注重机会

每天早上，浙江一所高校的黄雅馨都会打开电脑，在实习公司的留言平台上与客户进行互动。尽管实习期间每天晚上9点下班、周六也要到单位加班，黄雅馨仍乐在其中："我不在乎我加班加到多晚或者薪资多少，我只在乎这个过程中我能够学到什么。"和黄雅馨一样，现在一些大学生在选择实习时，薪资高低不是首要因素，兴趣、平台和经验等都是他们的考虑因素。

期待提高自我，坚持兴趣至上

在四川一所高校读硕士研究生二年级的潘微微本科专业是电子商务，硕士研究生所学专业是市场营销，她选择了一份与自己所学专业完全不对口的实习岗位——人力资源，"我对人力资源比较感兴趣，希望在工作中接触到不同的人和事，所以在选择实习的时候我就留意了有人力资源岗位的公司。"

从一开始的不熟悉到后来的熟能生巧，潘微微发现许多学科都是融会贯通的。在她看来，大学生可以根据自己的兴趣爱好选择实习岗位，积累不同领域的经验，确定自己与理想岗位的匹配度，在人力资源岗位实习之后，她总结出了自己的一些经验："虽然以后我也不能确定自己是否从事这份职业，但是在这里实习让我对未来应聘有了一些经验，知道用人单位看重应聘者的哪些素质，我觉得这一点很重要。"

看重实习平台，注重资源与机会

在成都一所高校读大三的余靖文，目前已有过3次实习经历，从大一开始，她就决定毕业直接找工作，她对实习的选择也有着明确的目标。"我主要是根据自己未来的就业方向来选择实习岗位，比较看重公司的平台和行业的前景，大公司的实习比较有含金量，写在简历里比较好看，而且在大公司会拓宽整个人的视野和格局，能够接触更多更好的资源，可以为以后的工作打下良好的根基。"余靖文在选择实习时首选世界500强企业，并且会根据行业的发展和公司的近况对实习的平台和岗位进行评估，再结合自身的情况最终敲定实习意向。

在多次实习中找寻方向

在上海一所高校读大三的沈月有过3次实习经历。大二寒假，她找到了自己的第一份实习工作，实习单位是一家传统媒体；大二暑假，她去了一家互联网初创企业，做亲子类社交平台的内容输出工作；大三期间，她换了一家有名的互联网公司做运营工作。从传统媒体到新媒体，选择的变化，得益于沈月自身在工作中的不断探索。

资料来源：中国青年报，2018年06月04日。

? 想一想 你选择实习时，比较看重什么？为什么？

二、假期实习实务

1. 实习初期

（1）熟悉环境，不做局外人。实习开始后，尽快熟悉环境，除了自己部门的业务内容，还要大致了解其他部门的情况。学习使用打印机、扫描仪等办公设备。

（2）搞清业务关键词。对领导、同事提及的专业名词，做到心中不留疑，第一时间请教他人或查阅相关资料，明白其所指。

（3）多听、多想、多自学。凡事多留心，多问为什么，同时还要学会自学，特别是通过看报告、旁听会议等各种渠道尽快了解工作内容及业务流程。

2. 实习中期

（1）以正式员工的标准要求自己。要把自己当成一个有工作责任感的职场人，积极尝试承担新工作。

（2）做事靠谱、有章法。弄清工作任务，及时汇报工作进度，遇问题先想解决办法再寻求帮助，按时保质保量完成工作。

（3）多总结，多反思。要学会回顾工作、总结经验、思考不足，认真思考这项工作的重点环节是什么，如何避免出错，如何改进，如何更好地应对突发状况等。

拓展阅读

如何成为优秀的实习生？

让领导做选择题，而非解答题

如果领导要求你策划一场宣传活动，你最好不要让领导做解答题，活动的具体细节等琐碎事项不要麻烦领导来确定。你应提前做好活动的多个预案，向领导汇报各个预案的优缺点，让领导来选择执行哪一个。

不要找各种借口

刚开始实习时，因为不熟悉业务难免会出问题。但要注意，出现问题时不能找各种借口推脱责任。如果说完成不了工作是能力问题，那么找各种借口来推脱责任就是态度问题了。这样会给人留下一个特别糟糕的印象。

多做事，少说话

要时刻提醒自己来实习的主要目的是提升自我，明白公司招聘你的目的是希望你为公司做出一定贡献，做到在工作期间把精力放在做事上。

提高工作的主动性

对于实习生，公司一般不会安排太多事情。在完成自己的工作后，要主动观察或开口询问周围的人是否需要帮助，这样才能在实习中真正有所学、有所悟、有所提高。

3. 实习结束

请实习单位提供一份鉴定，并签字盖章。《实习鉴定》应写明实习岗位、岗位描述、实习过程中完成的工作或项目、工作评价等。

总结实习，并更新自己的简历。总结实习中的问题和收获，反思自己在哪些方面仍需要提升。及时更新简历，为毕业求职做好准备。

保持联络，获取有效信息。如果有意毕业后到实习单位求职，可根据自身情况申请适当延长实习时间。离开实习单位后，继续保持与单位同事的联络，及时了解业务发展，第一时间获得相关招聘信息。

三、"求职陷阱"揭秘

1. 传销陷阱

很多人陷入传销，是源于同学、朋友、亲戚、旧同事、老乡和亲人等介绍工作。在毕业和失业压力下，很多人都急于找到一份工作，对于好工作更是求之不得，也有的人是希望往高处走，很不满意现在的工作，时刻准备着高就，在这些心态下，面对传销者天花乱坠的描述，再加上传销者跟自己的情谊关系，很多人就彻底失去了防范。不要总梦想不劳而获，那种付出跟收获不成正比的工作，往往都不可信。

目前，不少传销组织打着"连锁销售""特许经营""直销"等幌子，或以"国家搞试点""响应西部大开发号召"等名义诱骗学生参与传销活动。在形式上，传销组织也由此前的发展"下线"改为"网上营销"方式，打着"电子商务""网络直销"等旗号利用互联网进行传销，其违法活动更加隐蔽，传播范围也更为广泛。同学们要从以下几个方面防范误入非法传销：

（1）学生参加就业、招聘，一般要到政府和学校组织的人才交流市场，因为这些用人单位都要向人事劳动部门提供完整的资质材料。

（2）传销组织所谓的"网络销售公司"一般都没有在工商管理部门登记注册，无营业执照。可在政府有关部门的网页上查询有无此单位（公司）。

（3）经亲友、同学介绍的就业机构，除上网核实外，本人可到所在单位走走看看，问明情况，如是传销组织，一查就露馅。

（4）如果陷入传销组织，就要坚持一不交钱（不交会员费和伙食费），二不参加他们的所谓学习培训，三是不去骗取他人，四是找机会就跑，并报"110"解救，五是迅速与学校联系，争取学校救援。

2. 培训陷阱

一些骗子公司通常会和一些培训机构联手，招聘时以"先培训，拿证后上岗"为由骗取求职者的培训费、考试费、证书费等各种费用。实际情况往往是，经过一段时间的培训、参加完考试后，公司便不知去向，或被告知"很遗憾，考试未通过，不能上岗"。

许多看似正规的实体公司打起岗前培训费的主意。在面试过程中，面试官趁机提出岗前培训需缴纳高额培训费，声称是为了防止新人跳槽，后期将返还培训费，还美其名曰"技术服务返还费"。对于那些没钱交培训费的求职者，公司则推荐他们使用网上的贷款软件来贷款缴费。

3. "押金"陷阱

一些用人单位声称为了方便管理，向应聘者收取一定数额的押金或保证金，并承诺工作结束后退还，然而工作结束时学生只能领到工资，保证金却不见了踪影。更有甚者，在学生交过钱后说职位暂时已满，或者说暂时没有工作可做，要学生回去等消息，接下来便再也没有消息了。

国家人事和劳动部门明文规定，用人单位不得以任何名义向应聘者收取报名费、考试费等，对于员工的培训费用，应当从企业成本中支出。很多学生求职时不了解相关规定，又求职心切，往往会落入陷阱。

4．"黑中介"陷阱

一些黑中介，抓住学生缺少社会经验且找工作心切的心理，收取高额中介费后，却不履行承诺，不及时为学生找到合适的工作。黑中介的套路往往是不停地拖延，让学生耐心等待，最后不了了之。更有一些中介"打一枪换一个地方"，骗取一定中介费后，就消失得无影无踪。

5．"刷单"陷阱

"只需要一部手机，足不出户就可以轻松日赚几百元。"这些极具诱惑的广告，很容易让许多人趋之若鹜。哪有什么"轻轻松松赚大钱"的好事，诱惑背后，一定是陷阱。

骗子首先通过QQ群、微信、微博等发布招聘广告，通过晒出他人的刷单收益和付款截图，骗取受害人信任，打着"高薪""轻松"的旗号引诱上钩。然后骗子会先给你一点"甜头"，在指定网站购买商品后不仅退还本金还能获得佣金。最后受害人上钩支付数千元后，以"任务未完成""卡单"等各种借口，表示只有不断刷单才能拿到之前的货款和佣金。

第二节　"三下乡"社会实践

"纸上得来终觉浅，绝知此事要躬行"。从书本上得来的知识终究是浅薄的，只有通过社会实践才能参透其中奥秘。"三下乡"暑期社会实践活动给生活在象牙塔的大学生提供了广泛接触社会、了解社会、增长才学的机会，为培养社会需要的综合性人才提供了渠道。了解"三下乡"、策划"三下乡"、参与"三下乡"，有利于大学生树立正确思想观念，衡量人生价值取向，思考人生职业所向，培养社会服务意识。

一、"三下乡"社会实践概述

1996年12月，中央宣传部、国家科委、农业部（现为"农业农村部"）、文化部（现为"文化和旅游部"）等十部委联合下发《关于开展文化科技卫生"三下乡"活动的通知》。

1997年，"三下乡"活动在全国正式开展。

（一）"三下乡"社会实践的内涵

大学生"三下乡"是各高校在暑期开展的一项意在提高大学生综合素质的社会实践活动。活动主要内容是大学生将城市的科技、文化和卫生知识带到发展相对落后的偏远地区，向当地人普及常识、传播知识，以促进农村文化、科技、卫生的发展。

文化下乡的内容包括图书、报刊下乡，开展群众性文化活动；科技下乡的内容包括科技人员下乡，科技信息下乡，开展科普活动；卫生下乡的内容包括医务人员下乡，扶持乡村卫生组织，培训农村卫生人员，参与和推动当地合作医疗事业发展。

如今，大学生"三下乡"社会实践逐渐演化出走访、慰问、调研等多种形式。

？想一想　你参加过大学生"三下乡"社会实践活动吗？是什么形式的？有何收获？

（二）"三下乡"社会实践的意义

"三下乡"社会实践不仅是传授文化、科技、卫生知识的过程，更是传递温暖、播种希望的契机，对于学生个人、社会、国家都具有重要意义。

（1）有利于学生综合素养的提高。"三下乡"社会实践活动的开展，有助于磨炼大学生的意志，让大学生在实践中明确目标，坚定信念；同时，有助于提高大学生组织协调、独立思考、分析问题和解决问题的能力，培养其团队合作精神和规则意识。

（2）有利于学生服务社会的责任感和使命感的培养，缺乏社会实践经验的大学生，在认识社会、国情上难免存在不全面甚至偏激的情况。

"三下乡"社会实践活动犹如是在校园与社会之间架起的一座桥梁，通过这座桥梁，大学生可以通过亲身实践、深入观察去知晓民情和国情，思考作为当代大学生应承担的使命，进而培养自身的社会责任感和使命感。

（3）有利于先进科学技术、文化知识的传播交流。大学生在开展"三下乡"社会实践活动时，作为一个集体走进农村、服务农村，利用所学的科学文化知识，帮助农民解决一些生产生活中的实际困难，提供技术指导，传授先进思想观念，普及科学知识，提高他们的科技文化素质，无形中促进了先进技术和文化的普及乃至文明的传播。

二、"三下乡"社会实践方案策划

1. 活动形式

大学生的"三下乡"社会实践活动涉及面广，内容丰富，形式多样。活动可以是单人形式，也可以是小组形式，一般来说，小组形式更有利于实践活动的展开，也更容易取得成功。各大高校的暑期"三下乡"社会实践活动基本以支教、调查和服务为主。

随着社会发展，"三下乡"的形式也应有所创新和发展。例如，充分利用互联网创新活动形式，结合社会热点设计活动等。

2. 活动流程

（1）确定主题。拟定实践主题对社会实践活动非常重要，它是整个实践活动的指导思想。好的实践主题必须联系实际，切忌空谈和夸张。

（2）拟定策划方案。确定实践主题后，必须根据主题思想拟定详细的活动策划方案，以书面或电子文档形式呈现。活动策划方案包括活动的具体内容、活动形式及各种注意事项，其优劣直接关系到整个活动的成败。

（3）提出申请。向所在学校或学院提出书面申请，同时上交活动策划并领取"三下乡"社会实践表格。

（4）活动进行过程。

（5）撰写总结。在实践结束后，成员需要就实践活动做出总结，撰写实践总结报告并上交。实践总结报告应包括实践者对整个实践活动的基本描述、心得体会及自我评价。

三、"三下乡"社会实践安全须知

1. 实践活动中可能出现的问题

（1）在活动过程中，个别同学因对当地气候和地区环境的不适应而导致晕厥，或者突发疾病，或者因被蛇、虫叮咬等原因导致的伤害。

（2）在活动期间不慎被盗、被抢，以及可能遭受的人身伤害。

（3）实践成员遭遇交通事故。

（4）活动时，接近危险设施或到危险地段。

（5）实践成员与社会人员发生纠纷，身体受伤。

（6）因种种原因，无法与实践成员取得联系。

（7）参与大型社会活动时，人群发生拥挤、踩踏并可能由此产生伤害。

（8）活动中，发生火灾等突发事件。

2．应对措施

（1）外出活动时，实践成员应掌握基本的生理卫生常识和相应的急救知识，随身携带常用应急药物；在遭遇非人为性的突发事件时，保持冷静并进行适当的处理，如果情况严重及时送往医院诊治。另外在实践期间，注意搞好个人卫生。

（2）增强实践成员的安全自卫意识，保持一定的警惕心理，保管好个人贵重财物；同时在实践中减少单独活动和夜间活动，尽量采取小组活动的形式，活动行程应及时向团队报告，不单独到陌生或者荒僻的地方。遭遇偷窃、抢劫以及其他意外伤害时，应保持冷静，灵活应对，以保证自身安全，并及时报案。

（3）加强实践成员的交通安全意识，交通事故发生后应尽快将伤者送往医院，并注意保护现场，及时向相关部门报告。

（4）在活动期间，应尽量远离危险设施或避开危险地段，如果需要接触时，必须有专业人士陪同，并做好安全防范措施。

（5）在公共场合，注意自身言行举止的得体，尽量避免与人争执，采取克制忍让的态度。如与社会人员发生争吵甚至斗殴，现场同学应及时制止，防止事态恶化；如不听劝阻，应迅速联系公安部门共同处理。

（6）与所在学院或校团委实践部保持信息沟通渠道的通畅。

（7）尽量避免到人群拥挤的地方，在公共场所或参加大型活动时，要保持秩序，注意自我保护，有成员在踩踏事故中受伤后应及时将其送往医院。

（8）掌握基本安全常识，不到有安全隐患的场所。如发生火灾等灾害，一切以保障人员安全为第一位，及时组织人员疏散逃生，同时通知相关部门。

想一想 在实践活动中，还可能出现哪些问题？我们应如何应对？

3．团队责任

各实践团队必须严格遵照以下说明：

（1）出发前，应再次与实践地联系，确保所有安排（如食宿交通）都已妥当。

（2）出发前，应办理好在实践地活动所需的必要证件和证明。

（3）出发前，应充分考虑到可能出现的安全情况，组织学习基本安全问题的预防措施以及应对技巧,熟悉当地习俗和地理等情况,并根据自身的具体情况做出相应的应急准备。

(4)实践过程中,强调组织纪律性,成员要听从领队老师或者负责人的指挥,负责人应与每名队员随时保持联系。

(5)整个活动过程中,队员们应互相关心,互相帮助。遇到突发事件,应该沉着冷静,共同解决。

拓展阅读

因为热爱,所以努力

七月炎热而热情不减,为了解新中国成立70周年来各行各业发生的巨大变化,2019年7月15日,商丘师范学院化学化工学院"九人行程之时代变迁团队"在自己的家乡进行了"新中国成立70周年的变化"调研活动,转眼间我们九天的调研活动已经结束,此次活动让我们本来不是很熟悉的九个人,心连心地系在了一起,我们携手共进,分工明确,共同面对调研过程中出现的各种问题。"看着很容易的事,实际上做起来并不容易""如果想做一件事就要用心去做,只要付出了努力就一定会有收获",这是我们在这次三下乡活动中所感悟到的。此次三下乡活动让我们受益匪浅,我们接触了不同年龄及不同职业的人群,包括医护人员、退休的老教师、生活在农村的村民等,通过采访调研,我们懂得和不同人群沟通应该用不同的方法,虽然我们面对的是素未谋面的陌生人,但是他们积极配合,尽自己所能解答我们所提出的问题,对此我们感动至深。

认真的心

采访医护人员时,我们一到医生办公室就被那种紧张的氛围感动了,有的医生双手不停地敲打着键盘,注意力高度集中;有的医生在为病人耐心解答疑惑。面对病人,他们脸上总是挂着祥和的微笑,此情此景,我们实在不愿打破。没想到当我们说明来意后,有位正在写病历报告的医生立刻停下了手中的工作,帮助我们填写调查问卷,耐心为我们讲解医院的历史成就及她来到医院这些年所目睹的医院的种种变化。

我们了解到,现在有很多医疗器械都是过去可望而不可即的,而这些机器的出现不仅提高了患者的治愈率,也让医生们轻松了很多。

和蔼的笑

"那时候我们还小,生活住房简直没法和现在比……"这是我们在农村采访时一位大叔说的话，他高兴地向我们诉说新中国成立后，在农村发生的翻天覆地的变化。几十年前，许多家庭只有在过年的时候才能吃上白面馒头，每天吃得最多的东西就是红薯，甚至一日三餐都是红薯，我们不禁惊讶于祖国的变化之大、变化之快。短短几十年，祖国为我们创造了如此优越的成长环境，让我们可以不愁吃穿，无忧无虑地生活、学习。

之前没有网络、没有手机，在农村，人们几乎没有办法获取外面世界的信息。但现在，在农村，人们拿着手机，便尽知天下事。就拿我们这一代人来说，在我们还小的时候，人们用得最多的还是按键手机，但不知从什么时候起，满大街的人都用上了智能手机，变化之快让我们甚至都没有反应过来。

过去的日子很苦，但他们终究熬出来了，作为在新时代出生的我们虽然没有亲身体验过那种艰苦的日子，但是我们也亲身体会了从我们出生到现在这十几年身边发生的巨大变化：高铁投入运行，网络、智能手机的普及，等等。我们不仅感受到了祖国的强大，也为能出生在这样一个国家而感到幸福。

阳光下的我们

很感谢三下乡社会实践活动给了我们这样一个从各个方面接触社会的机会，我们也深刻领悟到能够出生在这样一个新时代是多么幸运，同时这次活动也让我们下定决心好好学习，努力充实自己，争取将来为祖国的发展奉献出自己的一分力量。

实践活动的九天很快过去了，在这次活动中，我们经历了诸多坎坷，同时也收获了很多。这次活动在很大程度上丰富了我们的内心经历，提高了我们的交流能力，充实了我们的暑假生活，增强了我们的实践能力。

资料来源：中国青年网。

第三节 顶岗实习

顶岗实习是职业院校人才培养中不可或缺的一环,是指在基本上完成教学实习和学过大部分基础技术课之后,到专业对口的现场直接参与生产过程,综合运用本专业所学的知识和技能,以完成一定的生产任务,并进一步获得感性认识,掌握操作技能,学习企业管理,养成正确劳动态度的一种实践性教学形式。

一、了解顶岗实习单位

(一)确定顶岗实习单位

根据《职业学校学生实习管理规定》,职业学校学生进行顶岗实习可由学校统一安排实习单位,也可经学校批准自行选择实习单位。

学生自行选择顶岗实习单位时要注意考察单位的资质、诚信状况、管理水平、工作环境及健康保障、安全防护条件等,选择合法经营、管理规范、设施设备完善、符合安全生产法律法规要求的实习单位。

此外,学生自行选择顶岗实习单位,必须向学校提出书面申请,填写"自主选择顶岗实习单位申请表"。

拓展阅读

若自行选择顶岗实习单位,在实习期间学校是否会指派教师进行指导?

根据《职业学校学生实习管理规定》,对自行选择顶岗实习单位的学生,实习单位应安排专门人员指导学生实习,学生所在职业学校要安排实习指导教师跟踪了解实习情况。

无论是学校统一安排的顶岗实习,还是学生自行选择实习单位的顶岗实习,学校都会派遣经验丰富、责任心强、业务素质好的实习指导教师进行全程指导。自行选择实习单位的学生,在实习期间要按时向指导教师汇报实习情况,遇到问题及时联系指导教师寻求帮助。

确定顶岗实习单位后一般不宜更换,但在顶岗实习过程中,如果学生因某些原因确实需要更换实习单位,可以向原实习单位和学校提出申请。经原实习单位和学校同意,学生才能更换实习单位,到新的实习单位继续进行顶岗实习。

（二）了解顶岗实习单位的情况

确定顶岗实习单位后，学生要通过各种途径充分了解实习单位的相关情况，主要包括实习单位的基本信息、企业文化、管理制度等，以提前做好相应准备，顺利开展顶岗实习工作。

1．了解实习单位的基本信息

实习单位的基本信息主要包括企业名称、所属行业、所处位置、经营范围、主营业务等。想要了解实习单位的基本信息，可以登录实习单位网站，查看企业简介；也可以通过阅读实习单位的宣传资料进行了解；还可以在实习单位到学校举行宣讲会时，向实习单位的宣讲人员咨询。

2．了解实习单位的企业文化

企业文化是企业全体员工在长期的生产经营活动中形成并共同遵循的最高目标、价值标准、基本信念和行为规范，同时也是企业的灵魂和推动企业发展的不竭动力。

作为实习生，要想尽快融入实习单位，就必须先了解其企业文化、认同其企业文化。想要了解实习单位的企业文化，可以在顶岗实习前登录实习单位网站，查看关于其企业文化的相关内容。此外，实习单位也会在入职培训时向实习生宣传单位的企业文化。

3．了解实习单位的管理制度

管理制度是企业全体员工在生产经营活动中共同遵守的规定和准则的总称，是企业赖以生存的体制基础，是员工的行为规范。任何一个成功的企业背后都有规范的、创新的管理制度作支持，以规范性地管理企业的日常活动，保证各项工作能高效有序地进行。

实习生在实习期内也是实习单位的一名员工，应该了解并严格遵守实习单位的管理制度。想要了解实习单位的管理制度，可以登录实习单位网站查阅相关规章制度，也可以向学校的指导教师或到该单位实习过的学长学姐咨询。

（三）了解顶岗实习岗位的相关要求

为了更好地完成顶岗实习工作，学生应该详细了解顶岗实习岗位的相关要求，包括岗位职责、工作时间、应具备的能力要求等，以便在上岗前做好充分的心理准备和能力准备。想要了解顶岗实习岗位的相关要求，可以查阅学校下发的顶岗实习工作安排，还可以向学校的实习指导教师或企业的实习指导人员咨询。

二、签订顶岗实习协议

1．顶岗实习协议的内容

根据《职业学校学生实习管理规定》，学生参加顶岗实习前，职业学校、实习单位、学生三方应签订实习协议。协议文本由当事方各执一份。未按规定签订实习协议的，不得安排学生实习。实习协议应明确各方的责任、权利和义务，协议约定的内容不得违反相关法律法规。

一般来说，顶岗实习协议应该包括以下基本内容：

（1）各方基本信息。职业学校的名称、地址、法定代表人或指定负责人及其联系方式；实习单位的名称、地址、法定代表人或指定负责人及其联系方式；实习生的姓名、身份证号码、住址和联系方式等。

（2）实习时间。实习起始与结束的时间，即实习期限。

（3）实习岗位与工作内容、工作时间。

（4）实习期间的食宿和休假安排。

（5）实习报酬及支付方式。

（6）实习期间劳动保护和劳动安全、卫生、职业病危害防护条件。

（7）责任保险与伤亡事故处理办法，对不属于保险赔付范围或者超出保险赔付额度部分的约定责任。

（8）违约责任。

（9）其他事项。

2．签订顶岗实习协议的注意事项

学校统一安排的顶岗实习，通常由学校与实习单位商议顶岗实习协议的内容并起草顶岗实习协议。

学生自行选择顶岗实习单位的，一般先由学生与实习单位商议顶岗实习协议内容，起草初步的顶岗实习协议，然后提交学校审查，再由三方进行商议并确定最终的顶岗实习协议。

签订顶岗实习协议前，学生要仔细阅读所拿到的顶岗实习协议，逐项审查以下内容：

（1）顶岗实习单位的基本信息，包括单位名称、地址、法定代表人或指定负责人等，是否与之前所了解的一致。单位的法定代表人或指定负责人是否是有效主体。

（2）实习时间和内容是否与学校的安排一致，实习地点是否与之前所商议的一致，实习期间的食宿安排是否合理。

（3）协议中约定的实习工作时间和休假安排是否符合相关法律法规的规定。

（4）协议中是否明确约定了实习报酬及支付方式。

（5）协议中是否明确了工伤、意外伤害等的责任承担方和保险承担方。

签订顶岗实习协议前，对于顶岗实习协议中的条款一定要问清弄懂，如果发现有含糊不清或对自己不利的条款，一定要及时指出并要求修改，避免签订"不全协议""模糊协议"等。此外，学生自行选择顶岗实习单位的，事先与实习单位商议的协议内容，一定要写入顶岗实习协议，切不可只达成"口头协议"。

实践活动 1

"兼职，体验还是浪费?"主题写作

有人认为，做兼职可以锻炼自己的能力，增加人生阅历，也可以解决一部分生活费，何乐而不为。也有人认为，学生的主要任务是学习，不能本末倒置，学生还是要以学业为主。如果单纯只是为了赚钱而去兼职，则是一种时间上的浪费。有这个时间，多看点书，拿到的奖学金及其他资源的回报远是兼职所不能比拟的。

你是如何看待兼职的？请以"兼职，体验还是浪费？"为主题，写一篇600~800字的作文。

过程记录

写作题目：

写作思路：

写作框架：

结果评价

教师可参考表9-1对学生的作文进行评价。

表9-1 "兼职，体验还是浪费?"主题写作评价表

评价标准	分值	分数小计	教师组长评价
完成作文，且字数符合要求	30		
逻辑清晰，层次分明	20		
重点突出，详略得当	20		
语言流畅，不拖泥带水	10		
过渡自然，文字有吸引力	10		
体现自己的见识和理解	10		

实践活动 2

"助力乡村振兴,投身强国伟业"暑期社会实践活动

对在校大学生而言,暑期"三下乡"社会实践活动是连接学校与社会之间的桥梁。大学生参与其中,能走出象牙塔,走进广阔天地,关注"三农"问题,感受农村变化,激发爱国热情,牢记历史使命。

请在暑假期间探索创新"互联网+社会实践"新模式,采取"云组队""云调研""云访谈"等网络形式开展以"助力乡村振兴,投身强国伟业"为主题的"三下乡"社会实践活动。

过程记录

活动要点:

活动难点及解决方案:

心得体会:

结果评价

教师可参考表9-2对学生参与暑期社会实践活动的情况进行评价。

表9-2 "助力乡村振兴,投身强国伟业"暑期社会实践活动评价表

评价标准	分值	分数小计	教师组长评价
提前做好活动方案的策划	30		
达到实践效果	20		
撰写完整的社会实践报告	20		
分工合理,各成员均积极参与	10		
活动形式有创新,且达到一定效果	10		
收获服务对象的"点赞"	10		

参考文献

[1] 韩剑颖. 大学生劳动教育教程[M]. 北京：清华大学出版社，2021.
[2] 刘旺林，王晓杰，藏楠. 新时代劳动教育与实践教程[M]. 长春：吉林大学出版社，2020.
[3] 刘向兵. 劳动通论[M]. 北京：高等教育出版社，2020.
[4] 阎惠丽，暨星球，詹波. 新时代高职学生劳动素养教育[M]. 成都：电子科技大学出版社，2020.
[5] 钟均宏，赵才勇，等. 新时代大学生劳动教育教程（高职版）[M]. 广州：华南理工大学出版社，2020.
[6] 孙霞. 劳动法与社会保障法[M]. 武汉：武汉大学出版社，2010.
[7] 王宇梁. 劳动教育[M]. 南京：南京大学出版社，2014.